Kurfürstentum
Ziesar
Blankensee
Zossen
Mittenwalde
Storkow
Spree
Belzig
Luckenwalde
Treuenbrietzen
an Brandenbg
Zinna
1680
Jüterbog
1635
Fsm. Querfurt
Kurkreis
Anhalt
Elbe
Koswig
Wittenbg.
Br.
Bärwalde
Dahme
Luckau
Lübben
Lübbenau
Gräfenhainichen
Annaburg
Prettin
Sonnewalde
Kalau
Niede
Zörbig
Bitterfeld
Mulde
Düben
Torgau
Finsterwalde
Dobrilugk
Brehna
Delitzsch
Landsbg.
Liebenwerda
Senftenberg
Eilenburg
Belgern
Elsterwerda
Ruhland
Schwarze Elster
Bm. Meissen
1581
Mühlberg
Breitenfld.
Wurzen
Strehla
Zeithain
Leipzig
Hubertusburg
Grossenhain
Leipziger Kreis
Meissnischer Kreis
Oschatz
Riesa
Röder
Pulsnitz
Königsbrück
Grimma
Bm.
Meiss.
Mügeln
1581
Lommatzsch
Moritzburg
Leisnig
Meissen
Siebenlehn
Bischofswer
Groitzsch
Koldik
Borna
1564
Döbeln
Rosswein
DRESDEN
Bm.
Rochlitz
Waldheim
Kesselsdf.
Pillnitz
Wechselbg.
Altenburg
Tharandt
Dohna
Pirna
Schmölln
Penig
Freiberg
Maxen
Königstein
Gera
Waldenbg.
Schönburg
1740
Zschopau
Glashütte
Chemnitz
Schellenberg
Glauchau
Lichtenstein
Erzgebirgischer Kreis
Frauenstein
Nollendorf
Werdau
Sayda
Zwickau
Kulm
Wildenfels
Marienberg
Greiz
Geyer
Teplitz
Schneeberg
BÖHMEN
Neustädtel
Annaberg
Crottendorf
1559
Biela
Schwarzenbg.
Brüx
Plauen
Zwickauer Mulde
Johanngeorgenstadt
Kreis
Kaaden
Eger
Ölsnitz
Klingenthal
Gottesgab
Adorf
Joachimsthal

Dieter Walz

Die Mulde entlang

Kulturhistorische Impressionen

Inhalt

Dieter Walz

Die Mulde entlang

Kulturhistorische Impressionen

Passage-Verlag Leipzig
2004

Abbildung auf der Einbandvorderseite: Blick über die Mulde
auf Burg und Landschaftsmuseum Bad Düben

Die Karte auf dem vorderen Vorsatz ist einem alten Schulatlas
zur sächsischen Geschichte entnommen.

Fotos: Ulrike und Hans Jürgen Wolf, Leipzig-Marienbrunn
Einige der historischen Bilder stammen von der Fotografen-Dynastie Pippig aus Grimma.
Bildmaterial (alte Feldpostkarten u.ä.) stellte der Leipziger Autor
und Stadthistoriker Rainer Sippenauer zur Verfügung; er half auch
bei der Sichtung des Kartenmaterials.
Das Aquarell „Muldenlandschaft bei Grimma im Herbst“ (1995)
auf Seite 13 sowie die Zeichnung auf dem hinteren Vorsatz erhielten
wir dankenswerterweise vom Leipziger Maler und Kulturwissenschaftler
Detlef Nitzsche.

Text S. 79–86 zitiert aus dem Buch „Burgen Tour“ von Dieter Walz
das Kapitel „Schloß Colditz“. Mit freundlicher Genehmigung des
Sachsenbuch Verlages

Diese Publikation entstand in enger, gedeihlicher Zusammenarbeit
mit dem befreundeten Leipziger Volkskundler Klaus Hörhold,
der auch verschiedene Fotos mit einbrachte.

Layout und Gesamtherstellung: Thomas Liebscher, Passage-Verlag

1. Auflage 2004
Passage-Verlag Leipzig

Passage-Verlag Leipzig
ISBN 3-932900-87-1

Historische Grenzgänge

Wohin man sich auch immer bewegt, im geschichtsträchtigen Großraum östlich und nördlich von Leipzig sowie in dem von interessierten Heimatfreunden kulturwandernd erschlossenen Territorium des quasi zentralen Muldenlandes: ständig hat man irgendwo einen Fuß auf der Grenze, läuft an diversen Grenzlinien und -steinen vorbei bzw. überschreitet irgendwelche Grenzen (manche auch gleich mehrfach und ohne etwas davon zu ahnen). Ob es sich nun dabei um solche naturräumlich-geografischer Art handelt, z. B. die vom weiten Flachland der Halle – Leipziger Tieflandsbucht nach Nordosten hin und auf Bad Düben zu, dem südlichen Einfallstor zur noch relativ geschlossenen Waldlandschaft der Dübener Heide – es ist dort ganz eindeutig eine sichtbare Landschaftsgrenze!
Oder weiter zurück, nach Südosten zu, schauen wir die deutlich markierte Flußgrenze der Mulde. Welche im weiteren stromwärts die in Mehrfachstaffelung aufwachsenden Bodenwellen des Taucha – Eilenburger Hügellandes abgrenzt zu den schon wieder andersgearteten Hohburger Bergen, samt derem Hinterland mit Waldgebieten der Dahlener Heide!
Dann wenden wir uns dem westwärts der Mulde dominanten hügeligen Territorium der dortigen Porphyrzone zu. Einer wiederum anderen Landschaft, mit ihren vielen Steinbrüchen Teil des nordsächsischen Platten- und Hügellandes. Wobei das teilweise tief eingeschnittene Muldental als vorgeschobener Grenzposten zum anschließenden mittelsächsischen Lößhügelland im Südosten fungiert! Und da ist natürlich besagte Mulde selbst: als Grenz- wie auch Schicksalsfluß in Sachsen nachweislich seit jeher eine dominante Wetterscheide. Die zwei Muldenflüsse treten (einmal als Freiberger Mulde aus Osten und von Leisnig her sowie als Zwickauer Mulde aus Süden und von Colditz her kommend) ab Sermuth als Vereinigte Mulde ins Land ein. Diese Mulde durchströmt dann das eigentliche, zentrale Muldenland; und zwar in vielen, teils größeren Flußschleifen von Süden nach Norden. Dicht oder gar unmittelbar vorbei an Grimma, Nerchau, Trebsen, Wurzen. Um danach hinterm Kollauer Wehr den heutigen Muldentalkreis zu verlassen, einige Kilometer sogar dessen Grenzfluß zum Nach-

barkreis Delitzsch bildend. In weiteren Schleifen verläuft die Mulde nun durch reizvolle Auenlandschaft im Ostteil des Delitzscher Kreises (sich stets nördlich haltend) via Eilenburg und Bad Düben. Hinter Schnaditz tritt sie aus Sachsen heraus und fließt mit kühnem nordwestlichen Schwenk ins Preußische hinüber – und somit über die Landesgrenze nach Sachsen-Anhalt hinein! Die Einzugsgebiete aller drei Muldenläufe machen zusammen etwa 40 Prozent des Sachsenlandes aus.

Bei dem aus solcherlei Naturgegebenheiten gewachsenen kulturräumlichen und administrativ-politisch-wirtschaftlichen Grenztraditionen ging es aber auch stets um wechselnde Herrschaftsverhältnisse regierender Potentaten. Sowie um andauernde wettinische Machtambitionen samt deren historisch bedingter Landesverwaltung(en) im früheren Herzogtum, Kurfürstentum und Königreich Sachsen. Sowie natürlich auch bei dessen Nachbarn. Dabei stößt man immer wieder auf Grenzmarken vielgestaltiger Art. Vorzüglich jedoch auf solche zwischen den konkurrierenden Staaten Sachsen und Preußen nach dem Wiener Kongreß 1815. Wo das kriegsmitverlierende Königreich Sachsen (von Napoleons Gnaden und treuer Rheinbundvasall des gestürzten Franzosenkaisers) bis zu 60% seines bisherigen Staatsterritoriums an die schier größenwahnsinnig wie übermütig gewordene Mitsiegermacht Preußen verlor. Und auch die Menschen im Leipziger Nordraum sind damals zwangsweise zu „Mußpreußen" mutiert. Aber dieses leider gründlich; nicht nur, daß man dort obenherum anderen Dialekt spricht – es wird in jener Gegend auch noch typisch preußisch gedacht. Außerdem darf bei Preußens ja bekanntlich nur im Keller gelacht werden! Kurz und schlecht: es resultiert seither da eine ebenso deutliche wie grenzende Artikulierung von hörbarer Sprachenscheide. Jene nicht administrativ kartographierte Grenzziehung ist in früheren Jahrhunderten sowie in lokalen Bereichen sicherlich auch oft eine Heiratsgrenze gewesen. Als störende Handels- oder Verkehrsgrenze offenbarte sich jene allerdings nicht.

In Schkeuditz aber ging die seinerzeitige neue sächsisch-preußische Grenzziehung wirklich an die Substanz dergestalt, daß die nunmehrige Landesgrenze mitten durchs ehemalige sächsische Amt Schkeuditz verlief. Und der eigentlich recht beschauliche Marktort urplötzlich zur umstrittenen Grenzstadt wurde. Mit einem stramm verwalteten königlich-preußischen Hauptzollamt auf dem Markte. Das kürzlich wiedereröffnete Traditionslokal „Gasthaus zur Landesgrenze" erinnert uns Heutige an jene früheren Grenzlandzeiten. Übrigens, Deutschland ist doch letztlich nur historisch-geografischer Zufall. Sachsen aber – und ein Sachse zu sein – das ist schon großes Schicksal! Der Gott jedoch, welcher Eisen wachsen ließ, schmiedet mit weißglühenden, harten Zukunfsthämmern unser aller Lebenswürfel. Und Gottes Würfel fallen, so wie sie fallen, zumeist ja wohl auf die rechte Seite ...

Kleine verwaltungshistorische Anmerkung am Rande: Der jetzige Regierungsbezirk Leipzig entspricht in Teilen dem damaligen Territorium des alten Leipziger Kreises von etwa Mitte 16. Jahrhunderts an im Albertinischen Sachsen (allerdings ohne dessen frühere Ämter Altenburg und Schmölln). Und er ist fast deckungsgleich mit dem zu DDR-zeiten neugebildeten Bezirk Leipzig. Nur eben auch ohne dessen frühere Kreise Altenburg und Schmölln, welche nach der Politwende und staatlichen Vereinigung dann in den 90er Jahren zum benachbarten Thüringer Freistaat hin abgewandert sind. Unter partiellen wie auch speziellem Eingehen auf regionalhistorische Besonderheiten und Entwicklungen, über ausgewählte heimatkundliche Begebenheiten sowie mittels kultureller Miniaturen und zeitgeschichtlicher Schlaglichter, wird mit vorliegender Publikation einerseits versucht, gewisse und gottlob in Resten noch oder wieder vorhandene Bildungsinteressen zu bedienen. Andererseits aber auch, die Identitätsfindung einer Landschaft als Grenzregion wie ihrer Menschen als Grenzgänger literarisch/historisch und landes/volkskundlich zu untersetzen. Insofern ist dieses Buch eine (natürlich in weiten Teilen lückenhaft bleibende) Gratwanderung auf der Grenze zwischen dem Gestern und dem Heute. Aber es soll trotzdem eine vielfarbige, bunt bebilderte Erfüllungshilfe für das leider teilweise verschüttete historische Gedächtnis unserer, oftmals auch geschundenen, Region Sachsens sein! Einschließlich kulturphilosophischer Maximen und Reflexionen betreffs lebensräumlicher Gemeinsamkeiten durch alle Zeiten und über jegliche (vielfach auch nur recht kurzlebigen) Grenzen administrativ-politischer Art hinweg. Wenn das einigermaßen gelungen ist, sollte es mich freuen. In diesem Sinne wünsche ich dem Buche viele geneigte Leser und jenen eine durchaus vergnügliche Lektüre.

Zu bedanken habe ich mich zuvörderst beim Diplomjournalisten Klaus Hörhold sowie dem Bibliothekar i.R. Stadthistoriker Rainer Sippenauer. Danach bei den allzeit freundlich-hilfsbereiten Damen der Geographischen Zentralbibliothek am Leipziger Institut für Länderkunde. Desgleichen bei Herrn Hans-Christian Mannschatz von den Leipziger Städtischen Bibliotheken. Ebenso beim Fotografenehepaar Ulrike und Hans-Jürgen Wolf in Leipzig-Marienbrunn und beim Leipziger Künstler D. Nitzsche. Ferner bei Herrn Manfred Beyer vom „Arbeitskreis Sächsische Miltärgeschichte e. V." in Dresden. Dank gesagt sei hier auch den Vorständen nebst treuen Mitarbeitern der Leipziger Vereine „Dörfliche Kulturentwicklung in Sachsen e. V." sowie „Zur Erforschung der Geschichte und Kultur Sachsens e. V.", insbesondere den Herren Dr. phil. Klaus-Dieter Neumann und Dipl. rer. cult. Dieter Pietschmann. Ein ganz spezielles Dankeschön geht natürlich an Freund Thomas Liebscher und seinen Passage-Verlag in der Messestadt.

Der Autor

Dieter Walz

Klosterruine im Regen
Nimbschen, Spätherbst 1971

Regen treibt der Wind in Schauern
rastlos vor sich her.
Und es hängt ein dumpfes Lauern
in den Wolken schwer.
Da sie hastend und zerrissen
über Straßen wandern müssen,
die im Naß ertrinken.

Führt ein Fahrweg hin zu Bäumen,
die aus Mauern steigen.
Wenn sich zagend wie in Träumen,
sie im Winde neigen –
klingt es von verhalt´nem Weinen
aus den blankgewaschenen Steinen.
Nebelhexen winken.

Sprühend kühl weht,s durch die Äste,
tropft auf Trümmer nieder.
Selten nahen dem Ort sich Gäste,
kehren nimmer wieder.
Schwermut lagert in der Runde
und Vergessen schlägt die Stunde,
bis die Sterne blinken.

Dann der Mond am Himmel reitet.
Wenn die Nacht den Mantel breitet,
schirmt sie manch´ zerbrochenes Herz.

rechts: Nimbschener Ruinen-Romantik im Sommer 2001

rechts: Schloßtürme der ruinösen früheren Wasserburg in Schnaditz (Bad Düben)

Schloß Hohenprießnitz wurde Anfang des 18. Jahrhunderts als Dreiflügelanlage mit Ehrenhof im Stil eines norddeutsch-holländischen Barock erbaut

An der Landstraße zwischen Thallwitz und Kollau steht eine mindestens zweihundert Jahre alte Eiche, welche die frühere Landesgrenze zwischen Sachsen und Preußen markiert – von jedermann nur Grenzeiche genannt.

FÄHRE GRUNA

„Muldenlandschaft bei Grimma im Herbst" (Aquarell von Detlef Nitzsche, 1995, 76 x 53 cm)

Muldenufer bei Bad Düben

UR-KROSTITZER – eines der besten und bekanntesten Sachsen-Biere

Das kräftig schmeckende, süffig-würzige „Nerchauer Pumpernickel“ hat man in Cannewitz gebraut; nach der Gebietsreform dann OT der Stadt Nerchau – welche ebendadurch weithin bekannt wurde. Im 1. Band der wirklich sehr informativen Rundblick-Heimatkunde „Von Dorf zu Dorf im Muldentalkreis – Dörfer östlich der Mulde“ (erschienen 2002 beim Sax-Verlag Beucha) ist im Beitrag „Dorfnotizen aus Cannewitz“ auf S. 264 zu lesen… „gebraut wurde seit dem 13. Jh. im Rittergut. 1887 Gründung der Cannewitzer Brauerei von Louis Hantschmann, die drei Generationen lang im Familienbesitz verblieb (von 1972 bis 1990 mit staatlicher Beteiligung und VEB) bis zur endgültigen Schließung im Oktober 1999. Neben dem „Cannewitzer Bock“ wurde zeitweilig hier auch das „Nerchauer Pumpernickel“ gebraut.

Die gewaltige Zimmermannsaxt soll, der Sage nach, vom wandernden und zauberkundigen Müllerburschen Martin Pumphut im Zorn hoch auf die Kirchturmspitze von Mockrehna geschleudert worden sein. Jener Pumphut war nach seinem hohen, breitkrempigen Spitzhut benamt und in seiner Zeit als anerkannter Hexer sorbenwendischer Herkunft sachsenweit berühmt-berüchtigt. Ein unruhestiftender Querulant, überall zugange und nirgendwo zu Hause, ist der Pumphut gegen Ende des siebenjährigen Krieges dann spurlos verschwunden. Es heißt, im Stift Paderborn soll ihn der Teufel höchstpersönlich abgeholt haben; aus einem Gasthaus und in Gestalt eines wunderschönen Weibes – fürwahr nicht der übelste Höllenritt ...

Der Autor Dieter Walz auf der Grimmaer Pöppelmannbrücke, Sommer 2001. Die Brücke wurde 2002 vom Hochwasser schwer beschädigt und zum Einsturz gebracht. Sie soll aber wieder neu aufgebaut werden.

„Teile und herrsche“

Die Wettiner Landesteilungen vom 12. bis ins 17. Jahrhundert

An Stelle einer allgemein landeskundlichen und/oder verwaltungsgeschichtlichen Einführung

Seit Mitte des 12. und bis in das 17. Jahrhundert hinein nahmen die Wettiner immer wieder größere Länder-, Güter- und Besitztumsteilungen im Familienverband vor. Diese festigten zwar den späteren Auf- und Ausbau ihrer Territorialstaaten und Landesherrschaften, splitterten aber gleichzeitig ihre bis dato erreichte Machtkonzentration auf und schwächten – reichspolitisch gesehen – das Gesamtgeschlecht. Denn diese Wettiner (ursprünglich wohl aus dem Fränkischen kommend, und sich nach einer ihrer Stammburgen, Wettin an der oberen Saale, nennend) befanden sich, gleich anderen Reichsfürsten und mächtigen Dynastiefamilien, im steten Kampf mit der kaiserlichen Zentralgewalt im „Heiligen Römischen Reich Deutscher Nation“. Und zwar um die Erweiterung ihrer partikularen, territorialstaatlichen Machtfülle sowie diverser politisch-wirtschaftlicher Einflußsphären. Solche Auseinandersetzungen wurden einmal schiedlich-friedlich über diplomatische Hofintrigen weltlicher Herren, manchmal auch seitens der Kirchenoberen, und nicht selten durch gezielte Heiratspolitik geführt. Wenn es gar nicht anders ging, eben auch durch Fehden und Kriege – also mittels Eroberungspolitik der rauhen Art. Das alles konterkarierte natürlich auf Dauer die fortwährenden Bemühungen der oftmals zwar redlichen, aber recht nachgiebigen (weil schwächlichen und ohne größere Hausmacht hilflosen) Kaiser/Könige um einen deutschen Einheitsstaat, verhinderten einen solchen dann auch letztlich. Das Wettiner Fürstenhaus führte seinen Kampf mit anerkennenswerter Zähigkeit ebenso weitsichtig wie zielstrebig über Jahrhunderte, mit wechselndem Erfolg und auch mit viel Glück, setzte sich schließlich durch, sodaß ein späteres sächsisches Staatswesen zu großen Teilen aus der seinerzeitigen wettinischen Ländermasse (der Albertinischen Linie) hervorgehen konnte. Aber gerade bei seinen insgesamt wohl ein Dutzend gravierender Erbteilungen, darunter solche von größerer politischer

Brisanz, bewies das an und für sich erfolgreiche Fürstengeschlecht nicht immer das nötige staatsmännische Gespür und hatte desöfteren auch keine besonders glückliche Hand. Philosophisch gesagt: Es wird hier auf Erden schon schicksalhaft dafür gesorgt, daß keinem die Bäume in den Himmel wachsen, ob er arm oder reich, hoch oder niedrig gestellt ist. Und Hochmut kommt oft vor dem Fall!

Die erste Wettiner Teilung von 1156 durch Konrad „den Großen"

Im Jahre 1089 hatte Kaiser/König Heinrich IV. seinen getreuen Grafen Heinrich von Eilenburg mit der wichtigen östlichen Grenzmark Meißen belehnt; der Wettinerfürst war bereits Inhaber der Markgrafschaft Niederlausitz oder Ost/er/mark. Dieses wichtige Datum in der sächsischen Historie sollte man sich gut merken – begründete es doch die dann bis 1918 andauernde Fürstenherrschaft der Wettiner in Sachsen und Thüringen. Als der Eilenburger 1103 mit Tod abging, suchten seine Nachkommen (darunter auch die nicht gerader Abstammungslinie) sich seine Reichslehen – nur auf Zeit vergeben – über Gewohnheitsrecht und dem zeitüblichen Brauche folgend, für ihr Herrschergeschlecht auf Dauer zu sichern. Das hieß, es zunächst mal wie Eigengut (Allod) zu verwalten und alle Einkünfte an sich zu ziehen. Um es dann mit stillschweigender Duldung, oder auch gegen gelegentlichen Protest des königlichen Lehensgebers, in ein erbliches Lehen zu überführen und damit quasi in Familieneigentum. So machten es schließlich alle; und das Erbrecht dieser alten Reichslehen wurde späterhin auch kaum mehr angefochten – es sei denn durch mächtige, reichsfürstliche oder Dynastenkonkurrenz. Wie eben in diesem Falle geschehen: Dem hochgekommenen Grafen Wiprecht von Groitzsch gelang es nämlich, im Jahre 1123 mit der einträglichen Meißener Markgrafschaft vom Kaiser Heinrich V. belehnt zu werden. Doch verhinderte sein alsbaldiger Tod im nachfolgenden Jahr diese (und vielleicht noch größere) Machterweiterung der Sippe des altgedienten Haudegens und Sozialaufsteigers. Konrad von Wettin, Neffe des Eilenburgers und hartnäckigen Anspruch auf die neue Wiprecht´sche Markgrafenwürde erhebend, bekommt diese dann auch vom Sachsenherzog Lothar von Supplinburg (seit 1125 als deutscher König Lothar III. regierend) mit allen Rechten verliehen. Dieser Konrad – später von höfischer Geschichtsschreibung als „Konrad der Große" verewigt – war zu seiner Zeit der einzig übriggebliebene Adelssproß in der fürstlichen Großfamilie; er gilt seither als Stammvater und Begründer des Wettinerstaates! Immerhin hatte er zwei Fahnenlehen des Römischen Reiches fest in Händen: die Markgrafschaften Meißen und (seit 1136) Niederlausitz. Damit fungierte

er als einer der wichtigsten Grenzfürsten im deutschen Osten. Außerdem besaß er noch reichlichen Streubesitz aus der Erbmasse des alten Wiprecht sowie die Grafschaften Eilenburg, Brehna, Wettin, Landsberg und Camburg. Also eine Menge Eigenbesitz und damit eine gewaltige Hausmacht. Was war dagegen schon so ein ärmliches Kaiserlein oder ein ständig von seinen mächtigen Vasallen abhängiger König? Ein hochtitulierter Niemand – denn er hatte ja nichts oder halt nicht viel ... Konrad jedoch (der in Person auch den berühmten Dresdener Fürstenzug an der Außenmauer des Stallhofes eröffnet) liebte es, sich geradezu absolutistisch als Sachsenfürst von Gottes Gnaden feiern zu lassen. Auf der fast schmerzhaft übergroßen Bildfläche benamten Fürstenzuges reitet er denn auch allen stolz voran, nach pompöser Ankündigung durch einen Herold und Musikanten. Dabei war er, ebenfalls dem Zeitgeist folgend, ein durchaus frommer, gottesfürchtiger Regent. Suchte also etwas für sein späteres Seelenheil zu tun und gründete 1124 auf dem nahe Halle gelegenen Petersberg ein Kloster der Augustiner Chorherren (gestiftet hatte dieses schon sein älterer Bruder Dedo). In dessen 1146 eingeweihter Kirche war dann die Grablage mehrerer Wettinerfürstenfamilien. Auch reiste er als Pilgersmann ins Heilige Land und nach Jerusalem. Aus Altersgründen und wohl auch, weil er den herannahenden Tod fühlte, immerhin stand er im sechsten Lebensjahrzehnt und hatte damit für seine Zeit ein hohes Alter erreicht, berief er im Zenit seiner Machtfülle den großen Familienrat ein, zitierte alle seine fünf erbberechtigten Söhne zu sich und vollzog dann die erste Wettinische Landesteilung wie folgt (dabei die königlichen wie auch kaiserlichen Reichslehen frech und fromm dem ohnehin stattlichen Eigenbesitz zuschlagend und damit wie über Allodialgut frei verfügend). Protestationen würde er ohnedies nicht mehr erleben: Sein erster Sohn Otto (der „Reiche" genannt), als Meißener Markgraf auch Erbpächter, später Inhaber, des ursprünglich königlichen Bergregals und also alleiniger Verfügungsberechtigter über alles Edelmetall sowie andere erzgebirgischen Bodenschätze, bekommt endgültig die bislang umstrittene Markgrafschaft Meißen zugeeignet und regierte dort bis zu seinem Tode 1190. Dazu bekam er noch die Thüringer Grafschaft Camburg.
Sein zweiter Sohn Dietrich III. (er wird manchmal auch fälschlicherweise nach seiner Burg als Markgraf von Landsberg beurkundet) bekommt die Niederlausitzer Markgrafschaft; dazu noch die ebenso wichtige wie traditionsbeladene Herrschaft Eilenburg im Muldenland. 1185 stirbt er im Kloster auf dem Petersberge und wird hier neben seinen Eltern Konrad und Lukardis beigesetzt. Die Herrschaft gelangte nunmehr kurzzeitig an die Groitzscher Wettiner.
Sein dritter Sohn Heinrich I. bekommt Grafschaft, Burg und Städtchen Wettin. Seine Familie residierte dort oben an der Saale. 1181 ist er gestorben

und liegt neben den Eltern und seinem Bruder Dietrich in der Petersberger Kirche begraben. In der Herrschaft folgte ihm Sohn Heinrich, doch starb die Familie bereits 1217 im Mannesstamme aus. Grund- und Güterbesitz fielen an die Wettiner in Brehna. Diese veräußerten allerdings 1288 Wettin an das zahlungskräftige Erzbistum Magdeburg, welches sich hier am Saaleknie einen taktisch wichtigen Außenvorposten schuf.
Sein vierter Sohn war Dedo V. (genannt „der Feiste" nach seiner äußerst voluminösen Körperfülle). Der ging in die Historie ein als großer Fresser vor dem Herrn, aber auch als mutiger, kampferprobter ritterlicher Schlagetot wie als kaiserlicher Diplomat. Vorzüglich aber dadurch, daß er sich im Jahre 1190 von kurpfuschenden Ärzten in einer Totaloperation das überflüssige Fett aus dem Leib schneiden und von der Haut abschälen ließ. Im Ergebnis dieser wahnwitzigen Roßkur mußte man aber feststellen: Operation gelungen – Patient tot! Dedo ist in der Stiftskirche des von ihm begründeten Augustiner Chorherrenklosters Zschillen/Wechselburg begraben, neben seiner Gemahlin Mechtildis von Henneberg. Lange vorher jedoch bekam er in der großen Erbteilung die Grafschaft Groitzsch aus der Wiprechthinterlassenschaft, den wichtigen Burgwardbezirk Rochlitz an der Mulde sowie die einträgliche Schutzvogtei über´s Domstift Naumburg/ Saale. Und nach 1185 ging die durch Tod seines älteren Bruders Dietrich erledigte Markgrafschaft Niederlausitz auch noch an ihn über. Nur hatte er nicht mehr viel davon. Mit dem Ableben seines Sohnes Konrad II. stirbt auch diese Linie der Rochlitzer und Groitzscher Wettiner 1210 im Mannesstamme aus. Landbesitz und Grundherrschaft gingen nunmehr an den Meißner Markgrafen Dietrich („den Bedrängten") über.
Sein fünfter Sohn Friedrich I. bekommt die alte Grafschaft Brehna, also einen der Wettiner Stammsitze, mit verstreuten Ländereien zwischen den Flüssen Saale und Mulde. 1290 stirbt aber auch dieser Familienzweig im Mannesstamme aus. Die vormalige Herrschaft Brehna wird vom deutschen König Rudolf von Habsburg kurzerhand den Wettinern weggenommen und als erledigtes Reichslehen eingezogen. Damit trat ein König wirklich mal den wohl schon allzumächtig gewordenen Wettinern empfindlich auf die Füße. Denn Brehna wurde alsbald an einen benachbarten Askanier verlehnt, an den Herzog Rudolf von Sachsen-Wittenberg.
Nach vollbrachter Erbteilung atmete der große Konrad also tief durch, entsagte feierlich aller bisherigen weltlichen Macht und Güterfülle und trat als „schlichter" Laienbruder in die Gemeinschaft seines Hausklosters auf dem Petersberge ein. Und natürlich war er hier hochpriveligiert, mußte nicht arbeiten und vermutlich auch nicht immer beten; er starb dann schon am 5. Februar 1157 und ist dort als Familienerster beigesetzt worden.

Im Nachvollzug der großen Erbteilung splitterte sich die vordem sehr beträchtliche Ländermasse – damit auch die überregionale Macht und der Einfluß auf die Reichspolitik – des Wettinerhauses auf. Nach deren erbenden fünf Söhnen und ihren Geschlechterlinien nämlich. Und noch nicht einmal drei Menschenalter später existierte von alledem nur noch der Familienzweig der Meißener Markgrafen, den Nachkommen des reichen Otto. Dieser war finanziell und machtpolitisch saniert wie auch stark geworden durch reichlich fließende Staatseinkünfte über den erzgebirgischen Silberbergbau. 1185 beurkundete er folgerichtig die Gründung der Silberstadt Freiberg als Sitz der ersten sächsischen Münzstätte. Bereits um 1165 herum bekam jedoch der unter seiner Regentschaft mächtig aufblühende, expandierende Stapel- und Handelsplatz an der Pleiße, Leipzig, sein Stadtrecht. Auch die ob ihrer strategisch wichtigen Muldenfurt für die Wettiner wertvoll gewordene Ansiedlung Grimma wird in jenen Jahren zur Stadt erhoben.

Aber schon vorher, um 1158, baute der große Stauferkaiser Friedrich I. Barbarossa im hiesigen Territorium die „terra plisnensis" weiter aus, die alten pleißnischen Reichslande um Altenburg. Der fürsorgliche, seinen gierigen Adelsherren zutiefst mißtrauende (und den Wettinern samt ihren Großmachtallüren sowie abholde) Rotbart suchte sich abzusichern. Durch eine planmäßig vorangetriebene Gebietserweiterung kaiserlichen Hausbesitzes wie auch durch zahlreiche Neuverlehnungen beträchtlicher Ländereien und herrenlosen Streubesitzes auf Zeit an nicht allzu mächtige Burggrafen als abhängige Reichsministeralen und hoffentlich treue Gefolgsleute nämlich. So wurden also die Burgwardbezirke Colditz und Leisnig an der Mulde sowie auch der feste Ort Lausick, daneben noch Chemnitz und Rochlitz dieser erweiterten Reichsherrschaft Pleißnerland zugeschlagen. Zum großen Ärger der sich gerade eben im Leipziger Raum massiv ausbreitenden Landesherrschaft der Wettinerfürsten, sind diese (jedenfalls vorerst) derem geplanten Zugriff entzogen. Obwohl Leipzig und das Leipziger Land nicht direkt zum Pleißenland zählten, begannen sich die Wettiner zähneknirschend mit der veränderten politischen Großwetterlage abzufinden, vorerst jedenfalls. Und über sein geliebtes Pleißnerland setzte der schlaue Kaiser Rotbart ab 1172 einen ihm ergebenen Reichsministerialen als persönlich haftenden Beauftragten und obersten Verwaltungschef. Dieser „judex terrae Plisnensis" fungierte in der darauffolgenden Zeit dann als sozusagen unangreifbarer, kaiserlicher Landrichter und als letztinstanzlich alle Streitfälle entscheidende Stimme seines kaiserlichen Herren, unparteiisch nur auf dessen Wohl bedacht.

Die große Wettiner Teilung von 1263

Vorspiel (mit Länderteilungen usw. der Jahre 1221 und 1230 sowie in 1243, 1247, 1249): Nachdem Albert, (der „Stolze", Sohn Ottos des Reichen und seit 1190) Markgraf von Meißen nebst Gattin 1195 durch Gift hinweggemordet wurden – er hatte sich in seinen nur fünf Regierungsjahren mit dem hohen Klerus sowie zwei Kaisern, Barbarossa und Heinrich IV., ernstlich angelegt – erstritt sich 1197 sein Bruder Dietrich (der „Bedrängte") die markmeißnische Herrschaft. Das vom Kaiser als erledigt eingezogene, wertvolle Reichslehen wird dem Wettiner Dietrich 1197/98 verliehen. Sofort begann er tatkräftig mit der Neuorganisation der Verwaltung in seinen Landen – wobei auch besonders der weiträumig aufgesplitterte, reichhaltige Streubesitz aus ehemaligen Reichsterritorien an der Pleiße und Mulde (um Leipzig, Borna, Grimma, Rochlitz) sowie zwischen Saale und Elbe mit den alten Wettiner Eigengütern (Delitzsch, Eilenburg, Landsberg, Torgau) bedacht wurden. Aber genauso die Thüringer Besitzungen Weißenfels, Camburg, Eisenberg und natürlich die Niederlausitz. Es entstanden landesherrliche Vogteien als administrative Einheiten. Die Vögte waren oftmals landesfürstliche Ministerialen und steuerten die lokale Verwaltung in ihren Amtsbezirken (Finanz- und Steuerwesen, die Gerichte und Polizeiexekutive); sie saßen in der Regel auf markmeißnischen Burgen. Mit der wettinischen Vogteiverfassung nach 1198 entwickelte sich über diese Vogteien, Pflegen und Distrikte in späteren Jahrhunderten dann die sächsischen Ämter als untere Verwaltungsbehörden!

Markgraf Dietrich regte auch neue Klostergründungen in größeren Marktorten und Städten an. So entstand 1213 das Thomaskloster in Leipzig als „Augustiner-Chorherren-Stift zu St. Thomä". Dessen hochherrschaftliche Augustinermönche waren beileibe keine Bettler, verfügten über reichlichen Klosterbesitz an Ländereien, Gütern, Finanzen. Außerdem waren sie Inhaber der obersten Kirchengewalt am Ort und kontrollierten auch die allmählich entstehenden städtischen Schulen. Dieses alles war der aufstrebenden Leipziger Bürgerschaft ein Ärgernis. Sie rebellierte ganz offen und in mehreren Aufständen (1216 und 1220 bezeugt); man versuchte sich dem zwar milde regierenden, doch irgendwie drückenden Krummstab zu entziehen, der geistlichen Herrschaft ihre steten Eingriffe ins Stadtregiment zu vermiesen. Anfangs vergeblich; mit List und Gewalt setzte sich der Wettiner hier durch und baute den aufmüpfigen Städtern mehrere Befestigungswerke, darunter die spätere Pleißenburg, direkt vor ihre gerümpften Nasen. Die Leipziger muckten aber weiter – im Verbund mit dem ansässigen niederen Landadel und dem geschickt im Hintergrund agierenden Magdeburger Erzstift. Auch die Merseburger hohe Geistlichkeit schielte immer wieder recht gierig herüber ...

Der solcherart bedrängte Dietrich war also offenkundig verschiedenen Mächtigen im Ränkespiel um irdische Besitztümer sehr im Wege. Dazu manchem auch persönlich zu sehr „Stürmer und Dränger", also mußte er weg und 1221 hat man auch ihn vergiftet (als damals die Giftmorde nicht nur im Hause Wettin groß in Mode gekommen waren). Bei seinem unzeitigen Tode waren allerdings, durch sein rastloses Wirken bedingt, die seit der 1156er Teilung recht verstreuten Wettiner Lande großteils schon wieder in einer Hand vereinigt: die Marken Meißen und Niederlausitz (letztere für 10 000 Mark Silber zurückgekauft), die Herrschaften Groitzsch und Rochlitz sowie weitere, ausgedehnte Besitzungen in den Landen um die Pleiße, Mulde, Saale und Elbe – ja sogar bis ins ferne Havel- und Oderland hinüber (Fürstenberg, Guben).
Der 1218 geborene Dietrichsohn Heinrich wurde schon als Dreijähriger Erbfolger und, da noch unmündig, unter Vormundschaft des Thüringer Landgrafen Ludwig IV. gestellt. Dieser Ludowinger erschlich sich dann vom fernen Kaiser Friedrich II. die Eventualbelehnung mit der markmeißnischen Herrschaft der Wettiner (man konnte ja nie wissen; war wieder einmal an Giftmord gedacht?). Kind Heinrich aber lebte froh und frisch weiter, wurde als Zwölfjähriger im Jahre 1230 für volljährig erklärt und begann also mit seiner Regierung. Ja, und er erwies sich sogar als zäher, langlebiger Regent; formaljuristisch nämlich fungierte er von 1221 bis 1288 als oberster Landesherr. Unter seiner Regentschaft erstreckte sich das Wettinerreich von der Werra im Südwesten Thüringens (Grafschaft Henneberg/Schmalkalden – Creuzburg – Eisenach mit Wartburg), das Holzland um Eisenberg und die Weißenfelser Lande, das zentrale Pleißenland und die Mark Meißen, bis hin zu Saale und Unstrut, weiterhin über die Niederlausitz und bis zur fernen Oder. Dieses war nun wirklich schon ein ganz beträchtlicher, relativ geschlossener Territorialstaat in deutlichen Umrissen!
Nach dem Tode des umstrittenen Thüringer Landgrafen Heinrich Raspe 1247 (der war im Jahre vorher von einer deutschen Adelsopposition und dem hohen Klerus als Gegenkönig zum Stauferkaiser Friedrich II. gewählt worden, der bekanntlich in erbittertem Streit mit dem römischen Papsttum sich befand) – trat die von Raspe schon um 1243 erwirkte Eventualbelehnung seines wettinischen Neffen zum Herrscher über Thüringen in Kraft. Trotz eines andauernden thüringisch-hessischen Erbfolgekrieges (bis 1264) und seiner 1254 rechtsverbindlich anerkannten Thüringer Landgrafschaft – und obwohl Heinrich sehr fest im Sattel saß – verlor er dann mehr und mehr die richtige Lust am Regieren. Seine gestrenge Herrschaft wurde zwar allseits respektiert; auch förderte er besonders die aufkommenden Städte und selbst die maulenden Leipziger erkannten solches an (obwohl er sich in späteren Jahren zumeist in Dresden aufhielt): 1263 erhielten sie nämlich

Eigengerichtbarkeit und 1273 auch eigenes Münzrecht. Als Dankeschön wohl auch dafür, daß 1263 die Leipziger Bürgerschaft mit den Heinrichsöhnen Dietrich und Albrecht erfolgreich gegen die räuberischen Streifscharen des beutegierigen Herzogs Albrecht von Braunschweig stritt. Dieser wurde von wettinischen Söldnern unter dem Kommando eines ehemals thüringisch-ludowingischen Ministerialen, Rudolf Schenk von Vargula, im Oktober d. J. in der berühmt gewordenen Schlacht von Beesenstedt, nahe der Burg Wettin, besiegt und gefangengenommen. Also Sieg und Erfolg auf der ganzen Linie; und trotzdem wollte Herr Heinrich jetzt nicht mehr, er war satt und hatte genug. Das lästige Regieren und politisieren müssen war ihm gründlich verleidet. Zumal jetzt auch in seinem eigentlichen Kernland, der fruchtbaren Meißener Mark, so manch aufsässiger Adelsherr oder Kleriker gegen ihn mobil machte. Wie zum Beispiel der Meißner Bischof Konrad, der nicht geringe Gebietsansprüche für sein expandierendes Bistum anmeldete, selbige dann auch mittels Kirchenbann gegen den nunmehr kuschenmüssenden Markgrafen schnöde erzwang Solcherart kam damals auch die später viele Jahrhunderte währende (und eigentlich bis Anfang des 19. Jahrhunderts andauernde) Verwaltungsselbständigkeit des reichen Meißener Domstiftes Wurzen, samt umschließendem Wurzener Ländchens zustande! Heinrich trat seinen Rückzug aus der Machtstellung des allgewaltigen Regenten in Etappen an; schon nannten sie ihn „Heinrich den Erlauchten". Was stark auf seine offen zutagetretenden musisch-künstlerischen Ambitionen hindeutete. Und nicht nur seiner Vorliebe für die sich stärker entwickelnde Elbestadt Dresden halber, könnte man in ihm einen frühen Vorläufer des Starken August sehen. Hatte er sich doch schon als Jüngling mit Kompositionen kirchlicher Musik sowie vorzüglich mit Werken ritterlichen Minnesanges einen bedeutenden Namen unter Zeitgenossen gemacht. So gilt er bis heute als Minnesänger von Format und eine Porträt-Miniatur samt einem Halbdutzend Minnelieder von ihm sind in der manessischen Liederhandschrift verewigt. Damit steht er ganz in der Tradition eines Heinrich von Morungen und Walther von der Vogelweide, eines Otto von Bodenlauben und Reimar von Zweter (erstere waren am Hofe des bedrängten Dietrich, letztere an seinem eigenen zu Gaste gewesen). Auch ließ er viele glanzvolle Hoffeste und Ritterturniere abhalten, und er war dreimal verheiratet: in erster Ehe mit einer Babenbergerin, Constanze. Mit ihr hatte er zwei Söhne, (Albrecht „der Entartete", geb. 1240 und Dietrich von Landsberg, geb. 1242). In zweiter Ehe vermählt war er mit Agnes aus dem mächtigen, böhmischen Przemyslidengeschlecht. Und in dritter, unebenbürtiger Ehe mit einer hübschen Ministerialentochter, Elisabeth v. Maltitz; ihr gemeinsamer Sohn Friedrich Clem (oder Clemme) wurde 1273 geboren.

Zur Teilung im Jahre 1263

Heinrich der Erlauchte also hielt im Zenit seiner Macht vier Fahnenlehen des Römischen Reiches fest in seinen Händen: die Markgrafschaften Meißen und Niederlausitz, die Landgrafschaft Thüringen, die Pfalzgrafschaft Sachsen (ein kleineres Territorium mit viel Steubesitz an der Unstrut, von westlich Naumburgs bis nach Sangerhausen und zum Kyffhäuser hinüber). Erfolgreich fädelte er dann auch die dynastisch-machtpolitisch motivierte Heirat seines Sohnes Albrecht ein. Dieser wurde später entartet geschimpft, weil er sich undankbarerweise mit bewaffneter Hand gegen Vater, Bruder und Söhne wandte. Aber auch, weil er seine angetraute (Kaisertochter) Margarete verstieß, die nun eben leider keine Schönheit war, um das heißgeliebte, intrigante Hoffräulein Kunigunde von Eisenberg ehelichen zu können. Mit der Hochzeit der staufischen Ungeliebten bekam Heinrich aber als wertvollen, nie eingelösten Pfandbesitz für die nichtgezahlte väterliche Mitgift Kaiser Friedrichs II., die vordem kaiserlichen Pleißenlande und Reichsterritorien um Altenburg, Chemnitz, Zwickau als hochwillkommenen Besitzzuwachs in die Hand. Jenen aber machte ihm Sohn Albrecht streitig; schließlich war er es ja, der den Häßling ins Brautbett geschoben bekam. Dafür wollte er nun auch was haben ... Noch im gleichen Jahre 1254 etablierte Herr Heinrich auch seine Lehensoberhoheit über die späteren Reußen, die damaligen Reichsministerialen und Vögte zu Weida, Gera, Plauen (Vertrag zu Grimma). Jedoch im Verlauf der Jahre 1263 bis 1265 zieht er sich von der Regierungsarbeit zurück, teilt schließlich die wettinische Landesherrschaft auf. Er selbst behält sich die beiden Marken Meißen und Niederlausitz auf Lebenszeit vor und bleibt auch quasi oberster Landesvater, Lehensherr sowie Chef des Familienverbandes. Seine drei Söhne aber durften in den ihnen zugewiesenen Landen völlig selbständig agieren, was ein jeder auf seine Weise ausnutzte:

Der ältere Sohn und entartete Albrecht bekam die Landgrafschaft Thüringen, die Pfalzgrafschaft Sachsen und das Pleißnerland. Flugs machte sich der Düsterling daran, ganze wettinische Territorien an die Meistbietenden zu verkaufen, machte honorige Schulden und lebte auf Pump: „Gut klingt´s, wenn das Geld im Kasten scheppert – durch Schuldenzahlen aber wird´s Geld nur verleppert“ ...

Der jüngere Sohn Dietrich wird unbestätigter und Titular-Markgraf von Landsberg und seine Herrschaft aus diversem Streubesitz im Leipziger Land, um Delitzsch herum und bis zur Saale hin, zusammengewürfelt. Was diese umstrittene Markgrafschaft anbelangt, so erfolgte hierfür nie die kaiserlich/königliche Anerkennung oder Einwilligung, welche de jure zur Errichtung solchen neuen Reichsfürstentums eigentlich erforderlich gewesen wäre ...

Der unebenbürtige, jüngste Sohn Friedrich Clem wurde dann schließlich mit der alleinigen Herrschaft über den Burgwardbezirk Dresden ausgestattet und durfte sich von 1288 bis 1316 auch „Herr von Dresden“ nennen. Zu seinem Nesthäkchen und Liebling zog sich der erlauchte Herr Heinrich aufs Altenteil zurück und ist Anfang 1288 auch in Dresden gestorben. Beigesetzt wurde er dann aber im Kloster Altzella bei Nossen.

Nachspiel und weitere Erbteilungen der Jahre 1288 bis 1291

Bereits in den letzten Lebensjahren des Vaters Heinrich gerieten sich seine Söhne und Enkel wegen der übergroßen Erbschaft in die Haare. Kaum hatte der von allen geschätzte, wohl auch gefürchtete, Alte Herr die Augen geschlossen, ging es auf Hauen und Stechen im Hause Wettin. Dahinter stand aber auch, wie fast immer in solchen Fällen, die hohe Geistlichkeit – hier das stets auf Machtwerweiterung bedachte Erzstift Magdeburg, zusammen mit den Bischöfen von Merseburg und Naumburg. Die Heinrichsöhne teilten also 1288 zähneknirschend untereinander:
Der entartete Albrecht und Friedrich Tuta (Sohn des 1285 verstorbenen Dietrich von Landsberg) mußten sich irgendwie in die Meißner Markgrafschaft sowie die Landsberger Besitzungen hineinteilen.
Albrechtsohn Friedrich „der Freidige“ geht vorerst ziemlich leer aus. An seinem Namen ist ziemlich viel gedeutelt worden (soll heißen „der Kühne“, er lief aber auch als „der mit der gebissenen Wange“ – aus dem Lateinischen übersetzt eigentlich als „der Angenagte“ – durch die Historie; es hängt da eine hübsche, historisch jedoch unbelegte Sage um den entarteten Rabenvater und die zur Flucht gezwungene Mutter daran). Zwar hatte er seit 1281 schon die Pfalzgrafschaft Sachsen im Besitz und 1286 auch die vom erlauchten Großvater abgekauften Vogteien über Döbeln, Roßwein, Waldheim, Mittweida, Rochlitz sowie Oederan im Erzgebirge. Dies schien ihm nicht genug. Wutentbrannt greift er sich den ebensowenig zimperlichen Vater und buchtet ihn in einer der Rochlitzer Jupen ein – solange nämlich, bis der ihm dann wenigstens noch Freiberg samt Silberbergwerken, Altenburg und Torgau herausrückte. Jawohl, unter den teilenden Wettinern ging´s damals einigermaßen rauh, aber herzlich zu!
Albrechtsohn Diezmann erhielt unter Vorbehalt die Markgrafschaft der Niederlausitz (1290 erfolgte dann die förmliche Belehnung durch König Rudolf I. von Habsburg). Er kaufte dem in ständiger Geldnot lebenden Vater noch die Thüringer Landgrafschaft ab. Denn jener verfuhr nach der Devise: „Geld ist dazu da, es möglichst rasch und total auszugeben“ – weshalb er auch niemals welches hatte. Schlitzohr Albrecht aber hatte bereits

vorher seine Thüringer Lande für 1200 Mark Silbers an den neuen deutschen König Adolf von Nassau (1292 – 1298 regierend) verhökert, mit sorgsam verklausulierter lebenslanger Eigenherrschaft daselbst. Als der Nassauer dann dieses „Kleingedruckte" verinnerlichte, lehnte er es wutbrüllend als untragbar ab – da wußte er allerdings noch gar nichts vom quasi gleichzeitigen Doppelverkauf seiner Neuerwerbung ...

Heinrichs Jüngster, der Friedrich Clem, versilberte übrigens zwischendurch auch schon mal seine Stadt Dresden an den rührigen Friedrich Tuta. Dieser kaufte 1289 dem Entarteten seinen halben Anteil an der Mark Meißen ab – dafür verwandte er den mühsam von der Kirche eingetriebenen Kreuzzugszehnten, welchen er verwaltete. Für derlei weltlich-sündige Veruntreuung dieser Kreuzzugsgelder holte der Teufel den Tuta dann auch schon 1291 in die Hölle.

Aber auch Diezmann verkaufte 1301 seine Niederlausitzer Markgrafschaft für nur 6000 Mark in Silber an das in steter Lauerstellung verharrende Magdeburger Erzstift. Von diesem wurde die Niederlausitz postwendend an die expandierenden Brandenburger Markgrafen weiterveräußert. Die politisch weitblickenden und vorausdenkenden Kleriker hatten bereits 1288 die alte Grafschaft Wettin käuflich erworben – und diese Kernlande auch relativ billig erhalten.

Nachdem Mitte des Jahres 1291 der kränkelnde Habsburger Rudolf etwa gleichzeitig mit Friedrich Tuta verstarb, nutzten die verbliebenen erbberechtigten Wettinersprossen das Interregnum bis zur fälligen Neukönigswahl sofort aus und eine weitere, einschneidende Teilung folgte: Friedrich „der Freidige" erkämpfte sich die ganze Meißener Mark zurück; sächsischer Pfalzgraf blieb er ohnehin. Von der nunmehr aufzuteilenden Landsberger Mark erhielt der entartete Albrecht das größte Stück, welches er umgehend an den Brandenburger „Otto mit dem Pfeil" wegpfändete, er war halt wieder mal pleite. Die restlichen Ländereien, vorzüglich das künftige Osterland (mit viel Streubesitz in der Pleißenregion um Leipzig herum, bis nach Naumburg und Zeitz hin, sowie um Delitzsch und im Grimmaer Muldental), teilten sich der Freidige und Diezmann. Letzterer bewahrte 1293 dankenswerterweise Leipzig nebst Umland davor, an die stets nach Landeserwerb gierenden Brandenburger Nachbarn zu geraten. Hatte sich der in chronischen Geldnöten steckende Familienmuffel und entartete Albrecht doch nicht entblödet, dieses Herzstück wettinischer Territorialmacht eben jetzt an die freudegrunzenden Brandenburger ganz klammheimlich zu verintrigieren. Der sichtlich unbedarfte, friedliebende Dresdener Friedrich Clem durfte schließlich Stadt und Landschaft für sich behalten.

Aber jetzt setzte der neue deutsche König Adolf von Nassau alles daran, die ihm viel zu mächtig werdenden Wettinerfürsten auf Normalgröße zurückzuschrumpfen. Es wäre ihm auch fast gelungen, die Mark Meißen als erledigtes Reichslehen einzuziehen. Das Pleißnerland hatte er immerhin schon 1292 an den Böhmenkönig Wenzel II. verpfändet und Thüringen in einem blutigen Feldzug erobert, wobei seine Truppen um Borna und Frohburg herum furchtbar hausten. Und 1294 setzte der König seinen getreuen Heinrich d. Ä. von Plauen als obersten Landrichter für,s Pleißenland ein; 1295 mußte der Freidige geschlagen außer Landes flüchten – womit die markmeißnische Herrschaft der Wettiner über das Pleißenland vorerst beendet schien. Im Frühjahr 1298 aber hatte der zähe Friedrich, ob nun gebissen oder nicht, seine angestammte Mark wieder – obzwar inzwischen der Habsburger Albrecht I., als Nachfolger des alten Nassauers Träger der Königskrone, diese an den zweiten Böhmenwenzel wiederum verpfändet hatte, als der gerade in seiner Funktion als Reichsvikar auch für die Wettinerlande Oberverwalter war. 1305, nach Wenzels Tod, gingen die Pfänder wieder an den Habsburger zurück; doch kämpfen der Freidige und Diezmann verbissen um ihre Erbmasse. 1306 standen königliche Feindtruppen schon wieder vor Borna und Geithain. Dann aber, am 31. Mai 1307, siegten die Wettiner, kräftig unterstützt durch ein Leipziger Bürgeraufgebot, in der berühmt gewordenen Schlacht bei Lucka über die Königlichen. Damit war eine wichtige Entscheidung im 16jährigen Schicksalskampf des Wettiner Fürstenhauses um die markmeißnische Herrschaft und die künftigen Stammterritorien Pleißenland sowie Osterland gefallen. „Es wird dir glücken, wie den Schwaben (Königstruppen gemeint) bei Lükken!“ Dieses Jahr 1307 wurde sozusagen zum Geburtsjahr des späteren sächsisch-wettinischen Staates.

Nachdem Diezmann noch 1307 in der Leipziger Thomaskirche einem Mordanschlag zum Opfer fällt (diesmal war,s kein Gift, sondern ein wohlgezielter Dolchstoß in den Rücken, historisch so allerdings nicht belegt), gingen seine Erbansprüche an den Bruder über. Der Freidige besetzte 1308 nach dem jähen Tode des Habsburgerkönigs (auch dieser wurde im Auftrage der Verwandschaft ermordet) sofort das umstrittene Pleißenland. Und er wird vom nachfolgenden deutschen König, dem Lützelburger Heinrich VII., im Jahre 1310 neu mit der Mark Meißen und der Thüringer Landgrafschaft belehnt. In den Folgejahren bis 1329 bekamen die wieder erstarkenden Wettiner dann auch Pleißen- und Osterland endgültig unter ihre Kontrolle sowie in ihre Territorialherrschaft zurück. Das sich in den ständigen Italienkriegen erschöpfende Königtum resignierte, gab jetzt allmählich seine bisherigen Machtbestrebungen und Ansprüche im hiesigen mitteldeutschen Raume auf, zugunsten der sich zähe behauptenden Wettiner – für die hatte es sich also rundgerechnet. Wer viel hat, will immer noch mehr haben. Und nur die Lumpen sind bescheiden...

Die 1379er „Örterung von Neustadt“ sowie nachfolgende „Chemnitzer Teilung“ von 1382

Die Reihe regierender Meißner Markgrafen mit Namen Friedrich hatte „der Freidige“ eröffnet (1307 – 23); nach ihm kam sein Sohn Friedrich II. „der Ernsthafte“ an die Herrschaft (1323/29 – 1349). Der hatte klugerweise die ihm am Lebensende angebotene deutsche Kaiserkrone dankend ausgeschlagen. Ihm folgte in der Regierung, 17jährig mündiggesprochen, Sohn Friedrich III. „der Strenge“ (1349 – 1379/81) – welcher sich den Beinamen wohl wegen seines rigorosen Vorgehens gegen das ausufernde Raubrittertum seiner Zeit erwarb. Doch sicherlich auch ob seines erfolgreichen Machtkampfes gegen die reußischen Vögte und Reichsministerialen von Weida, Gera und Plauen im Vogtländischen Krieg von 1353 – 1359. Diese unterlagen und mußten dann den Großteil ihrer Besitzungen im schönen „Land der Vögte“ (altes kaiserliches Reichslehen und Kammergut) an die siegreichen Wettiner abtreten; späterhin wichen sie ganz ins Thüringische hinüber aus. Ebenfalls wurden 1365 die Leisniger Burggrafschaft samt Besitzungen der wettinischen Landesherrschaft einverleibt; den dort sitzenden Burggrafen verblieb wenig mehr als ihr repräsentativer Titel. Übrigens sei hier noch angemerkt, daß des Strengen Schwester Elisabeth durch ihre Eheschließung mit dem aufstrebenden süddeutschen Hohenzollernsproß und Nürnberger Burggrafen Friedrich V. zur Stammutter der späteren Preußenkönige wie auch deutscher Kaiser wurde, da beider Sohn Friedrich I. im Jahre 1415 Markgraf zu Brandenburg wurde. Also ohne altsächsischen Glanz (und Geburtshilfe) keine spätere Preußen-Gloria!

Von den vier Söhnen des Ernsthaften hatte zunächst der Älteste und Strenge die Regierungsgeschäfte übernommen. Der drittälteste Ludwig war für den gehobenen geistlichen Stand bestimmt und brachte es dann über die bischöflichen Würden und Pfründe von Bamberg und Halberstadt 1391 noch zum Magdeburger Erzbischof. Als chronischer Suffkopp und Lebemann stürzte er sich im Fastnachtstrubel des Folgejahres unrühmlich zu Tode (oder wurde totgestürzt?). Dem letzten Willen ihres Vaters folgend, begannen die drei weltlichen Wettinersöhne im Jahre 1368 ein gemeinschaftliches Regiment über ihre Besitzungen – unter formaler Oberhoheit des Strengen; wobei ein jeder seinen Landstrich eigenständig verwaltete. Der strenge Friedrich natürlich die Meißener Mark, mit Hauptsitz jetzt in Dresden. Bruder Wilhelm „der Einäugige“ saß im Pleißnerland, zumeist in Altenburg oder Leipzig. Bruder Balthasar beherrschte die Thüringer Landgrafschaft und baute sich Gotha zum Regierungszentrum aus. Solche aufgesplitterte Landesherrschaft aber wurde von den emanzipationswilligen Städten, der hohen Geistlichkeit wie auch dem niederen Landadel offenbar

als Zeichen von Schwäche aufgefaßt. Denn im Jahre 1376 formierte sich als Gegengewicht zur Fürstenherrschaft, eine Ständeversammlung in Meißen; und zwar als eigene Interessenvertretung der nun auch mitredenwollenden Landeseinwohner in allen wettinischen Territorien. Der Bürger als solcher war nämlich als zu besteuerndes Subjekt interessant wie unentbehrlich geworden! Und dieses scheint dann wohl der Anlaß gewesen zu sein, daß die drei regierenden Wettinerbrüder eine formale Neuaufteilung ihrer Lande untereinander anpeilten – verbunden mit durchgreifender Verwaltungsreform und Ämterneueinteilung. Am 3. Juli 1379 saß man im thüringischen Neustadt an der Orla beisammen, beriet und teilte vorab auf (was dann als „Neustädter Örterung“ in die Sachsenhistorie eingegangen ist). Nachdem Friedrich „der Strenge“ 1381 zu Altenburg verstarb, als letzter Wettiner im Hauskloster Altzella beigesetzt wurde, kam es dann im Folgejahr zur vertraglich fixierten Landesteilung, am 13. November 1382 in Chemnitz (daher dann auch „Chemnitzer Teilung“): Der einäugige Wilhelm (Bruder des Strengen) übernahm Würde und Besitzungen eines Markgrafen von Meißen, außerdem bedeutende Teile von Oster- und Pleißenland sowie erheblichen Streubesitz im Vogtland. Er regierte bis 1407. Balthasar (Bruder des Strengen) bekam die Thüringer Landgrafschaft samt weiteren Besitzungen bis ins Fränkische hinüber, zugesprochen. Des Strengen Söhne, Friedrich IV., Wilhelm II. sowie Georg wurden anteilig mit diversen Ländereien aus der Erbmasse ausgestattet, sodaß es für alle Edlen zu einem standesgemäßen Leben reichte. Jedoch sollte die inzwischen berühmte wie reiche Bergstadt Freiberg nebst allen bergbaulichen Gewerken, den Hütten und der Münze, als unteilbarer Familienbesitz unter gemeinsamer Verwaltung bleiben.
Aber die auf zunehmende Unabhängigkeit bedachten Stadtbürger (Patrizier wie Handwerkerschaft) scherte das alles recht wenig, wenngleich man solches wachen Blickes und aufmerksam beobachtete. Im Jahre 1386 schufen sich die Leipziger Schneider ihre Zunftordnung; und sie waren damit die Ersten in der Stadt. Bereits 1385 saßen im nahen Städtchen Geithain Viertelsmeister der Handwerkerschaft im regierenden Rat, hatten solcherart Einfluß und Mitspracherecht im Gemeinwesen. Auch die Wettinerfürsten blieben nicht müßig, ihre expandierende Herrschaft weiter zu festigen. So verdrängte der einäugige Wilhelm in den Jahren 1402/04 die Herren von Colditz, ein ehedem mächtiges Geschlecht kaiserlicher Reichsministeralen ebenso, wie die aus gleichem Stande emporgekommenen, und nun verarmten, Herren von Eilenburg – indem er ihre Grundherrschaften um den wichtigen Muldenfluß nach diversen Pfändungen käuflich erwarb; und er bekam sie billig zugeschlagen. Diese Colditzer und Eilenburger gingen außer Landes, wichen über die Niederlausitz dann bis ins Böhmische hinüber den robusten Wettinern aus.

Im Vertrag zu Freiberg von 1403 hatten die Wettiner festgeschrieben, daß bei Erlöschen eines Familienzweiges dessen Gebietsanteile an die anderen Zweige kommen sollten bzw. unter gemeinsame Administration. Nachdem der Meißner Markgraf und einäugige Wilhelm 1407 ohne Erben verstarb und als erster Wettiner im Chor des Meißener Domes beigesetzt ward, einigte sich die Familie in Verträgen von Naumburg 1410 sowie in Folgevereinbarungen der Jahre 1411/15/23 über anstehende Modalitäten, wobei auch aus den erstarkenden Landständen Vertreter mit beratender Stimme beigezogen wurden: Die markmeißnische Herrschaft wird vorab von den Söhnen des Strengen, Friedrich IV. „der Streibare" und Wilhelm II. sowie vom Balthasarsohne Friedrich „der Friedfertige" gemeinsam verwaltet. Der Friedfertige erhielt dazu noch Gebiete mit und um die Städte Pirna, Zwikkau, Dresden. Der streitbare Friedrich wird neuer Markgraf von Meißen, mit Sitz daselbst und weiteren Machtzentren in Leipzig und Grimma. Wilhelm II. soll über das Oster- und Pleißenland herrschen, mit Zentren in Altenburg und Weißenfels.
Noch eine unverzichtbare Anmerkung zum Schluß dieser Zeitscheibe. Als sechste Hohe Schule des Römisch-Deutschen Reiches wurde am 2. Dezember 1409 die Leipziger Universität gegründet! Glanzvolle Eröffnungsfeierlichkeiten fanden dazu im Thomas-Kloster statt. Professoren und Teile der Studentenschaft waren von der altehrwürdigen Prager Karlsuniversität wegen dortiger früher Hussitenwirren, verbunden mit immer wieder aufflammender Deutschenfeindlichkeit der Landbevölkerung und des städtischen Proletariats (bis hinein in besitzende Handwerkerzünfte) nach Leipzig hin ausgewichen. Hier ist die neue Hohe Schule von den wirklich weitblikkenden Landesherren mit allerhand Sonderprivilegien ausgestattet worden, in Folge auch mit Land- und Güterbesitz. Und seitdem ist der weltoffene Handelsplatz Leipzig auch eine international renommierte, gerne und gutbesuchte Universitätsstadt geworden ...

Die „Altenburger Teilung" der Wettiner von 1445

Mit dem Herzog Albrecht von Sachsen-Wittenberg waren auch die dort herrschenden Askanier 1422 im Mannesstamme ausgestorben. Dieses an sich kleine, unbedeutende Reichslehen ist danach vom deutschen Kaiser/ König Sigismund (Sohn Karls IV.) als erledigt eingezogen worden. Für seine Verdienste um König und Reich im Krieg gegen die von Böhmen her ständig nach Sachsen einfallenden und hier fürchterlich hausenden Hussiten – also für erwiesene Reichstreue – wurde der Wettinerfürst und Meißener Markgraf Friedrich IV., „der Streitbare", mit besagtem Herzogtum Sachsen-

Wittenberg belehnt. Der Lehensbrief datiert vom 6. Januar 1423; ein formal juristischer Lehensakt fand erst am 1. August 1425 statt. Gleichzeitig erhielt der Streitbare die Pfalzgrafschaft Sachsen sowie die Burggrafschaft Magdeburg verlehnt. Und auch die Herrschaft über die Grafschaft Brehna kehrte jetzt zu den Wettinern zurück. Aber was noch viel wichtiger war: Mit diesem Neuherzogtum für Friedrich IV. ist auch der Kurhut des Heiligen Römischen Reiches Deutscher Nation verbunden gewesen, samt der Würde eines Herzogs zu Sachsen! Ebenso das reichsfürstliche Amt des Erzmarschalls sowie das eines Reichsvikars (obersten Verwalters in königslosen Zeiten) für alle Reichslande unter Sachsenrecht. Späterhin fungierten die Wettiner dann auch noch als Reichsjägermeister. In ihren Wappenschild nahmen die neuernannten Kurfürsten jetzt also die gekreuzten Kurschwerter und die alte askanische Raute auf, und sie siegelten fortan mit der Königsfarbe rot.

Jener streitbare vierte Friedrich ist als nunmehriger Friedrich I. in persona Kurfürst von Sachsen, Herzog zu Sachsen, Markgraf von Meißen usw. Damit rückte er ganz nach oben in der Adelspyramide und in die erste Reihe der sieben privilegierten Kurfürsten des Römisch-Deutschen Reiches vor. Diese kamen in der Feudalhierarchie jener Zeit gleich nach dem König – waren aber oft viel mächtiger als der. Denn sie allein besaßen das Wahlrecht – die Kür – für den deutschen Kaiser bzw. König. Drei von ihnen waren geistlichen Standes und Erzkanzler für die verschiedenen Reichsteile: der von Mainz (für Deutschland); der von Köln (für Italien) sowie der von Trier (für Gallien und Burgund). Vier Kurfürsten waren weltliche Herren: der Herzog zu Sachsen als Erzmarschall des Reiches; der Markgraf von Brandenburg als Erzkämmerer; der Pfalzgraf bei Rhein als Erztruchseß und der König von Böhmen als Erzmundschenk. So hatte es verbindlich die „Goldene Bulle" Kaiser Karls IV. im Jahre 1356 vorgeschrieben. Welche übrigens auf den seinerzeitigen Bestimmungen im „Sachsenspiegel" des Eike von Repgow basierte. Das neuerworbene Herzogtum Wittenberg wurde nun von den Wettinern als Kurkreis installiert. Gleichzeitig bürgerte sich, von dorther ausgehend, der Landesname Sachsen für alle wettinischen Territorien ein. Ebenfalls noch im Jahre 1423 erwarben einige Sachsenstädte von den Landesfürsten die Hohe Gerichtbarkeit (für bares Geld) – Meißen, Chemnitz, Leisnig, Döbeln, Mittweida. Die Stadt Leipzig kaufte diese 1434 an; im weiteren Leipziger Umlande folgte u.a. Rochlitz 1464 sowie Colditz 1557. Und im Todesjahr 1428 des ersten Sachsenkurfürsten erhielt dann auch der landsässige Niederadel das begehrte herrschaftliche Privileg der niederen Gerichtbarkeit – denn das brachte zumeist allerhand Bares ein.

In der Kurwürde und Landesherrschaft folgte jetzt des Streitbaren Sohn (als 15jähriger mündig gesprochen), Friedrich II. „der Sanftmütige", welcher zunächst gemeinsam mit seinem Bruder, Herzog Wilhelm III. „dem Tapferen" sich ins Regieren teilte. Das aber ging auf Dauer nicht gut, die Interessen und wohl auch die Charaktere der Brüder waren zu verschieden. Als 1440 der Thüringer Landgraf und Balthasarsohn Friedrich „der Friedfertige" starb, fiel seine Landgrafschaft an Sachsen zurück. Nachdem dann noch zwei weitere Wettinerbrüder aus der Erbfolge ausschieden (Heinrich starb 1435 und Sigismund trat 1437 in den geistlichen Stand), brachen im kursächsischen Herrscherhause die Streitigkeiten offen aus und es kam, nach diversen Verhandlungen in Rochlitz, zur Altenburger Teilung vom 26. September 1445. Die Altenburger Regelung wurde dann am 11. Dezember 1445 von einer Versammlung sächsischer Landstände im Hallenser Neuwerkkloster als ein „Hallescher Machtanspruch" dahingehend modifiziert und bestätigt, daß Kurfürst Friedrich II. den Wettiner Kurkreis, die Mark Meißen, das Osterland mit Altenburg sowie Leipzig und das Leipziger Land zugesprochen erhielt, Herzog Wilhelm III. die Landgrafschaft Thüringen und im Fränkischen einigen Streubesitz um Coburg (die sogenannte Coburger Pflege). Freiberg mit seinen Silberbergwerken, den Hütten und der Münze wurde wiederum unter gemeinsame Verwaltung gestellt.

Nachwehen der Teilung

Leider waren die beiden Erbfolger mit ihren jeweiligen Anteilen immer noch nicht so recht zufriedengestellt. Dazu kam, daß die ebenso intriganten wie bedenkenlos gewalttätigen Thüringer Vitzhums gezielt Unfrieden zwischen den strittigen Brüdern stifteten. Apel und Busso von Vitzhum, u.a. auf Tannroda sitzend, waren begüterte, einflußreiche Höflinge beim Kurfürsten gewesen. Aus machtpolitischem Eigennutz wechselten sie nunmehr zur Partei Herzog Wilhelms hinüber. Und mit ihnen zahlreiche kleinere Ritter und Feudalherren, als traditionelle Thüringer Adelsopposition schon seit jeher gegen die Wettiner aufmüpfig gewesen – so auch jetzt wieder Morgenluft witternd. Die schlauen Vitzhums hatten nämlich den Halleschen Machtanspruch maßgeblich mitgestaltet – und zwar so, daß der Großteil ihrer thüringischen Besitzungen (von Sangerhausen bis Nordhausen verstreut), unter Herzog Wilhelms Oberhoheit gelangte. Der schien ihnen leichter lenkbar und für ihre schmutzigen Pläne brauchbarer zu sein. Sie waren auch die eigentlichen Ursächer für den jetzt mit Wucht ausbrechenden und grausam geführten „Sächsischen Bruderkrieg", welcher von 1446 bis 1451 die wettinischen Lande furchtbar in Mitleidenschaft zog. So wurden u.a. Burg und Stadt Düben an der Mulde von böhmischen Hilfstruppen des Thüringer Landgrafen stark zerstört, gebrandschatzt und geschleift;

sogar die Kirchenglocken gingen als willkommenes Beutegut mit weg. Dazu kam, daß Kurfürst Friedrich II. noch an einer anderen Front im Machtkampfe stand, in der Lausitz drüben, wo sein Kurkollege und Brandenburger Markgraf beutegierig auf Landerwerb ausging, diese für ihn günstige Gelegenheit ausnutzend. Immerhin stand wenigstens noch der Naumburger Bischof fest auf Seiten des Landesherrn (wenngleich sich die geistlichen Herren solches hinternach stets teuer bezahlen ließen). Nachdem Herzog Wilhelms brandschatzende und mordende Böhmensöldner 1450 Pegau und Gera eroberten, schloß man endlich am 27. Januar 1451 den „Frieden zu Pforta“; die brüderlichen Streithähne versöhnten sich wenigstens einigermaßen. Ihre Landesteilung vom Jahre 1445 blieb so bestehen – die ränkesüchtigen Vitzhums aber wurden außer Landes getrieben, flohen ins benachbarte Böhmerland hinüber, von wo aus sie allerdings fleißig weiterintrigierten. Denn auch der 1455er „Sächsische Prinzenraub zu Altenburg“ durch den rabiaten Raubritter Kunz von Kaufungen geht letztlich auf ihr dickes Schuldkonto. Aber dieses ist dann schon wieder eine andere Geschichte ...

Im Ergebnis des leidigen wie unnötigen Bruderkrieges rangen die sächsischen Landesstände dem Kurfürsten die bindende Zusage ab, daß künftig bei landesweit übergreifenden Regierungsentscheidungen, zum Beispiel in Kriegsdingen, auch ihre Stimme Gehör finden sollte (1458 und 1466 bestätigt). Mit dem Böhmenkönig Georg Podiebrad mußten die jetzt sichtlich geschwächten Wettinerfürsten allerdings einen für sie nachteiligen Grenzvergleich betr. der seit je strittigen Erzgebirgskämme schließen, u.a. auch Teile des Vogtlandes von der böhmischen Krone formell zu Lehen nehmen sowie auf frühere Besitzungen an den Erzgebirgssüdhängen Verzicht leisten. So wurde es dann im „Vertrag zu Eger“ 1459 bindend fortgeschrieben. Ja, Friede ernährt, doch Krieg verzehrt! Nach dem Tode des gar nicht so Sanftmütigen teilten sich 1664 dessen (als Prinzen geraubte) Söhne Ernst „der Andächtige“ oder „der Fromme“, geb. 1441, und der Ältere – sowie Albrecht „der Beherzte“, geb. 1443, und der Jüngere, in die Macht. Also wiederum ein Brüderpaar. Dabei führte zumeist Kurfürst Ernst die Regierungsgeschäfte, während Herzog Albrecht Europa und die Welt bereiste (so kam er u.a. 1476 auch ins Heilige Land und nach Jerusalem, als ritterlicher Pilgersmann). Doch war er auch ein erfolgreicher Krieger und konnte als kaiserlicher Reichsfeldherr noch sein 25jähriges Jubiläum feiern.

Die große Wettiner Landesteilung (Leipziger Teilung) von 1485

Was davor geschah

Im Herbst 1482 starb der Thüringer Landgraf und tapfere Wilhelm, Onkel der Wettinerbrüder, ohne direkte Erben. In seinen Landen gärte es daraufhin gewaltig, und der von ihm mit eiserner Faust niedergehaltene Landadel regte sich wieder – an der Spitze der erstaunlich langlebige Apel Vitzhum sowie die umtriebigen Grafenbrüder von Gleichen. Äußerer Anlaß war die skandalträchtige Zweitehe des Verstorbenen mit einer Katharina von Brandenstein aus kleinstem Adel. Ihr zuliebe hatte der ansonsten ungeliebte Wilhelm seine erste Gattin, die Habsburgerin Anna, auf die Eckartsburg verbannt. Nun also fiel die Thüringer Landgrafschaft ans sächsische Kurfürstentum zurück; und damit sind zum allerletzten Male sämtliche wettinischen Lande als quasi geschlossenes Territorium unter einer Landesherrschaft vereinigt! Selbst das kurmainzische Erfurt bequemte sich jetzt ohne Murren unter wettinische Statthalterschaft. Ja, die angesehenen Sachsenherrscher waren zu dieser Zeit neben den Habsburgern die mächtigsten Reichsfürsten. Im gleichen Jahre 1482 erließen sie für ihre Besitzungen eine erste gemeinsame Landesordnung (als Vorläufer für eine Staatsverfassung). 1483 installierte sich dann auch ein kursächsisches Oberhofgericht mit Sitz in Leipzig, als vom regierenden Landesherren relativ unabhängige Staatsbehörde.

Die in Meißen residierenden Wettinerbrüder, Kurfürst Ernst und Herzog Albrecht, erwogen schon länger eine strikte Trennung der bisherigen gemeinsamen Regierung und jeweils eigene Hofhaltungen. Auch hierbei ist wieder ein intrigierender Höfling die treibende Kraft gewesen – der mächtige, reiche und darob einflußreiche Hugold III. von Schleinitz. Als begüterter sächsischer Obermarschall Herzog Albrechts konnte er,s sich leisten, „seines Gnädigen Herrn Obersten Werkmeister“ Arnold von Westfalen (den berühmten Erbauer der Meißner Albrechtsburg) auch mit größeren Um- und Ausbauten für seine 1465 erworbene Burg Kriebstein an der Zschopau zu verpflichten. Wie auch für die von ihm als Pfandbesitz verwaltete Rochsburg an der Mulde. Da er aber bei Albrecht nicht durchkam, ihm doch bitte diese starke Muldenburg als Erblehen zu verschreiben, steckte er sich fortan hinter Bruder Ernst und wußte diesen von angeblichen Vorteilen einer brüderlichen Länder/Güter/Gewaltenteilung zu überzeugen. Geschickt dabei unterstützt vom Meißener Bischof Heinrich, den wie Schleinitz ebenfalls recht eigennützige Motive leiteten. Und steter Tropfen höhlt den Stein! Dem Albrecht wäre nun aber die bisherige, lockere Regelung lieber gewesen, denn er fühlte sich in seinen zahlreichen Ämtern und Funktionen als kaiserlicher Reichsfeldmarschall, als Reichsstatthalter in den Niederlanden sowie „ewiger Gouverneur und Erbherzog von Friesland“ usw. voll ausgelastet. Was sollte dem weltläufigen Diplomaten und Militär da noch das provinzielle Regieren hinter einem noch so schönen Meißner Kachelofen? Jedoch der listige Fuchs Schleinitz drängelte und hetzte solange, bis er die ungleichen Brüder schließlich breitgeklopft hatte.

Leipziger Teilung

Im Jahre 1484 also kam in Leipzig ein vorläufiger Teilungsvertrag zustande, nach dem Kurfürst Ernst für zehn Jahre die Alleinregierung übernehmen und Herzog Albrecht dafür mit stattlicher Jahresrente sowie einigen festen Schlössern (u.a. Torgau und Tharandt), nebst diversen Einkünften, abfinden sollte. Schleinitz und andere Hofräte bohrten weiter, und so einigten sich die Brüder am 17. Juni 1485, wieder in Leipzig, auf eine Folgeregelung, nach welcher endgültig geteilt werden sollte. Und zwar so, wie es das althergebrachte Sachsenrecht seit Eike von Repgows Sachsenspiegel vorschrieb: Der Ältere teilt die Erbmasse und der Jüngere hat freie Wahl zwischen den beiden Hälften. Immerhin, der Kurkreis blieb dabei außen vor und wurde von vornherein dem Älteren, als amtierenden Kurfürsten, zugesprochen. Außerdem blieben die erzgebirgischen Silberbergwerke um Freiberg und Schneeberg samt der Freiberger Münze – Gebiete in der Niederlausitz und Schlesien (Sagan sowie die Herrschaften der Marschälle von Biberstein) – wichtige und reiche Schutzvogteien über einige Städte samt Umland (Bistum Meißen, Erfurt, Görlitz, Mühlhausen, Nordhausen) weiterhin unter gemeinsamer Verwaltung. Und wer von beiden Erbenden sich den zentralen markmeißnischen Landesteil erwählte, der sollte dem anderen stattliche 100 000 Gulden zuzahlen – war die Mark Meißen zweifellos der wertvollste Erbteil! Schließlich mußte der jüngere Albrecht für sein Wählendürfen immerhin noch 25 000 Gulden Wahlgeld berappen. Unter dem 26. August 1485 kam es dann in Leipzig zum „Hauptvertrag" als der schicksalsträchtigen Wettiner Teilung. Durch Nachfolgeverträge (Naumburger Schiedsspruch von 1486; Oschatzer Vertrag von 1491) erfolgten später noch Regelungen in Detailfragen. Grob gesagt, entstanden durch jene Teilung zwei unterschiedliche Territorien und Staatsgebilde – mit einem das Oster- und Pleißenland durchquerenden, die Landesteile sozusagen verbindenden Gebietsstreifen als formaljuristisches Grenzland. Herzog Albrecht wählte und nahm sich (zum großen Ärger des Älteren) die markmeißnische Portion. Mit den Städten Meißen, Dresden, Chemnitz, Freiberg, Pirna, Oschatz. Ebenso mit Teilen des nunmehr endgültig aufgeteilten Oster- und Pleißenlandes samt den Städten Leipzig, Naumburg, Delitzsch, Weißenfels u.a. Auch gehörten einige nordthüringische Territorien und weiterer Streubesitz dazu.

Für den Kurfürsten Ernst blieben also seine Kurlande (das frühere Herzogtum Sachsen-Wittenberg) samt Torgau und Elbländereien, Eilenburg und

Düben an der Mulde, die Thüringer Lande mit den Städten Weimar, Weida, Eisenach und andere, die Pflege Coburg samt diversen fränkischen Besitzungen der Wettiner, das sächsische Vogtland mit Zwickau, Teile des Osterlandes mit Altenburg, das pleißenländische Amt Borna sowie muldenländische Gebiete um Grimma und Leisnig.

Dazu unterstellten sich die Teilenden noch verschiedene geistliche Besitzungen im wettinischen Gesamtterritorium sowie schriftsässige Adelsherrschaften größerer Orte (welche mit ihrer Unterstellung direkt unter den Landesherrn einen höheren Rang innehatten als die amtssässigen Adeligen und Orte, die verwaltungsgemäß den jeweiligen Ämtern zugeordnet waren). Das betraf in den Meißner Landen auch die mächtigen, seit alterher reichsfreien Herren von Schönburg, die Grafen von Stolberg-Hohnstein am Harz, die Grafen von Mansfeld, die Herren von Arnstein und Beichlingen, die Burggrafen von Leisnig. Außerdem noch die Schutzvogteien über Querfurt, das Merseburger Hochstift sowie das Reichsstift Quedlinburg. Bis auf die hartköpfigen Schönburger – die sich mit ihren Rezeßherrschaften im Muldenland um Glauchau und Waldenburg sowie Hartenstein-Lichtenstein noch bis Anfang des 19. Jahrhunderts eine gewisse „de facto-Selbständigkeit" bewahren konnten – wurden alle jene ehedem reichsunmittelbaren und früher reichsständigen Herrschaften auf den niederen Status der Landsässigkeit herabgedrückt. In Thüringen drüben waren es vor allem die sich zunächst noch lange wehrenden Linien der Reußen, dann die Schwarzenburger Grafen, die Grafen von Gleichen und die von Kirchberg. Auch kamen die ertragreichen Schutzvogteien über das bischöfliche Hochstift Naumburg und über Zeitz in wettinische Hände.

Da Albrecht vorab nur 5000 Gulden für seine meißnische Wahlportion aufbringen konnte, verpfändete er für die Restsumme sein thüringer Amt Jena an Bruder Ernst – er löste es auch später nie wieder ein. Nachdem Kaiser Friedrich III. (als „des Heiligen Römischen Reiches Erzschlafmütze" übelst verspottet) am 24. Februar 1486 den jetzt zwei sächsischen Fürstenhäusern der Wettiner ihre Reichsbelehnungen und sonstige Privilegien ausdrücklich bestätigte – und auch mit seinem umtriebigen Sohn Maximilian, folgendem Kaiser und „letzten Ritter" konnte der beherzte Albrecht gut – hatten sich also zwei Wettiner Herrschaftslinien herausgebildet:

- nach Kurfürsten Ernst „dem Frommen" die sogenannte Ernestinische Linie, welche bis zur Wittenberger Kapitulation von 1547 über Kursachsen herrschte;
- nach Herzog Albrecht „dem Beherzten" die sogenannte Albertinische Linie, welche bis 1547 im Herzogtum Sachsen regierte, infolge der Wittenberger Kapitulation dann die sächsische Kurwürde erwarb und über ein vereinigtes Kursachsen herrschte. Aus ihr gingen dann auch die Sachsenkönige hervor.

Was danach geschah

Auf den Tag genau ein Jahr nach der denkwürdigen Leipziger Teilung, am 26. August 1486, starb Kurfürst Ernst in Colditz. Wie man sagte, wäre es ein Jagdunfall gewesen, sein Pferd soll ihn abgeworfen haben und ein wenig auf ihn herumgetrampelt sein... Er war, im Gegensatz zum vielgewandten Bruder Albrecht, eine eher schwerblütig-introvertierte und düster wirkende Natur, zu gelegentlichen wie gefürchteten Jähzornsausbrüchen neigend; besonders beliebt scheint er jedenfalls nicht gewesen zu sein. Immerhin mußte er nicht mehr miterleben, daß die große Landesteilung sich im Nachhinein als gravierender politischer Fehler erweisen sollte. Hatte sich damit doch das bis dato fast übermächtige wettinische Fürstenhaus ohne Not und zwingende Erfordernis geschwächt, seinem früher weit über's Reich hin ausgreifenden Flächenstaat in zwei jetzt unbedeutende Territorien geschrumpft. Und es somit den stets wachen Blickes in politisch-militärischer Lauerstellung verharrenden brandenburgischen Kurfürsten und futterneidischen Nachbarn ihren späterhin ungehemmten Aufstieg zur Großmacht Preußen in Deutschland ermöglicht.

Die Nachfolge Ernsts trat Kurfürst Friedrich „der Weise" an (1486 – 1525 regierend). Der allseits respektierte Reichsreformer herrschte mit seinem Bruder Johann „dem Beständigen" gemeinsam über Kursachsen. Herzog Albrecht seinerseits mußte schon frühzeitig seinen kapitalen und nicht mehr rückgängig zu machenden Fehler mit der Leipziger Teilung eingesehen haben. 1489 ließ er deshalb den alten Intriganten Schleinitz gerichtlich belangen. Seit dem Tode des älteren Bruders war es für diesen eng geworden – und so alt wie er jetzt aussah, konnte er gar nicht mehr werden. Also entschloß sich dieser schlitzohrige Hugold, mal wieder allen ein Schnippchen zu schlagen (wenn auch letztmalig); er starb 1490 kurzerhand seinen Richtern weg, jetzt konnten sie ihm alle mal kreuzweise und auf ewig ... Kurz vor seinem eigenen Tode verfügte aber Herzog Albrecht noch 1499 (vom Kaiserfreund Max förmlich bestätigt) in einem Hausgesetz die Primogenitur für die Erbfolge seiner Albertinischen Wettinerlinie. Diese „Väterliche Ordnung" sah zwingend vor, daß künftighin keinerlei Macht- und Landesteilung mehr stattfinden darf und stets der erstgeborene bzw. älteste Sohn als Kronprinz alleiniger Erbfolger werden muß. Die jüngeren Geschwister werden standesgemäß mit Barem oder Güterbesitz abgefunden. Im Jahre 1500, und damit an der Schwelle zur Neuzeit, starb der Beherzte dann in Emden, wurde dort entherzt und sein Körper nach Meißen überführt, da im Dome beigesetzt. Sohn Georg „der Bärtige" folgte ihm als Herzog von Sachsen in der Regierung (1500 – 1539). Dieser an sich tüchtige Regent wurde allerdings später zum starrsinnig wütenden Reformationsgegner und Intimfeind Martin Luthers. Jener hatte seit 1511 eine Berufung an der vom weisen Friedrich 1502 gegründeten ernestinischen Landesuniversität zu Wittenberg, lehrte und predigte hier. Mit dessen öffentlichen Thesenanschlag vom 31. Oktober 1517 an der Wittenberger Schloßkirche begann ja die Glaubensreformation im Reiche. 1505 übertrug im Leipziger „Brüderlichen Vertrag" der bärtige Georg seinem Bruder Heinrich ebenfalls den sächsischen Herzogstitel, samt persönlicher Nutznießung aus den Ämtern Freiberg und Wolkenstein. Und 1507 erneuerte Kaiser Maximilian I. das Leipziger Messeprivileg von 1497: Die städtische Bannmeile bzgl. Jahrmärkte und Messen wird jetzt auf 15 Meilen ins Umland ausgedehnt. Was dann der Messestadt im andauernden handelspolitischen Konkurrenzkampf mit Naumburg, Erfurt, Halle sehr nützlich wurde.

Der ernestinische Kurfürst Friedrich III. (nicht von ungefähr nannte man ihn „den Weisen") lehnte 1519 klugerweise seine von vielen gewünschte Kandidatur für die vakante deutsche Kaiserkrone ab, welche daraufhin der Habsburgerkaiser Karl V. erhielt. Auch setzte sich der Weise auf dem Wormser Reichstag energisch für Luthers reformatorische Bestrebungen ein. Damit nahm im Kurfürstentum Sachsen dessen Kirchenreformation ihren Ausgang! Im benachbarten Herzogtum Sachsen aber verhinderte selbige der krümelkackende Georg im Barte mit allen verfügbaren Machtmitteln, bis hin zur Folter und Landesverweisungen. Im unruhigen Bauernkriegsjahr 1525 ist der weise Kurfürst gestorben; ihm folgte der beständige Bruder Johann nach (1525 – 32 regierend). Und der nahm energisch den weiteren Fortgang der Lutherschen Reformen in die Hand, förderte Auf- und Ausbau einer evangelisch-lutherischen Landeskirche im ernestinischen Sachsen. Die Wittenberger Universität, wo neben Luther u.a. auch Melanchthon lehrte, entwickelte sich rasch zu einem europäischen Bildungszentrum von Rang. Seit der 1527er „ersten allgemeinen Kirchenvisitation" ist das sächsische Kurfürstentum mit der Führung aller evangelischen Reichsstände in Deutschland beauftragt worden. Staat und Staatskirche sind nunmehr als Machteinheit fest in den Händen des jeweiligen regierenden Kurfürsten. Johann blieb beständig und vertrat auf dem Reichstag von 1530 gegenüber dem engherzig- stockkatholischen Kaiser Karl V. die „Augsburgische Konfession" als protestantisches Glaubensbekenntnis. Daraufhin konstituierte sich noch im gleichen Jahre der „Schmalkaldische Bund" als Zusammenschluß aller evangelischen Reichsstände; die Führung hatten Hessen und Kursachsen inne.

1532 folgte dem verstorbenen Beständigen sein Sohn als Kurfürst Johann Friedrich „der Großmütige" nach (bis 1547 regierend), welcher 1533 die Weisung zum großzügigen Ausbau des Torgauer Schlosses Hartenfels erteilte. Nach den Bauernkriegswirren von 1524/26 entwickelte sich das feste Torgau an der Elbe mehr und mehr zur eigentlichen Residenz. Und hier nun gedachte der Großmütige in seiner Doppelfunktion als Landesfürst wie auch Landesbischof möglichst prachtvoll zu residieren. Sein Geschick, wie auch das der sächsischen Lande, aber wollten es anders. Schon 1537 führte die verwitwete Elisabeth von Rochlitz für ihre Herrschaft die Reformation ein. Der bärtige Wüterich Georg starb 1539 unreformiert. Sein frommer Bruder Heinrich, der bereits zum neuen Glauben übergetreten war, trat als schwerkranker Mann die Regierungsnachfolge an und setzte nun auch im Herzogtum Sachsen die Reformation durch. 1541 wurde er als erster Wettiner im Freiberger Dom beigesetzt. Nach Erbeinigung mit Bruder August übernahm jetzt Herzog Moritz als neuer Herrscher die Regierungsgeschäfte (1541 – 1547, ab 1547 – 1553 Kurfürst). Der kriegerische und politisch hochambitionierte, diplomatisch verschlagene und in der Wahl seiner Mittel äußerst bedenkenlose Moritz sowie der eher bieder-gemütliche Kurfürst Friedrich gerieten sich alsbald wegen der Herrschaft über das säkularisierende, ehemals bischöfliche Amt Wurzen in die Haare und bekämpften sich über Ostern im unblutigen „Wurzener Fladenkrieg“ von 1542. Dieser evangelische Moritz nun paktierte aus Eigennutz und Großmachtsucht mit dem katholischen Habsburgerkaiser – und zwar ziemlich unverhüllt und dreist. Auch er hat 1543 eine neue Landesordnung für das albertinische Staatswesen erlassen. Noch im gleichen Jahre eröffnen die fürstlichen Landesschulen St. Afra in Meißen, Pforta bei Naumburg (und 1550 auch die Fürstenschule zu Grimma) ihren Lehrbetrieb. Hier werden begabte, junge Bürgersöhne über Landesstipendien und also auf Staatskosten für den höheren Staatsdienst und Kirchenämter herangebildet. Auf den Universitäten sollten sie dann eine gründliche Ausbildung als Juristen oder Theologen erhalten – Staatstreue und Amtsbeflissenheit waren also vorprogrammiert. Der clevere Sachsenmoritz veranlaßte mit Zwangsmaßnahmen auch die verschreckten Merseburger Domkapitulare, seinen Bruder (und späteren Kurfürsten) August für die Jahre 1544 – 1548 zum weltlichen Administrator ihres Hochstiftes zu „erwählen“. Heutzutage würde man soetwas vermutlich unter den Tatbestand staatskrimineller Schutzgelderpressung einreihen. Der autoritären Machtinstitution Landesfürst standen für den Kirchenbereich Konsistorien und Superintendenturen als Obere bzw. Unterbehörden verwaltend zur Seite (Einheit von Staat und Kirche!).

Das Jahr 1547 wurde für‘s ganze Sachsenland zum Entscheidungsjahre! Der katholische Habsburgerkaiser Karl V. bekriegte erfolgreich die evangelischen Schmalkaldener Bündnispartner und besiegte sie in der Schlacht von Mühlberg, 24. April 1547. Dort fiel der Ernestiner Kurfürst Johann Friedrich „der Großmütige“ in schmachvolle Gefangenschaft. Er mußte in der Wittenberger Kapitulation vom 19. Mai 1547 auf Kurwürde, Kurlande, alle Besitzungen im albertinischen Sachsen (inklusive Bergstädte, Bergwerksanteile und die Münze) verzichten, sowie auf sonstige in- und ausländische Lehen, Schutzvogteien usw. – in aller Form und auf immer. Ihn beerbte der auf kaiserlicher Seite, also mit dem Sieger, fechtende Herzog Moritz. Der füchsische, mit guter Witterung für kommende Dinge ausgestattete, Albertiner wurde am 4. Juni 1547 im kaiserlichen Feldlager zum neuen Sachsenkurfürsten ausgetrommelt. Formale Anerkennung und Reichsbelehnung bekam er dann etwas später nachgereicht; unter dem 24. Februar 1548 wurden ihm Kurwürde samt Kurkreis schriftlich verliehen. Er hatte es also geschafft – und damit sind die wettinischen Landesteile wieder einmal fest in seiner Hand, zumindest die auf sächsischem Territorium. Fortan schreiben die Albertinischen Wettiner politisch und wirtschaftlich, kulturell-künstlerisch wie auch militärisch sächsische Geschichte (und dies bis in den Spätherbst des schicksalhaften Weltkriegsjahres 1918 hinein). Tatkräftig machte sich der neue Kurfürst sofort an die administrative Neuregelung der Verwaltungsreform (über die „Kanzleiordnung“ vom 5. August 1547 sowie die „Regimentsordnung“ vom 23. September 1548) schuf sowohl oberste Regierungsbehörden – wie den „kollegialen Hofrat“ samt Landeskanzlei, als vom Fürsten nach außen hin unabhängige Zentralverwaltung mit Polizei- und Justizvollmachten (eine quasi sächsische Landesregierung) – als auch Mittelbehörden wie die Kreise und dann noch Unterbehörden als Ämter (lokale Verwaltungen auf kommunaler Ebene). Besonders die jetzige Kreiseinteilung kam der neuen, dreistufigen Landesverwaltung in organisatorischer Hinsicht zugute: Es wurden nämlich sieben Kreise gebildet! Einmal der Wittenberger Kurkreis; der Meißnische sowie der Leipziger (ehemals Osterländische) Kreis – dieser mit den Ämtern Leipzig, Borna, Colditz, Grimma, Leisnig nebst Döbeln, Pegau, Rochlitz, Stiftsamt Wurzen und die nach 1815 an Preußen zwangsabgetretenen Delitzsch, Düben, Eilenburg, Zörbig. Dann der Erzgebirgische, der Vogtländische, der Thüringische (um Langensalza herum). Ebenso der Neustädter Kreis mit weiteren thüringer Besitzungen, den Ämtern Arnshaugk, Neustadt/Orla, Weida, Ziegenrück. 1551 wechselte der allzu clevere Sachsen-Moritz wieder einmal die Fronten und führte jetzt ein Zweckbündnis norddeutscher Fürsten wie Reichsstände evangelischer Konfession (Torgauer Vertrag vom 22. Mai). Es ging ihnen allen um landesherrliche Eigenständigkeit, aber auch schon um gewisse Prinzipien eines frühen staatlichen Föderalismus. Und damit standen sie gegen Kaiser Karl V. auf. Weil dieser eine gewaltsame Durchsetzung des von ihm propagierten, reaktionär-rückwärtsgewandten Prinzips einer katholischen Universalmonarchie erstrebte – und damit schlußendlich ein Erbkaisertum der Habsburger. Solchem Ansinnen verweigerte sich nicht nur Kurfürst Moritz, sondern sogar die an sich reichstreuen Bayernherzöge.

Spanische Zustände (samt gefürchteter Inquisition) wollte keiner der deutschen Landesherrscher bei sich eingeführt sehen! 1552 entließ der genervte Kaiser den unglücklichen Großmütigen aus seiner lebenslang sein sollenden Haft, mit Auflagen und gnadenhalber. Und am 14, Juli 1553 starb auch schon der Sachsen-Moritz an seiner kurz vorher im Reitergefecht bei Sievershausen erhaltenen Verwundung; er bekriegte sich dort mit dem kaiserlichen Parteigänger und Markgrafen Albrecht von Brandenburg-Kulmbach. Man munkelte etwas von einer vergifteten Kugel in den Rücken – wer feuerte diese aus nächster Nähe ab und wer hatte den Nutzen davon? Jedenfalls setzte man den zwar im besagten Gefecht siegreichen, aber nunmehr toten Kurfürsten ebenfalls im Freiberger Dom bei.
Moritzens Regierungsnachfolge mußte jetzt sein eigentlich nicht darauf vorbereiteter Bruder August übernehmen, und zwar als Kurfürst August der I. (von 1553 – 86 regierend). Der war ein eher phantasieloser, kleinlich-pedantischer Verwaltungsbürokrat und hart rechnender Staats- und Volkswirt, der sein Sachsenland wie ein großes fürstliches Mustergut zu führen wußte. Damit war er sehr erfolgreich; als „Vater August" ist er in die Historie eingegangen. Aber ebenso als geradezu krankhaft jagdbesessener Feudalherr, welcher mit dieser Manie seinen Landesuntertanen viele Plakkereien bescherte. Auf ihn gingen sowohl der Prachtbau des erzgebirgischen Jagdschlosses Augustusburg, nahe Chemnitz, zurück wie auch der mit harter Hand durchgeplante Ausbau einer kurfürstlichen „oberheydischen Wildbahn" im heutigen Nordteil der Dahlener Heide. Zu diesem Behufe wurden nicht nur dort ansässige Adelsfamilien zum Verkauf ihrer Güter gezwungen, sondern auch ganze Dorfschaften geschlossen umgesiedelt (zum Teil bis in die Lausitz hinunter). Da kannte Vater August nichts, wenn`s um sein Pläsier ging. Im Naumburger Vertrag vom Februar 1554 schrieb August I. das gutnachbarliche Verhältnis zu den ernestinischen Wettinern in Thüringen fest. Er stattete schließlich den abgesetzten Johann Friedrich, nun seinerseits Großmut zeigend, mit 100.000 Gulden in bar sowie Ländereien aus (den Ämtern Altenburg und Eisenberg). Doch starb jener krank und verbittert schon im März, sodaß August alles behalten konnte.
Im Oktober 1555 erließ der neue Sachsenkurfürst dann eine neue Landesordnung für sein Staatsgebiet. Und 1574 setzte er einen „Geheimen Rat" ein (als sozusagen Regierungsspitze), welcher allen Amtsinhabern und Verantwortungsträgern im Albertinischen Sachsen genauestens auf die Finger zu schauen hatte. Und wo es nottat, auch mal gehörig auf selbige klopfen durfte. Mit allerhöchster Genehmigung freilich; denn wenn man staatliches Geld und also sein persönliches Eigentum verplemperte oder verluderte, war Vater August kein Guter!

Die benachbarten und vordem so mächtigen Ernestiner schickten sich derweilen an, in ihren Thüringer Landen durch fortwährende Erbteilungen in politisch bedeutungslose Kleinstaaterei zu versinken sowie in schrecklich provinzielle Duodezfürstentümelei von Miniformat. Wobei sie sich den herrschenden Gepflogenheiten von benachbarten (und früher auch mal mächtigen Reichsfürstenfamilien der) Reußen und Schwarzburger anglichen. Binnen kurzem splitterten sie sich also in folgende selbständige Herzogtümer und Hauptlinien auf, die alle bis zum Jahre 1918 fortbestehen sollten. Allerdings keine reichspolitische Relevanz mehr besaßen, solche wohl auch nicht mehr anstrebten – wohingegen viele ihrer Fürsten dann kulturell-künstlerisch sowie auf sozialen Gebieten sehr aktiv wie fördernd gewesen sind und einen guten Ruf hinterließen:

- Sachsen-Weimar-Eisenach; ab 1815 Großherzogtum, ab 1901 dann als Großherzogtum Sachsen
- und die Herzogtümer: Sachsen-Coburg-Gotha, Sachsen-Altenburg, Sachsen-Meiningen-Hildburghausen.

Kurzfristig oder auch über einen längeren Zeitraum hinweg installierten sich zudem noch folgende Nebenlinien, ohne irgendwelche politisch-wirtschafliche Bedeutung (und schon gar keine von Reichs wegen): Sachsen-Marksuhl, Sachsen-Jena (inkl. Amt Camburg), Sachsen-Eisenberg, Sachsen-Römhild, Sachsen-Saalfeld (inkl. Ämter Neuhaus a. Rennweg, Sonneberg, Themar).

Nicht nur familiengeschichtlich interessant ist dabei, daß sie alle vor ihren Namen und thüringischen Besitztümern stolz den alten Sachsennamen weiterführten! Übrigens fand – gegen die Bestimmung des 1499er Hausgesetzes bzgl. Primogenitur – späterhin im Albertinischen Sachsen auch nochmal eine quasi Landesteilung statt. Der mit mehreren stattlichen Söhnen gesegnete Kurfürst Johann Georg I. ließ im Jahre 1652 ein Testament anfertigen, in welchem nach seinem Tode (er starb 1656) dem Ältesten zwar Amt und Würde übertragen wird; dieser regierte dann als Johann Georg II. von 1656 – 1680. Doch wurde im Nachtrag von 1657 und als „freundbrüderlicher Haupt-Vergleich" bindend festgelegt, daß für die drei in der Regierungsfolge nicht anspruchsberechtigten Söhne je eine sogenannte Sekundogenitur zu errichten wäre. Und zwar als regierende Nebenlinien über bestimmte wettinische Landesteile; mit innen- und außenpolitisch äußerst begrenzter Selbständigkeit, aber wirtschaftlicher wie auch kultureller Autonomie – natürlich auch militärischen Abhängigkeiten vom Kurfürsten. Dieser repräsentierte in seiner Person den Gesamtstaat Kursachsen!

Jene drei sächsischen Fürstentümer aber waren folgende:

· *Sachsen-Merseburg*; hier herrscht Sohn Christian im Residenzschloß Merseburg. Als weltlicher Administrator behält er das Hochstift samt dessen Ämtern Bitterfeld, Delitzsch (Schloß hier später zum Witwensitz ausgebaut), Zörbig. Er bekam dazu noch die Niederlausitz.

· *Sachsen-Weißenfels*; hier sitzt Sohn August im Weißenfelser Residenzschloß, fungierte als weltlicher Administrator vom Erzstift Magdeburg und hat dessen Ämter Dahme, Gommern, Jüterbog sowie Burg Querfurt im Besitz. Bekam dazu noch Landesteile aus dem Thüringer Kreis zugesprochen.

· *Sachsen-Zeitz*; hier läßt Sohn Moritz sein neuerbautes Schloß nach sich Moritzburg benennen. Auch er wird weltlicher Administrator, des Naumburger Stiftes nämlich. Dazu bekommt er das sächsische Vogtland sowie in Thüringen das Gebiet um Neustadt/Orla und die kursächsisch gewordene Grafschaft Henneberg samt Schleusingen.

Nachdem schon recht bald alle diese Nebenlinien im Mannesstamme ausgestorben sind, fielen besagte Sekundogenituren vertragsgemäß wieder an die kurfürstliche Hauptlinie zurück (Sachsen-Zeitz 1718, Sachsen-Merseburg 1738, Sachsen-Weißenfels 1746). Und damit war der albertinische Kurstaat Sachsen als Ganzes wiederhergestellt. Seitdem wurde von den Regierenden nicht mehr geteilt und/oder aufgesplittert.

Die Zerstückelung, Verkleinerung, Zwangsteilung des im Verbündnis mit Napoleon den gegnerischen Alliierten unterlegenen Rheinbundstaates und Neukönigreiches Sachsen, im Ergebnis der Siegerpolitik des Wiener Kongresses von 1815, war ja bekanntlich keine Wettiner Eigeninitiative und somit hier auch kein Forschungsgegenstand. Vae victis, Saxoniae ...

Kohlhase in Düben

Literarische Fiktion und konkrete Wirklichkeit einer verbrieften Grenzgänger-Saga

Der Beitrag um Legende und Wirklichkeit der Kohlhaseschen Händel könnte auch mit „Hier irrte Kleist“ betitelt sein. Sind diesem doch in seiner Meisternovelle allerlei fundamentale Schnitzer unterlaufen und nicht weniger als ein strammes Dutzend Fehler, historische Unrichtigkeiten und geografisch-landeskundliche Mißverständnisse nachzuweisen. Schön, aber hier eben nicht gut: der Dichter war kein professioneller Historiker; der Kleistsche „Kohlhaas“ ist auch dessen ganz eigenständige, literarische Kunstfigur. Und zwar als einerseits rechtschaffener, aufs Recht geradezu versessener Roßhändler, Kaufmann, Edelmensch. Gleichzeitig andererseits als aufs Faustrecht und diverse Raubritter-“Tugenden“ pochender blutig-gefährlicher Mordbrenner, staatsgefährdender Aufrührer, anarchischer Rebell und Selbsthelfer in wilder, rechtloser Zeit. Trotzdem: bei solch brisanter Thematik durfte sich auch ein Herr von Kleist weder schlampige Recherchen, gepaart mit reichlich unvollkommener Orts- und Landeskenntnis – noch einen äußerst laxen Umgang mit der Zeitgeschichte, inklusive biografischer Details handelnder Personen, erlauben. Selbst als früher Romantiker und bei aller freien, künstlerischen Bearbeitung nicht. Auch hätte ihm ein Blick auf sicherlich vorhanden gewesenes, altes Kartenmaterial gewiß nichts geschadet. Doch zunächst, weil im Interesse systematischen Herangehens an die reichlich komplizierte Materie, einiges zur Person des Künstlers.
Heinrich von Kleist war ein bedeutender Dichter, Dramatiker und Novellist aus altpreußischem Offiziersadel; geb. 18. 10. 1777 in Frankfurt/Oder und gest. 21. 11. 1811 am Wannsee bei Berlin – Freitod. Einer der Großen in der deutschen Nationalliteratur. 1793 hatte er als Angehöriger des feudalen Potsdamer Garderegimentes auch in der Posthalterei Rippach, halbwegs zwischen Lützen und Weißenfels gelegen, Station gemacht. Und zwar auf dem Wege nach Mainz (Interventionskriege Preußens, Österreichs und der Reichsarmee gegen die Heere des revolutionären Frankreichs). Als Leutnant quittierte er 1799 den ungeliebten Militärdienst; führte fortan ein unstetes, ärmliches Wanderleben. Reisen u. a. nach der Schweiz und Frankreich.

Nach abgebrochenen Studien mißglückte Versuche, in einem normalbürgerlichen Leben und verschiedenen Berufen Fuß zu fassen. Tätigkeiten als freier Journalist und Schriftsteller. Im Winter 1802 auf 1803 schloß er in Oßmannstedt bei Weimar Bekanntschaft mit den dortigen Literaturheroen Goethe, Schiller, Wieland – wurde aber besonders von der alle an die Wand dichtenden Exzellenz als Mensch wie auch Künstler beargwöhnt und als unsicherer Kantonist abgelehnt. Weil Kleist sich gleichermaßen einem feudal-rückgewandtem, romantischen Irrationalismus wie der fortschrittlichen, bürgerlichen Aufklärung verpflichtet fühlte und fortwährend zwischen beiden Extremen hin- und herschwankte. Letztlich zerbrach er dann an diesem, für ihn unlösbaren, Zwiespalt. Trotzdem war er, mit allen Schaffenskrisen und zunehmender Gemütskrankheit, ein ausgesprochen produktiver Schreiber. Seine berühmtesten Dramen sind wohl die patriotischen Heldengesänge „Die Hermannsschlacht" von 1808 und „Prinz Friedrich von Homburg" von 1809/11 sowie das unverwüstliche Lustspiel „Der zerbrochene Krug" von 1808 und das Rührstück „Käthchen von Heilbronn" aus dem gleichen Jahre. Im erzählerischen Werk dominiert die (trotz vieler, durchhetzender Stilbrüche) relativ straff komponierte, handlungsreiche Historien-Novelle. So auch der „Michael Kohlhaas". Das in Dresden 1808 begonnene Stückefragment hat Kleist dann 1810 in Berlin meisterlich vollendet. Leider hatte der Vielschreiber zu Lebzeiten kaum Erfolge künstlerischer Art zu vermelden, wohl auch keine größere Resonanz auf sein Werkschaffen gefunden (nur einige wenige seiner Dramen sind bis 1811 aufgeführt worden). Dieses und zunehmende Verarmung wie Hoffnungslosigkeit – daneben die zickig überdrehte Henriette Vogel als genau die falsche Frau zur falschen Zeit – alles das besiegelte an jenem düstergrauen Nebeltag im November 1811 sein Schicksal. Des Autors Anmerkung dazu: Solche hysterisch-selbstsüchtigen Weiber, im Zusammenspiel mit ungünstigen Lebenssituationen in schwierigen Zeiten, können für hochsensible und nervenschwache Männer durchaus tödlich sein. Welche Negativkonstellation am Falle des Dichters exemplarisch nachzuweisen ist.

Der weilte also seit dem Jahre 1800 mehrfach auch in Sachsen, vorzüglich in der Residenzstadt Dresden. Hier lebte er von 1807 bis 1809 und verkehrte, außer mit der nicht eben übermäßig saxophilen Körnerfamilie, auch mit den Kügelgens, pflegte die Bekanntschaft mit Ludwig Tieck. Gab zusammen mit Adam Müller und Adolph von Carlowitz (auf Schloß Kuckuckstein / Liebstadt) das renommierte Kunst- und Literaturjournal „Phoebus" heraus, als Sammelblatt der Romantiker Dresdener Schule. Deren Vertreter waren allerdings damals in der belesenen bürgerlichen Gesellschaft gar nicht sehr beliebt, sodaß den Dichter nachstehende harsche Werkkritik schon empfindlich treffen mußte. Der ehrliche Otto Eduard Schmidt zitiert nämlich – zwar hörbar mit den Zahnstumpen knirschend, aber als alter Schulfuchs der Wahrheitsfindung verpflichtet (nach Fritz Jonas „Christian Gottfried Körner“, Berlin 1882, S. 171 f.) – eine Briefsentenz von Theodor Körners Tante Dora Stock. Selbige war eine in künstlerischen wie auch politischen Dingen in Dresdener gutbürgerlichen Kreisen tonangebende Dame, zudem mittelmäßig dilettierende Malerin. Als sitzengelassene langjährige Verlobte des etwas windigen Forsterfreundes und Literaten Ludwig Ferdinand Huber zudem eine tragische Figur, wurde sie im Laufe der Jahre zu einer penetrant sittenrichternden Emanze, zum gefürchteten, aber unvermeidlichen Requisit ästhetischer Teetische und literarisch-musischer Salons der Hauptstadt. Aus ihrem Schriftsatz vom 11. 4. 1808 nun geht äußerste künstlerische Distanz zu Kleist hervor: „Herrn von Kleist sehen wir oft in unserem Hause, und wir schätzen ihn als Menschen, wie er verdient. Mit dem Schriftsteller haben wir manchen Streit. Sein Talent ist unverkennbar; aber er läßt sich von den Heroen der neuen Schule auf einen falschen Weg leiten, und ich fürchte, daß Adam Müller einen schädlichen Einfluß auf ihn hat. Seine „Penthesilea“ ist ein Ungeheuer, welches ich nicht ohne Schaudern habe anhören können. Sein „Zerbrochener Krug“ ist eine Schenkenszene, die zu lange dauert und die ewig an der Grenze der Decenz hinschießt. Seine Geschichte der Marquisin von O. kann kein Frauenzimmer ohne Erröten lesen. Wozu soll dieser Ton führen? Überhaupt fürchte ich, daß der „Phoebus“ nicht länger als ein Jahr leben wird. Jetzt schon wird er weder mit Vergnügen erwartet, noch mit Interesse gelesen.“

Kleists Novelle vom „Michael Kohlhaas“ dürfte allgemein bekannt sein, hier nur kurz einmal der wichtigste Handlungsstrang:
Im 16. Jahrhundert spielte sich die Geschichte ab, um den wohlhabenden Roßkamm (Pferdehändler) und markbrandenburgischen Landesuntertan. Der Autor hat den Stoff „Aus einer alten Chronik“ (so lautet auch der ergänzende Zusatz zum Titel). Als Kohlhaas mit seinen Pferden zur Leipziger Herbstmesse reiste, wurde er auf sächsischem Gebiet, an der Elbe und bei einer Ritterburg, durch einen straßensperrenden Schlagbaum aufgehalten. Zöllner und Burgvogt des hiesigen Junkers Wenzel von Tronka, nach dessen Sippe auch diese Tronkenburg benamt war, forderten vom reisenden Kaufmann Wegegeld und Paßschein ab. Ersteres entrichtete er zähneknirschend; letzteren besaß er nicht, weil die Sperre hier brandneu war – als landesherrliches Privilegium dem Junker verliehen. Nach mancherlei Hin- und Her mußte Kohlhaas dann klein beigeben. In einem Akt feudaler Willkür wurden ihm auf Geheiß des Wenzel von Tronka zwei stattliche Rappen konfisziert, als Pfand für den später in der Landeshauptstadt auszustellenden Paßschein. Der Händler ließ noch einen Knecht zurück, für

die Betreuung seiner Pferde, durfte dann mit seinem Beritt weiterziehen, Richtung Leipzig. Von dort wieder zurückgekehrt in die Residenz, kümmerte er sich um den vermaledeiten Paßschein, mußte aber erfahren, daß es sowas nicht gebe. Verbittert wieder auf der Tronkenburg, um seine Gäule abzuholen, bekam er sie als völlig heruntergewirtschaftete Schindmähren zurück. Wutentbrannt weigerte er sich nunmehr, die Tiere als sein Eigentum anzuerkennen, beließ sie also dort und ritt von dannen, finstere Rachegedanken im Herzen! Daheim angekommen, zitierte er seinen getreuen, aber arg zerprügelten und von der Tronkenburg verjagten Knecht Herse zu sich, der ihm schlimmes von den dortigen Zuständen erzählte. Kohlhaas verlegte sich jetzt aufs prozessieren, verfaßte Eingaben und Beschwerden gegen den räuberischen Junker an das Landesgericht zu Dresden. Dort schlugen sie aber nach gehöriger Verzögerung die Sache nieder, der Roßkamm bekam kein Recht. Nochmals versuchte er es, über eine Beschwerde bei seinem Landesherrn, dem brandenburgischen Kurfürsten. Dessen Staatskanzlei wollte es aber nicht um solcher Lappalie willen mit dem mächtigen sächsischen Nachbarn verderben und qualifizierte den Beschwerdeführer als lästigen Streithahn und Querulanten ab. Der Roßkamm, von allen Gerichten und der Obrigkeit abgewiesen, beschloß notgedrungen, sich jetzt selber zu helfen. Nach dem Unfalltod seiner Frau verkaufte er sein Anwesen, gab seine Kinder in Pflege, warb Kriegsleute an und überfiel die Tronkenburg – ließ dort nach Herzenslust plündern und totschlagen, die Burg verbrennen. Der Junker war ihm leider entwischt, hatte sich durch eine Geheimtür auf eine Burgmaueraußentreppe, in ein Boot auf der Elbe gerette und war fortgerudert. Aufs Äußerste ergrimmt, sagte Kohlhaas jetzt sowohl dem Räuberjunker als auch dem Sachsenkurfürsten Fehde an; sein Fehdebrief lautet so: „Weil ich nun nichts mehr als meinen Leib und Leben habe, so will sich gebühren, daß ich meine Ehre verteidige. Ich will sein aller Welt Freund. Allein dem Günther von Zaschnitz und dem ganzen Hause Sachsen abgesagter Feind, bis man mir Abtrag tut und meinen Schaden erstattet. Hannes Michael Kohlhaas"
(Im Wellauner Kohlhaasen Krug kann man ihn – neben anderen Details aus der Fülle damaliger Geschehnisse mehr oder minder kunstvoll an die Gaststubenwand gepinselt – so ablesen und bestaunen).
Hatte Kohlhaas zunächst mit nur 7 Knechten zu räubern angefangen, so vergrößerte sich des bald gefürchteten Aufrührers Anhang später bis um die 400 Mann. Mit diesem stattlichen Haufen heerte er in Sachsen. Die Stadt Wittenberg wurde von ihm mehrfach berannt und verbrannt. Kleist listet 3 Kirchen, 2 Klöster und Schulen, die kurfürstlich-sächsische Landvogtei, 60 Häuser, viele Scheunen und Nebengebäude auf; stimmte dies, so käme es wohl einer ziemlichen Totalzerstörung Wittenbergs gleich! Von

Lützen aus, wo er sich im Schloß festgesetzt hatte, bedrohte er auch Leipzig und wütete im Umland der Messestadt. Kleist behauptet, er habe Leipzig an drei Seiten in Brand gesteckt und um die Pleißenburg herum ebenfalls gezündelt. Sich selbst überschätzend und von religiöser Wahnbesessenheit befallen, legte er sich mit allen staatlichen Gewalten an, wurde so zum geächteten Landesverderber und zum Reichsfeind, zu einem ärgerlichen Politikum für die Landesherren.
Immerhin war der „Reichs- und Weltfreie, Gott allein unterworfene Statthalter des Erzengels Michael" noch soweit klar, daß er sich Bundesgenossen suchte im Streit gegen die Obrigkeit, deren Söldneraufgebote er mit seinen Mannen einigemale zerschlagen konnte. Seine überall im Sachsenlande angeschlagenen Siegesbulletins zeichnete er u. a. so ab: „Gegeben auf der Sitzung unserer provisorischen Weltregierung, dem Erzschlosse zu Lützen." Fakt ist, der meuternde Roßkamm war von wechselnden Zuständen permanenter Euphorie und blutigem Größenwahn befallen. Doch hatte sein Wahnsinn Methode. Fürstenfreund und Staatsdiener Doktor Martin Luther schrieb von Wittenberg aus Gegenpamphlete und ließ diese ebenfalls überall aushängen: „Kohlhaas, der du dich gesandt zu sein vorgibst, das Schwert der Gerechtigkeit zu handhaben, was unterfängst du dich, Vermessener, im Wahnsinn stockblinder Leidenschaft, du, den Ungerechtigkeit selbst vom Wirbel bis zur Sohle erfüllt" usw. Dieser suchte daraufhin den Reformator in Wittenberg persönlich auf, bat um Vermittlung in seinem Rechtsstreit und erbat geistlichen Segen. Erstere sagte ihm ein äußerst mißlauniger Luther schließlich zu; das Heilige Sakrament jedoch verweigerte er harsch. Eine vom Luther beim Landesherrn erwirkte kurzzeitige Amnestie zur Fortführung des Kohlhaas-Prozesses nebst freiem Geleit in die Residenz brachte auch nichts ein. Zudem räuberten des Roßkamms Gesellen in der Zwischenzeit fröhlich weiter im Lande umher. Kurz und schlecht, Kohlhaas wurde in Dresden festgesetzt und schlußendlich zu Galgen und Rad verurteilt. Plötzlich aber mischte sich sein brandenburgischer Landesherr ein, welchem unfern Potsdams, am Teltower Flüßchen, die Kohlhaasbande eine Ladung Silberbarren geraubt hatte. Das schmerzte und ging ans Eingemachte, das vergaß der Kurbrandenburger dem Roßkamm nicht. So reklamierte er diesen Delinquienten als seinen Landesuntertan für sich, verlangte Auslieferung. Auch die Krone Polens mischte sich jetzt drein – der Kaiser im fernen Wien wurde von alledem unterrichtet – Staatsdienern und Völkerrechtlern rauchten ganz ordentlich die Köpfe. Den schwächlichen, allen möglichen Phantastereien und höfischen Liebeleien verfallenen Sachsenkurfürsten übermannte inzwischen das Nervenfieber und der Schlag rührte ihn. Während Kohlhaas beneidenswert gesund mit seinen fünf Kindern ins Brandenburgische per Kutschfahrt abgeschoben

wurde, wo ihm dann der Prozeß wegen bewaffnetem Aufruhr, Mordbrennerei und Landfriedensbruch gemacht werden sollte. Das geschah auch so, der Roßkamm wurde zum Tode verurteilt, „am Montag nach Palmarum" hinzurichten (22. März 1540). Seine inzwischen wieder fettgefütterten Rappen, sein auf der Tronkenburg geraubtes Eigentum samt Schadenskosten wurden ihm zurückerstattet, samt sonstigem Hab und Gut mündelsicher für seine Kinder zu verwalten. Und sein Erbfeind, der fiese Junker von der Tronkenburg, zu einer zweijährigen Gefängnisstrafe verurteilt. Somit wurde zuallerletzt dem Kohlhaas doch noch Genugtuung zuteil, und Brandenburgs Kurfürst Joachim sorgte fast väterlich für dessen insgesamt sozialverträgliches Frühableben. Wie ein Edelmann wurde der Roßkamm enthauptet, seine Söhne noch an der Richtstätte zu Rittern geschlagen. Eine zahlreiche Zuschauermenge umwimmelte den sogenannten Rabenstein und applaudierte gerührt. Nur der incognito ebenfalls anwesende Sachsenkurfürst fiel in Ohnmacht. Er hatte sich von Kohlhaas seine jenem von einer hellseherischen alten Zigeunerin vermachten zukünftigen Lebensdaten erhofft, die der aber mit konstanter Bosheit noch unterm Henkerbeil verschluckte. Todsterbenskrank wurde der Sachse nach seiner Dresdener Residenz abgerollt. „Hier endigt die Geschichte vom Kohlhaas..." Soweit also die Kleistsche literarische Fiktion der bemerkenswerten Geschehnisse. Die historische Wirklichkeit sah aber doch einigermaßen anders aus und der Autor wird im folgenden – ohne dem Künstler irgendwie kleinkariert ans Bein pinkeln zu wollen – einige der ersichtlichsten Geschichtsverfälschungen usw. wieder geraderücken und auch fehlerhafte Details von „vor Ort" zurechtbiegen und neu bewerten. Denn diese ganze Grenzgängergeschichte (einmal im Wortsinne und dann auch in Mehrfachdeutungen des Begriffes vom Grenzgänger) muß man wohl in einen weiteren landes- wie auch reichspolitischen Rahmen jener Zeit zu stellen versuchen, um der Tragweite des Geschehens gerecht werden zu können. Das sind wir den seinerzeitigen Hauptakteuren schuldig! Kleists Novelle ist eigentlich mehr eine wuchtige Saga. Dieses altnordische Wort (aus dem isländischen für Geschichte, Erzählung, epische Dichtung) ist begriffsinhaltlich weit mehr als eben nur eine Sage, ist keine volkstümliche Mär, sondern elitäre Kunstprosa. Welche chronikartig auf ein Geschehnis und seinen Wesenskern hin verdichtet wurde (wenngleich künstlerisch bearbeitet, manchmal auch etwas verfremdet).

Die Eingangspassage zur Geschichte beginnt aber gleich mit falscher Datierung: „An den Ufern der Havel lebte um die Mitte des sechzehnten Jahrhunderts ein Roßhändler namens Michael Kohlhaas..." Mitte des 16. Jahrhunderts hieße irgendwann zwischen 1540 und 1560, da allerdings war der Rebell schon tot und beigerodet. Und weiter im Text: „Er ritt einst mit einer Koppel junger Pferde ... ins Ausland – als er an die Elbe kam, und bei einer stattlichen Ritterburg, auf sächsischem Gebiet, einen Schlagbaum traf, den er sonst auf diesem Wege nicht gefunden hatte." Da Kleist seinen Novellenstoff ganz gewiß in Dresden gefunden hatte, das Allermeiste davon vermutlich auch nur vom Hörensagen empfing, war er auf diese Residenzstadt der Albertinischen Wettiner fixiert und verlegte folgerichtig die Eingangshandlung an die Elbe. Obwohl er den Muldenfluß später mal in seiner Geschichte mit erwähnte und von dessen Existenz also zumindest wußte. Das jedenfalls war ein grober Schnitzer! Der landfremde, zugezogene Preuße Kleist verwechselt hier – was ihm nicht einmal besonders übelzunehmen ist – die auch für uns Nachgeborene seinerzeit recht komplizierten historisch-staatsrechtlichen Gegebenheiten sächsischer Geschichte im 16. Jahrhundert. Deshalb sei an dieser Stelle ein kurzer Rückblick erlaubt, zum besseren Verständnis der Gesamthandlung.

Seit dem 12. und bis ins 17. Jahrhundert hinein nahmen die Wettinerfürsten immer wieder größere Länder-, Güter-, Besitz- und Erbteilungen im Familienverband vor. Damit festigten sie zwar den kontinuierlichen Ausbau ihrer jeweiligen Territorialstaaten. Sie splitterten gleichzeitig aber ihre bisher erreichte Machtkonzentration auf und schwächten sich sowie das Gesamtgeschlecht, reichspolitisch gesehen. Am 26. August (Hauptvertrag) und sodann per Wahl-Protokoll vom 8. bis 10. November 1485 fand die entscheidende und fürs aufstrebende wettinische Fürstenhaus als politisches Eigentor zur wertende Landesteilung statt, die berühmte „Leipziger Teilung". Und zwar zwischen den Fürstenbrüdern Ernst (der Fromme) und Albrecht (der Beherzte) – beide seit dem spektakulären Altenburger Prinzenraub von 1455 des Kunz von Kaufungen weit über die sächsischen Lande hinaus bekannt geworden. Nach althergebrachtem Erbrecht aus dem „Sachsenspiegel" Eikes von Repgow teilte Ernst als der Ältere die Erbmasse in zwei etwa gleiche Hälften und der jüngere Albrecht hatte freie Auswahl. Grob gesagt: Albrecht entschied sich für die Mark Meißen (wofür er dann Bruder Ernst noch bare 100 000 Gulden auszahlen mußte; die halbe Geldsumme kann er ihm sofort geben, für die Resthälfte tritt er ihm das thüringische Amt Jena ab) sowie das Osterland. Ernst verblieben damit der ungeteilte Kurkreis um Wittenberg und die thüringischen Besitzungen der Wettiner. Etwas genauer hingeschaut, hieß das aber auch: Albrecht hatte nunmehr die markmeißnischen Lande als wettinischen Kernbesitz (mit Dresden, Meißen, Freiberg), er besaß das Leipziger Pleißenland und Naumburg a. Saale und er verfügte über den Großteil des Erzgebirges mit Chemnitz sowie einige Ämter in Nordthüringen. Ernst regierte jetzt im Kurkreis Sachsen -Wittenberg (ihm, als dem Älteren, war ja die Kurwürde zugefallen, während Albrecht nur den Herzogstitel führen durfte), Torgau inklusive. Er besaß das Vogtland mit Plauen und Zwickau, große Teile

Thüringens mit Altenburg und Weimar sowie die Pflege Coburg im Fränkischen. Ein zusammenhängendes Gebiet, als quasi Mittelstreifen zwischen beiden Wettinerterritorien, zog sich durchs Oster- und Pleißnerland und wurde gemeinschaftlich verwaltet. Ebenfalls unter gemeinsamer Obhut verblieben die Lausitz und Niederschlesien sowie die gewinnträchtigen Bergwerke um Schneeberg und anderswo im Erzgebirge. Damit aber war die territoriale wie staatliche Spaltung des Wettinerlandes in eine Albertinische und eine Ernestinische Linie vorgezeichnet! Die durchsetzungsfähigen Albertiner vereinnahmten in Folge dann auch den Landesnamen Sachsen für ihre Territorien; die Ernestiner wichen in thüringische Kleinstaaterei aus. Dagegen hatte Herzog Albrecht bereits 1499 in einem kaiserlich bestätigten Hausgesetz, der sogenannten Väterlichen Ordnung, für sein Staatswesen die Primogenitur eingeführt. Das hieß, Herrschernachfolge stets nur durch den ältesten Prinzen und diverse Abfindungen der übrigen Familienglieder. Dieses spätere albertinische Kurfürstentum Sachsen (später Königreich) entwickelte sich zum modernen Staat im deutschen Reichsgebiet, mit einer kulturell-künstlerisch mächtig expandierenden Residenzstadt Dresden an der Elbe und zu einer europäischen Mittelmacht. Samt dem behüteten Kerngebiet der Mark Meißen; sodaß auch der jeweilige wettinische Kronprinz den Ehrennamen eines Markgrafen von Meißen führen durfte.
Der albertinische Herzog Georg „der Bärtige" starb 1539, bis zuletzt den Katholizismus mittels drakonischer Strafmaßnahmen in seinen Landen als Staatsreligion postulierend (um die Regierungsnachfolge seines inzwischen zum Luthertum und Protestantismus übergetretenen Bruders Heinrich zu verhindern, läßt er sogar seinen letzten, geisteskranken Sohn noch verheiraten). Herzog Heinrich „der Fromme" trat 1539 als schon Schwerkranker die Regierung an, führt als Mitglied des „Schmalkaldischen Bundes" die evangelische Religion landesweit ein und stirbt bereits 1541. Er wird im Freiberger Dom beigesetzt. Sein 20jähriger Sohn, Moritz (1541–1547 Herzog; 1547–1553 Kurfürst von Sachsen) übernimmt das Regierungsamt. Er wird der Begründer des Kurstaates der Albertinischen Wettiner und hat in seinen Kurlanden dann auch den Protestantismus und die evangelisch-lutherische Landeskirche befestigt. Mit der Niederlage des Heeres vom Schmalkaldischen Bund, bei Mühlberg an der Elbe (24. 4.1547) sowie Gefangennahme des ernestinischen Wettiner – Kurfürsten Johann Friedrich „der Großmütige" endete der Schmalkaldische Krieg. Die Unterzeichnung der Kapitulationsurkunde (19. 5.1547) brachte dem Albertiner und Herzog Moritz – welcher als Lutheraner aus Machtinstinkt und kühl kalkulierender Berechnung auf kaiserlicher und damit katholischer Seite kämpfte – die erhoffte Belehnung mit der sächsischen Kurwürde. Damit gewannen die Albertiner zugleich den Wittenberger Kurkreis, die Lande

um Altenburg und Grimma herum sowie die ernestinischen Lehen von der Böhmischen Krone und alle ertragreichen erzgebirgischen Bergwerke, Gruben, Minen, Hütten. Es hatte sich gerechnet! So vermochte der neue Kurfürst Moritz mit dem ihm seither anhängenden Ekelnamen eines bösen „Judas von Meißen“ ganz gut zu leben. Wenn auch nicht mehr lange.

Weiter zum Eingangstext: Kleist schreibt (nach der peinlichen Verwechslung von Elbe und Mulde) vom Schlagbaum bei einer stattlichen Ritterburg am Fluß. Nun geht aus den Akten aber hervor, daß dem durchreisenden Roßkamm Hans Kohlhase am 1. Oktober 1532 beim Dorfkrug in Wellaune seine zwei Pferde konfisziert wurden. Und knappe zwei Wochen später, 12. Oktober 1532, forderte er, aus Leipzig wieder zurückkehrend, vom Schnaditzer Junker vergebens seine Wechselpferde zurück. In der Reichsmessestadt nämlich wurden jährlich drei große Messen abgehalten – darunter eben auch die herbstliche Michaelismesse, traditionell eingeläutet und eröffnet am Sonntag nach/auf Michaelis, also Ende September. Stolz konnten die Leipziger auf ihre königlich-kaiserlichen Messeprivilegien von Maximilian I. aus den Jahren 1497 und 1507 verweisen. Natürlich hoffte auch ein Hans Kohlhase hier auf guten Verdienst als Geschäftsmann. Er stammte aus der Mark Brandenburg, soll um das Jahr 1500 herum als Sohn armer Handwerksleute bei Fürstenwalde/Spree geboren sein. 1530 wurde er als Bürger in Cölln bei Berlin beurkundet, mit Wohnsitz Fischergasse, Grundstück 26/27, also auf der dortigen Fischerinsel. Er dürfte noch einigen kleineren Grundbesitz an Ackerland und Wiesen gehabt haben und schlug sich samt Frau und mehreren Kindern als kleiner Krämer mit Lebensmitteln, Fisch und Naturprodukten eher schlecht als recht durchs Leben – nebenher noch einen Pferdehandel betreibend. Damit war er aber nicht der große und gutbetuchte Fernhändler, als den ihn der Autor vorstellt (ja, er soll sogar tief verschuldet gewesen sein). Düben allerdings, im Grenzlande zwischen den beiden Wettinerstaaten gelegen, wurde erst 1531 kurfürstlich-sächsisches Amt, sodaß der Roßkamm dessen höchstwahrscheinlich auch neu errichteten Geleitspunkt im Dorfe Wellaune noch gar nicht kennen konnte. Es war hier eine wichtige und verkehrsreiche Wegespinne: einmal Richtung Delitzsch-Brehna-Bitterfeld, dann in Richtung Muldenlauf flußaufwärts über Hohenprießnitz, Eilenburg, Püchau usw. Vorzüglich brachte aber die alte und vielfrequentierte Handelsstraße aus dem Osten, von Berlin über Wittenberg, Düben, Krostitz nach Leipzig, weiter ins Thüringische und nach Hessen hinüber, viel klingende Münze an Geleitsgeldern in die landesherrliche Kasse. Wenn also Wellaune Geleitspunkt und damit auch Kassierungsstelle war (und der Autor glaubt aufgrund vielfältiger Recherchen, daß dem so ist), dann ergibt sich der furchtbare Verdacht, daß dem hier erbansässigen Junker von Zaschnitz auf Schnaditz ein geradezu rufmörderisches Unrecht geschehen sein konnte – durch die Kleistsche Publikation über Jahrhunderte festgeschrieben. Doch dazu gleich mehr. Zunächst noch zu einem weiteren, gravierenden Kleistfehler in seiner Historie. Erstens gibt's in Wellaune die von ihm beschriebene Ritterburg überhaupt nicht und also konnte er diese vom Schlagbaum her auch nicht gesehen haben bzw. aus dem Burgfenster vom Vogt angerufen worden sein. Zweitens liegen sowohl Dorf Wellaune als auch Dorf Schnaditz mit Burg ein erkleckliches Stückchen weg vom Flusse. Und drittens ist auch diese Schnaditzer Burg vom Standort Kohlhaasen Krug in Wellaune keinesfalls zu erblicken, selbst wenn man die Augen in die Hand nehmen würde. Dieses alles ist somit leider nicht stimmig, wenn man es als Historiker betrachtet! Vom Ort und früheren Wasserschloß Schnaditz in der Muldenaue, nahe bei Düben gelegen, ist von der Muldenbrücke flußabwärts geschaut, nur der obere Teil des zinnenbekrönten (und ca. Mitte 14. Jahrhunderts errichteten) Bergfrieds hinter Bäumen zu sehen. Die später stattlich ausgebaute Anlage am Nordrand des Dorfes war allseits von Wassergräben umgeben, die heute teilweise zugeschüttet sind. In den Hussitenkriegen und/oder während des Sächsischen Bruderkrieges (1432/33 bzw. Mitte des 15. Jahrhunderts) vermutlich schwer gebrandschatzt und großteils zerstört worden, mußten spätere Lehensnehmer – seit 1463 die Junker von Zaschnitz – bis Anfang 16. Jahrhunderts einen Schloßneubau hinstellen. Welcher dann auch standesgemäß prachtvoll wurde, was aber entsprechend viel Geld. kostete. Und daran mangelte es halt dem Günther von Zaschnitz ständig (auch als Gunter Zschaschwitz, Gunterus de Zaschnitz benamt). Sein und der Ehefrau Sophie von Pogk Adelswappen zieren, in Porphyrstein gehauen, den Schloßsüdflügel. Was lag also für den mit Schnaditz und Wellaune belehnten Erb- und Gerichtsherren Zaschnitz näher, als sich einen möglichst ergiebigen, dauerhaften Nebenverdienst zu suchen. Solcher bot sich mit der Neuerrichtung des kurfürstlich-sächsischen Amtes Düben im Jahre 1531 nachgerade an. Und wenngleich folgende Überlegung des Autors auch spekulativ ist, so dürfte sie wohl durchaus nicht auszuschließen und es könnte so gewesen sein: Wie üblich, ist mit Amtsneugründung seitens der Landesbehörden viel hin- und herorganisiert, geplant und wieder verworfen worden, sind Posten und Pöstchen für verdiente landesherrliche Gefolgsleute geschaffen, solche auch für Geld vergeben, meistbietend feilgeboten. In der Funktion eines Geleitsmannes fiel dann für einen umtriebigen Beamten schon einiges ab, an Geldern wie Naturalien.

Wenngleich in dieser Zeit solche Herren zumeist Bürgerliche waren, so mag es doch hierbei Ausnahmen gegeben haben. Dieser Zaschnitz war vielleicht so eine und gegebenenfalls auch nur kurzzeitig oder befristet mit dem Amt betraut? Im Durcheinander der Neuorganisation sagen die Akten

jedenfalls dazu nichts aus, doch gibt Kleists Textverweis auf „landesherrliches Privilegium, dem Junker Wenzel von Tronka verliehen“ (für Paßschein und Straßenmaut) zu denken! Hatte der Dichter in Dresden doch eine ältere Publikation, die auf betreffende Aktendurchsicht beruhte, gelesen. Mag nun sein, daß der geldgierige Junker, wie auch immer befugt, im Falle Kohlhase seine Macht mißbraucht und zu hohe Forderungen gestellt hatte, Fakt bleibt: hier war eine Straßensperre im Grenzbereich zwischen den zwei Wettinerlanden, und es mußte für geschützte Straßenpassage ein mit dem üblichen Paßschein beglaubigtes Wege- und Schutzgeld an den Geleitsmann bzw. dessen Beauftragte gezahlt werden. Wobei es diesbezüglich egal war, ob Wellaune Haupt- oder Beigeleite war. Und jedenfalls konnte oder wollte Kohlhase nichts be“Rappen“, weswegen ihm diese dann als Pfand eingezogen wurden. Zwar ist ihm dann beim Prozeß in dieser strittigen Angelegenheit, während der ersten Gerichtsverhandlung zur Sache, im Mai 1533, der rechtmäßige Besitz besagter Gäule zugestanden worden – aber auf eine vom wutschnaubenden Roßkamm wiederholt erhobene Forderung nach Beurkundung einer Unrechtmäßigkeit der Zaschnitzschen Konfiskation, wollte sich das Gericht im Amtszimmer der Dübener Burg keinesfalls einlassen. Was natürlich auch in obige Richtung zielt. Denn es ist ja bekannt, daß sich damals in den Staaten der sächsischen Wettiner bereits eine relativ geordnete (und für andere deutsche Staaten vorbildliche) Verwaltung herauszubilden begann. Und gerade die ausschließlich mit bürgerlichen Juristen besetzten Amtsgerichte erfreuten sich einer hohen Wertschätzung ob ihrer in den meisten Fällen recht unparteiischen Urteilsfindung. Warum sollte es gerade beim Kohlhase-Fall dann eine Ausnahme gegeben haben. Weil der ein Ausländer war? Wohl kaum, die Straßen waren für alle da und brachten auch von allen dem Landesherrn Geld ein. Und nur das zählte…
Geleitsmänner sind auch seit 1345 in Leipzig nachweisbar, als fürstliche Beamte, später als kommunale Amtsträger. Ein solcher höherer Beamter war mit dem Schutz, der Überwachung und laufenden Instandhaltung der großen Fern- und Handelsstraßen im Territorium beauftragt. Er hatte Knechte und Söldner sowie Zolleinnehmer zur Verfügung (auf heutige Verhältnisse umgesetzt, war er Beamter des mittleren gehobenen Dienstes; er und seine Leute waren Autobahnpolizei und Straßenmeisterei in einem). Für die zu entrichtenden Geleitsgelder sicherte er den Reisenden aller Coleur dann sicheren Schutz für Leben und Güter in seinem Kontrollbereich zu. Da er nicht überall gleichzeitig anwesend sein konnte, gab es für große Städte oder auch an Landesgrenzen sogen. Geleitsmann-Stellvertreter mit gleichen Befugnissen. War der von Zaschnitz unter Umständen ein solcher?
Ein in der Leipziger Region weithin bekannter und vielgerühmter Geleitsmann war übrigens in der Lutherzeit der mit jenem befreundete Michael

von der Straßen, welcher seinem Kurfürsten zeitweise auch das Bornaer Geleite sehr ordentlich verwaltete. Bezüglich Schnaditz noch zu einem weiteren falschen Detail Kleistscher Dichtung. Dieses feste Haus war, wie gesagt, eine Wasserburg, aber halt nicht am Flusse gelegen! Der Autor hat seinerzeit an einem regnerisch-tristen Herbsttage, diesen damals leider ruinösen, arg verfallenen und vernachlässigten, einen gänzlich unbewohnbaren Eindruck machenden, Bau besucht und mehrmals umschritten. Dabei geschätzt, daß es von der Uferaußenkante des muldenwärts vor sich hin dümpelnden Wassergrabens (oder kleinen Teiches) bis zum fernen Flusse eine Entfernung von ganz sicher 1 km Luftlinie über Wiesenland sein müßte. Also kann sich Bösewicht Zaschnitz bei der Kohlhaaschen Berennung und Verbrennung seiner Burg (so auch nicht geschehen!) keinesfalls über die Burgmaueraußentreppe gerettet haben und in ein unten wartendes Boot gesetzt, auf den Fluß hinausgerudert sein – bei Kleist natürlich wieder die Elbe. Anzunehmen, daß der Dichter nie vor Ort gewesen ist. Das allerdings war einer seiner späten Nachfolger in der schreibenden Zunft und bisher größte sächsische Autor, Karl May, auch nicht (an den rasant wechselnden Schauplätzen seiner vielen Werke in aller Welt); jedoch hatte er im Gegensatz zu Kleist über vielfältige Milieu- und Kartenstudien sowie Archive und Reiseliteratur qualifizierte Fernrecherchen betrieben. Was der Preuße ganz offenkundig bewußt zu vermeiden suchte. Aus Luschigkeit oder Zeitnot – sollte Theodor Körners „Tante Do" in ihrer oben erwähnten abschätzigen Bewertung der Kleistschen Fähigkeiten doch so unrecht nicht gehabt haben? Es mag vielleicht pingelig scheinen, aber der Künstler geht auch in Folgendem, bei aller ihm zugestandenen künstlerischen Freiheit, entschieden zu weit (und so etwas darf sich der Bearbeiter historischer Stoffe und Begebenheiten einfach nicht leisten): Die kurfürstlich-sächsische Residenz der Kohlhaaszeit verlegte der Dichter kurzerhand fälschlich ins Dresden seiner, also der Kleistzeit. Fi donc grande malheur! Dabei beschrieb er dieses Dresden dann auch noch ganz so, wie er es zu Anfang 19. Jahrhunderts persönlich kennenlernte und in Augenschein nahm, ließ immer wieder die Elbe einfließen und schließlich auch den Abdecker aus Wilsdruff sich der Schindmähren des Roßkamms annehmen. Dabei hätte ein selbst flüchtiges Blättern in Dresdener Archivalien genügt, um die geografisch-landespolitischen Gegebenheiten richtig darzustellen. Wenngleich die ursprünglichen Kohlhaseschen Gerichtsakten dann erst in den 60er Jahren des 19. Jahrhunderts an die Öffentlichkeit kamen, so gab es doch schon vorher die alte Chronik, auf die sich der Dichter bezog. Auch hatte der abgebrochene Studiosus vermutlich nicht die Ausdauer, sich wenigstens überblickartig mit der Sachsenhistorie vertraut zu machen, von gründlichem Quellenstudium ganz zu schweigen. Ansonsten müßte ihm unbedingt aufgefallen sein, daß die Stadt Dresden seinerzeit zum Albertinischen Herzogtum Sachsen gehörte und daß die vom Kohlhaas desöfteren aufgesuchte Residenz des Kurfürstentums Sachsen sich ehedem in Wittenberg befand! Jenem Wittenberg, das der Rebell angeblich mehrmals verheert und abgebrannt hatte und wo er auch persönlich mit Luther zusammengetroffen sein soll. Immerhin schrieb ihm der Reformator unter dem 8. Dezember 1534 (nachdem auch eine weitere Gerichtsverhandlung im damals kursächsischen Jüterbog nichts Neues brachte) einen Beschwichtigungsbrief und bat, er möge doch klein beigeben und lieber Unrecht erleiden, dafür aber im Frieden leben dürfen. Dieses Papier wird dann allerdings der Rebell wohl nach der Lektüre zu hinterlistigen Zwecken verwendet haben... Zur Zeit der Kohlhaseschen Händel übrigens war es dann sogar schon die Stadt Torgau, wohin sich der Roßkamm hätte wenden müssen, falls er die Residenz heimzusuchen gedachte! Denn seit der Leipziger Teilung von 1485, und verstärkt nach den Bauernkriegsunruhen des 1525er Jahres, besonders aber in der Regierungszeit des ernestinischen Kurfürsten Johann Friedrich des Großmütigen (1532–1547) erfolgte ein planmäßiger Ausbau des festen Elbestädtchens Torgau zur kurfürstlichen Residenz, verbunden mit dem Bau des prächtigen Renaissance-Schlosses Hartenfels. Woselbst der Kurfürst nicht nur als Landesherr, sondern auch als protestantischer Landesbischof zu residieren gedachte. Also war dieses Torgau quasi seit nach 1525 und bis ca. 1547 Hauptstadt des Ernestinischen Sachsen. Und neben Wittenberg auch stets ein Hauptort der lutherischen Reformation in ganz Deutschland (Torgauer Bündnis 1526; Torgauer Artikel 1530). Luthers Tod 1546 und die Einverleibung Wittenbergs nach 1547 ins Albertinische Sachsen erhöhten dann nochmals die Bedeutung Torgaus – und zwar bis zum Ausbau Dresdens als endgültige Residenz der Sachsenherrscher.

Um diese ganze, leidige Kohlhaas-Geschichte auch zur Gänze sehen wie bewerten zu können, muß man sie in einen größeren, zeitgeschichtlichen und über die Landesgrenzen hinausreichenden, Rahmen stellen. Und auf in etwa zeitgleich stattfindende, ähnliche Geschehnisse auf kurbrandenburgischer Seite hinweisen (schlaglichtartig aufblitzend und kriegsgewitternd sowie lang anhaltend donnergrollend): Der räubernde Roßkamm hatte persönlich – wenn überhaupt – mit zwei fürstlichen Joachims zu schaffen, nämlich mit Joachim I. (Nestor), 1499-1535 sowie Joachim II. (Hektor), auch Markgraf der Kurmark 1535-71. Und diese beiden brandenburgischen Kurfürsten hatten es während ihrer langen Regierungszeit eigentlich ständig mit solchen anarchisch-aufmüpfigen Rebellen und „Landstörtzern" zu tun. Wie beispielsweise in der Fehde des Beelitzer Schneiders Wiedeband gegen seine Vaterstadt. Der wackere Meister fühlte sich zu Höherem berufen, wollte auch mal ein Ritter sein, wurde aber an der Spitze einer Horde von

Brandschatzern (erstaunlich viele Schneider darunter) nur zum Raubritter. Auch er war, gleich dem Kohlhase, ein Grenzgänger zwischen Kurbrandenburg und Kursachsen – wo er als Hausbesitzer in Jüterbog Stadtrecht hatte. Es halfen ihm einige Adelige aus Sachsen und kauften ihm ein verfallenes Burgrecht, auf daß er als ein freier Herr rechtmäßig den Beelitzern Fehde ansagen konnte und in Folge bürgerliche Schöppenstühle von Treuenbrietzen und Wittenberg ins Leere tagten. Doch auch ein noch so wehrhafter Schneider geht nur solange zu Faden, bis die Nadel bricht. Als Herr Wiedeband der Stadt Beelitz einige zehn Morgen Heide, direkt vor ihren Toren, abfackelte, jagten sie ihn, kidnappten den Bösebold aus seinem Jüterboger Haus, wo er sich offenbar zu sicher fühlte, schleppten ihn im Triumph über die nahe Landesgrenze und justifizierten den Übeltäter dann im heimischen Beelitz. Das tapfere Schneiderlein setzte sich aber insofern durch, daß er zwar als Stadtkind gehenkt wurde – als streitbarer Ritter aber mit Federhut und Sporenstiefeln. Zu gerne hätte er noch den Degen an der Seite gehabt, aber das ging den Beelitzern denn doch zu weit. Na immerhin, Kleider machen Leute, dachte sich der Schneider noch, dann stieß ihn Meister Hämmerlein von der Leiter. Übrigens: die damalige Landesgrenze zwischen Kurbrandenburg und Kursachsen verlief auch im Hohen Fläming – dort, wo Stadt und Amt Belzig die Nordwestecke Sachsens sowie die Grenze zum Erzbistum Magdeburg bildeten. Diese Kleinstadt, an wichtiger Straßenkreuzung nach Wittenberg, Jüterborg, Magdeburg sowie auch nach Brandenburg/Havel gehörte von 1298 bis 1815 zu Sachsen. Danach übernahm im Ergebnis des Wiener Kongresses, die Siegermacht Preußen das Amt. Neben der wehrhaften Burg Eisenhardt in der Stadt (mit 30 m hohem Bergfried), sicherten auch die nahe Wiesenburg und der feste Rabenstein sächsische Landeshoheit im hiesigen Dreiländereck. Belzigs Stadtwappen ziert denn auch ein schräg an Turm und Tor hängender, schwarzer Schild mit goldenen Querbalken und grüner Sachsen-Raute!
Obige Historie vom Raubritterschneider erzählte uns Willibald Alexis in einem seiner vaterländischen Romane, betitelt „Die Hosen des Herrn von Bredow". Darin spielt auch die bewaffnete Adelsfronde einiger kurbrandenburgischen Ritter gegen die ihnen unliebsamen Zentralmachtbestrebungen, verbunden mit landesherrlichem Kampf gegen Raubrittertum, althergebrachtes Faust- und Fehderecht. Das gipfelt in der kernigen Warnung, an des Kurfürsten Schlafzimmertür mit Kreide geschmiert: „Jochimken hüte di – kriegen wi di, so hangen wi di!" Nun, gekriegt hatten letztlich die Kurfürsten jene Adelsfrondeure und sie gehängt oder standesgemäß geköpft. Auch mit der immer wieder aufsässigen Bürgerschaft der Spreestädte Berlin und Cölln (späterhin zusammengelegt) wurden sie schließlich fertig.

Und selbst die schlimme Minckwitz-Fehde bekamen sie in den Griff, im Wortsinne nämlich. Theodor Fontane berichtet im 4. Bande „Spreeland“ seiner „Wanderungen durch die Mark Brandenburg“ davon (im Kapitel zur Osterfahrt ins Land Beeskow-Storkow, Abschnitt 4 unter „Blossin): „die berühmte Fehde des Nickel Minckwitz… die mit derselben Epoche zugehörigen des Michel Kohlhaas eine gewisse Verwandtschaft hat.“ Anlaß derselben war ein streitsüchtiger Schäfer des Plössiner Gerichtsherrn Heinrich von Queiß, welcher seinerseits Lehensträger des Bischofs von Lebus und Ratzeburg, Georg von Blumenthal, war. Besagter Schäfer überfiel an der Spitze eines zusammengetrommelten Bauernhaufens das Queiß-Gut, trieb dort Vieh ab und wiegelte auch die seit jeher rebellischen Friedersdorfer und Dolgenbroder auf. Der „stolze Bischof“ jedoch verhielt sich im nachfolgenden Rechtsstreit nur äußerst laurig, unterstützte seinen Lehensmann Queiß kaum, sodaß dieser zur gewohnten Selbsthilfe, sprich Faustrecht, griff. Mit einigen adeligen Spießgesellen (Otto von Schlieben auf Baruth und Nickel von Minckwitz auf Sonnenwalde, dazu die Ritter Kracht von Lindenberg sowie je ein Junker Löscheband von Saarow und Pieskow), samt einem bewaffneten Reiterkontingent von ca. 400 Mann wurde ein Angriff auf Fürstenwalde gestartet. Die Stadt mit darin befindlicher Bischofsburg nahmen sie am 9. Juli 1528 im Handstreich. Da der fixe Bischof rechtzeitig geflohen war, wurden Stadt, Dom, Bischofssitz geplündert, die Bürger arg malträtiert und als Bischofsersatz dessen Bruder gefangen mitgeschleppt. Nachsetzende kurfürstliche Reiter aber von Minckwitzens Truppe zerschlagen. Dieser setzte umgehend sein festes Schloß Sonnenwalde in Verteidigungszustand und ging dann außer Landes, um Truppen anzuwerben und Freunde zu aktivieren, die seine Sache unterstützen sollten. Darunter auch sächsische Standesherren wie die Grafen von Mansfeld und von Schlick, den Burggrafen zu Dohna auf Königsbrück, einen Herrn von Biberstein, den Ritter von Schönburg zu Hoyerswerda u. a. Inzwischen als Landfriedensbrecher vom Reichskammergericht in die Reichsacht gebannt, zog der Aufrührer unstet durch Norddeutschland und Niedersachsen. In Mecklenburg verbündete er sich mit den ebenso räuberischen Quitzows; auch war er bei den Mecklenburger Herzögen Albrecht und Heinrich gut gelitten. 1532 trotzte er immer noch der Reichsgewalt. Und aus dem kursächsischen Wittenberg schrieb ein, durch die inzwischen losgetretenen Kohlhaseschen Händel verunsicherter (offenbar ebenfalls um begütigende Mitwirkung gebetener) Martin Luther dieses: „Wenn ich von Mißfallen spreche, so heg ich ein solches nicht bloß darum, weil sich das Unternehmen gegen die staatliche Gewalt richtet, sondern namentlich deshalb, weil es das Evangelium mit einer neuen, großen Gehässigkeit belastet… Was übrigens den Lebuser Bischof betrifft, so soll er in der ganzen Mark überall verhaßt sein.“

Immerhin arbeitete die Zeit jetzt gegen den adeligen Raubritter. Der war klug genug und offenbar auch gut beraten, solches zu bemerken. Im Gegensatz zum Kohlhase erkannte er, wann es an der Zeit war, aufzugeben. Am 22. Oktober 1534 unterwarf er sich also, in einer ihn demütigenden Haupt- und Staatsaktion auf dem kurfürstlichen Schlosse zu Cölln, tat allen Geschädigten Abbitte und schwur feierliche Urfehde. Anschließend vertrug man sich wieder und becherte gemeinsam an der kurfürstlichen Tafel. Als dann der Landesherr in weinseliger Siegerlaune den Schnapphahn beiläufig fragte, was er denn mit dem Bischof alles so gemacht hätte, falls der ihm nicht entwischt wäre – antwortete Minckwitz, als Gleicher unter Gleichen, ebenso knochentrocken wie brutal: „Dann hätte ich ihm selbst seine bischöflichen Hoden abgeschnitten!" Was den Kurfürsten und alle Umsitzenden zu wieherndem Gelächter veranlaßte. Nur der ebenfalls in der lustigen Runde anwesende Bischof preßte tödlich erschrocken die Knie fest zusammen und konnte sich nichtmal ein kleines Lächeln abringen. Wie gesagt, man war hier unter sich und seinesgleichen. Einem schlicht bürgerlichen Roßkamm Kohlhase sollte es dann aber nicht nur an die Eier gehen, dem wollten die Herren schlußendlich an den Hals. Im März 1540 machten sie ihm auf dem Berliner Rathaus den Prozeß (ebenso den mit ihm gefaßten Bandenmitgliedern). Der Rebell verteidigte sich vor zahlreichem Publikum selbst – jedoch sein Urteil stand von vornherein fest; als Landfriedensbrecher wurde er zum Tod durch rädern verurteilt. Von wegen also ritterlich-standesgemäße Enthauptung (wie sie Kleist beschreibt) – der historische Kohlhase starb den schimpflichen Martertod des gemeinen Straßenräubers und Schwerkriminellen! Und keiner fand etwas besonderes oder zu beanstandendes dabei. . .

Nun noch eine wirklich üble Fehlerquelle des Novellisten, die bis heute literarisch nachwirkt: Der von Kleist so furchtbar verzeichnete spätere Verlierer des Schmalkaldischen Krieges 1547, der glücklose und um seinen Kurhut sowie seine sächsischen Lande gebrachte Wettiner, Johann Friedrich „der Großmütige" war keinesfalls ein krankhafter Schwärmer, Spinner und Gespensterseher, kein törichter Phantast und weichlich-liebestoller Genüßling. Warum also stellte ihn der Dichter so dar? Er hat die spätere Zeit ja nicht mehr erlebt. Aber so, wie er schrieb, paßte dies ganz ins Bild, als nach 1815 (und teilweise auch bis heute noch andauernd) eine preußisch dominierte, großdeutsche Geschichtsschreibung alles Sächsische stets bespöttelte, bekrittelte und bewußt verkleinerte. Wie es die Historienschreibung der benachbarten Siegernation u. a. mit Psyche und Bild späterer Sachsenkönige machte. War es beim Kleist nur Unkenntnis oder ebenfalls Geringschätzung der Sachsen? Dann hätte er voll im politischen Trend jener Zeit gelegen. Deshalb muß an dieser Stelle also etwas richtiggestellt werden.

Jener ernestinische Kurfürst (geb. 1503; gest. 1554) verlor als Führer der evangelischen Reichsstände mit den Schmalkaldenern die Schlacht bei Mühlberg am 24. April 1547 – und damit den Krieg gegen den Habsburgerkaiser Karl V. samt dessen katholische Koalitionäre. In der sogenannten „Wittenberger Kapitulation“ mußte er für sich und seine Nachfahren auf die sächsische Kurfürstenwürde und die Kurlande verzichten. Außerdem saß er bis 1552 in kaiserlicher Haft. Nach Aufhebung der fünfjährigen Reichsgefangenschaft widmete er sich tatkräftig seinen thüringischen Besitzungen, begann Weimar als fürstliche Residenz auszubauen und gründete die neue ernestinische Landesuniversität Jena. Sozusagen als Pendant zur verlorenen Wittenberger (von den Ernestinern 1502 gestiftet, um hauptsächlich Juristen und Theologen für den Staats- wie Kirchendiens zu qualifizieren). Die späterhin so renommierte Jenenser Universität erlangte bekanntlich weit über Thüringen hinaus Bedeutung für ganz Deutschland. Auf dem Jenaer Marktplatze steht das Denkmal des Gründervaters der Hohen Schule. Und damit war auch sein Nachruhm gesichert. Obzwar schon ein kranker Mann, hatte er noch die Genugtuung, seinen Albertinischen Todfeind und Renegaten zu überleben; dieser Sachsen-Moritz starb, vom Kaiser und den Katholiken wieder abgefallen, nach dem Gefecht von Sievershausen (9. 7. 1553) an einer offenbar vergifteten Kugel in den Rükken (!). Sein Nachfolger im Kurfürstenamt wurde Bruder August – ein passionierter Jäger, der sich u. a. das Schloß Augustusburg erbauen ließ und als Schöpfer der „Oberheydischen Wildbahn“, der heutigen Dahlener Heide, zu gelten hat. Außerdem ist er der erste fürstliche Staatswirt unter den Albertinern gewesen, welcher mit harter Hand eine ordentliche, funktionierende Landesverwaltung aufbaute. Der besiegte und gedemütigte „Großmütige“ (es blieb ihm schließlich gar nichts anderes übrig, als solches zu sein, wenigstens nach außen hin) erhielt in seinem 1554er Todesjahr noch einige thüringische Ämter als Verlustausgleich für die Kurlande (darunter Altenburg und Eisenberg), dazu 100000 Gulden Entschädigungsgelder; auch durfte er sich fortan „geborener Kurfürst“ nennen. Eine fast zu späte Versöhnungsgeste, aber immerhin etwas und besser als nichts.
Aber was die Kleistsche Aussage am Novellenschluß anbelangt: „Der Kurfürst von Sachsen, kam bald darauf zerrissen an Leib und Seele nach Dresden zurück, wo man das Weitere in der Geschichte nachlesen muß“ – so hätte es dem Dichter gut angestanden, einmal selber solches gründlich zu praktizieren. Dessen letzter Satz lautet bekanntlich so: „Vom Kohlhaas aber haben noch im vergangenen Jahrhundert im Mecklenburgischen einige frohe und rüstige Nachkommen gelebt.“ Nun, es sei ihnen herzlich vergönnt gewesen, vielleicht leben sogar heute noch welche, wo und wie auch immer. Der Autor erlaubt sich aber, festzustellen, daß die drei erbenden Sprößlinge

des „Großmütigen“ vermutlich wesentlich agiler waren. Getreu dem auch bei Fürstens beliebten Motto „Es kann vorkommen, daß die Nachkommen mit dem Einkommen nicht auskommen“, haben seine rührigen Söhne und Herzöge Johann Friedrich II., Johann Wilhelm und Johann Friedrich III. zwar noch bis 1566 ihre ererbten thüringer Besitzungen zusammengehalten – dann aber eine „Mutschierung“, d. h. Aufteilung der Lande vorgenommen. Und zwar derart, daß in Folge später eine ganze Reihe von (bereits erwähnten) mehr oder weniger tatkräftig regierten Kleinfürstentümern entstanden, welche bis Weltkriegsende 1918 und Zerfall des Deutschen Kaiserreiches dann Bestand hatten. Dieses war, für sich gesehen, jedenfalls nicht wenig und hieß auch, die Erbmasse recht breit gestreut zu haben – was die Nachkommenschaft des angeblich zerrissenen „Großmütigen“ anbelangt. Oder etwa nicht, mein lieber (und leider eben historisch-genealogisch reichlich unwissender) Herr von Kleist?

Und noch eine, wirklich allerletzte, Anmerkung germanistisch-literarhistorischer Art sei dem Autor hier gestattet: Dieser geht nämlich nicht unbedingt mit des Dichters berühmtem Zeitgenossen und Mitromantiker Ludwig Tieck konform, welcher ein Jahrzehnt nach Kleists Tod diesen und sein Werk brutal verriß (weil der merklich und zu wiederholten Malen von der wahren Historie abwich). Auch nicht mit dem schier übermächtigen Johann Wolfgang Geheimrat aus der Weimarer Künstlerkolonie, welchem das Ganze viel zu „romantisch-phantastisch-ungefüge“ vorkam. Ebensowenig mit dem gestrengen, literaturkundig-kritischen Franz Mehring. Der des Künstlers abgeschmackte „Zigeuner- und Spukgeschichte“ harsch wie süffisant monierte. Oder auch den beiden bedeutenden Literaten des Kaiserreiches, Paul Heyse und Hermann Kurz. Jene schalten nämlich Kleist einen krankhaft übersteigerten Romantiker, vorzüglich seinen nervösen Sprachstil ohne jegliche geruhsamen Tempi. Und auch sie kritisierten ganz besonders des expressiven Dichters in die Novelle eingebauten Handlungsstrang mit der traumspukhaften Geisterhexengeschichte. Weshalb sie den „Kohlhaas“ dann lieber nicht in ihre volkstümliche Anthologie „Deutscher Novellenschatz“ vom Jahre 1871 mit aufnahmen. Jedoch stimmt der Autor mit diesen Dichtern überein, für eventuelle Neuauflagen der Kleistschen Werke, insbesondere aber jene Kohlhaasgeschichte, ein erklärendes Vor- oder Nachwort nebst entsprechenden historischen Ergänzungen/Berichtigungen einzufügen Gerade auch was die Vita handelnder Personen betrifft. Denn beim heutigen, traurig geringen Bildungsstand im Bereich Historie, speziell auch der sächsischen – sowie bei nach wie vor latenter Verklärung einer längst nicht immer oder für jedermann „guten, alten Zeit“ – dürfte solche Vorgehensweise unerläßlich sein. Und künftighin wohl auch immer nötiger werden.

Napoleon an der Mulde im Oktober 1813

Auf der Burg zu Düben schlug ihm die Schicksalsstunde

Mit an Sicherheit grenzender Wahrscheinlichkeit hat der kleine Korse und große Schlachtenmeister, der Franzosenkaiser und Rheinbundprotektor Napoleon I. Bonaparte (1769-1821), Düben und seine Burg vordem nicht gekannt. Doch führten ihn Karma, Kismet, Schicksal, Vorsehung zielgenau in jenes unbedeutende sächsische Heiderandstädtchen am Muldenfluß – ein winzig kleines Stecknadelkopfpünktchen auf den großen Kriegskarten seines Stabes. Und nirgendwo anders als eben hier, begann sein Stern endgültig zu sinken, in den rauhen Herbsttagen um die Oktobermitte des blutigen Jahres 1813...

Der nachstehende, äußerst knappe militärpolitische Überblick zum Herbstfeldzug soll als Schlaglicht die allgemeine Kriegslage sowie die schwierige strategische Situation Napoleons grob skizzieren und umrißartig verdeutlichen.

„Mit Ablauf des Waffenstillstandes am 12. August hatte endlich auch Österreich an Frankreich offiziell den Krieg erklärt und die Kampfhandlungen setzten wieder ein. Nunmehr trat der Wochen vorher zwischen den Verbündeten Rußland, Preußen, Österreich (und es traten jetzt noch England und Schweden hinzu) vereinbarte Kriegsplan in Kraft. Dieser sah vor, daß eine ca. 235000 Mann starke Hauptarmee aus Russen, Österreichern, Preußen unter Oberbefehl des Fürsten Schwarzenberg kämpfend vorrücken sollte. Auf Vorschlag aus dem Trachenberger Hauptquartier wurde diese Armee die Böhmische genannt; hier hielten sich auch die 3 verbündeten Monarchen auf: Kaiser Franz I. von Österreich (1768/1804–1835), König Friedrich Wilhelm III. von Preußen (·1770/1797–1840), Zar Alexander I. von Rußland (1777/1801–1825). Eine zweite, und zahlenmäßig ebenfalls starke, Nordarmee von rund 150000 Mann aus Russen, Preußen, Schweden, stand unter dem Oberbefehl des schwedischen Kronprinzen Karl Johann, früheren napoleonischen Marschalls Bernadotte. Der hatte bereits während des Frühjahrsfeldzuges mit etwa 23000 schwedischen Soldaten sozusagen in Abwartehaltung oder Lauerstellung in Schwedisch-Vor-

pommern gestanden – in die Kämpfe aber noch nicht eingegriffen. Und das, obgleich ihm von Rußland für ein Kriegsbündnis gegen Frankreich feste Zusicherungen für den Erwerb Norwegens als künftiges Kronland gemacht wurden (auf Kosten des napoleonischen Verbündeten Dänemark). Eine dritte, die Schlesische Armee, in Stärke von ca. 95000 Mann aus Preußen und Russen, kämpfte sich unter dem Befehl des alten Blücher heran. Alle drei Armeen sollten mit Vorstößen und kleineren Gefechtshandlungen gegen die ihnen jeweils gegenüberstehenden französischen Verbände deren Kampfkraft und Zusammenhalt nachhaltig schwächen, sich aber keineswegs auf eine von Napoleon vermutlich angestrebte Entscheidungsschlacht einlassen. Nach diesem strategischen Konzept wurde auch verfahren." (nach D. Walz, Sachsenland war abgebrannt).
Einer Reihe gravierender Niederlagen französischer Truppen (nebst zahlreichen Verlusten an Menschen und Material) – 23. August unter Marschall Oudinot bei Großbeeren; 26. August unter den Marschällen Macdonald und Marmont an Neiße und Katzbach in Schlesien; 27. August unter Korpsgeneral Girard in der „Kolbenschlacht" bei Hagelberg; 29./30. August unter Korpsgeneral Vandamme um Kulm und Nollendorf, wobei letzterer in Gefangenschaft geriet; 6. September unter Marschall Ney bei Dennewitz – stand lediglich der, allerdings bedeutende, Schlachtensieg Napoleons am 26./27. August bei Dresden entgegen. Dieser erkannte nunmehr auch, daß er sich so allmählich totsiegen würde, da seine Feinde immer mehr dazu übergingen, sich seinem Zugriff recht beweglich sowie taktisch geschickt zu entziehen und einer von ihm persönlich geführten Truppenmassierung auszuweichen. Noch konnte er sich an der von ihm forcierten Elbelinie mit ihren stark armierten Festungsstädten Magdeburg, Torgau, Wittenberg, Dresden halten. Jedoch begann ihn die zunehmende zahlenmäßige Übermacht der Alliierten merkbar einzuschnüren, drohte ihn endlich auch ohne eine Hauptschlacht einfach zu erdrücken. Eine solche also mußte her, um ihm mit einem entscheidenden Sieg, an dem er keineswegs zweifelte, Luft zu machen. Dazu stand der Winter quasi schon vor der Türe. Und mit dem von seinen Gegnern blutig erkauften Sieg im Elbufergefecht samt Flußübergang beim Dorfe Wartenburg am 3. Oktober (hier drängte der Preußengeneral Yorck das IV. französische Korps unter Bertrand ab) wurde es noch enger, rückte Blüchers Schlesische Armee ihm sogar verdammt nahe auf den Leib. Handeln tat not; zumal ihn jetzt auch die Hiobsbotschaft erreichte, daß die bislang noch treuen Bayern mit den Österreichern verhandelten, am 8. Oktober folgerichtig zu den Feindmächten übergingen. Damit waren der französische Rückenhalt in Süddeutschland sowie diverse Rückzugsmöglichkeiten an den Rhein akut bedroht. Schweren Herzens dürfte Napoleon seine sichere Defensivstellung bei Dresden aufgegeben

haben, um sich nunmehr schleunigst auf mobile Vorwärtsverteidigung zu konzentrieren. Aus politischen Gründen hielt er aber noch an der Elbelinie fest – um den von ihm unter Dauerdruck gesetzten Sachsenkönig Friedrich August I. (1750/1763-1827) als seinen wohl letzten deutschen Verbündeten, neben dem Großherzog von Hessen (Darmstadt), nicht auch noch zu verlieren. Also ließ er in Dresden den unfähigen Marschall Gouvion St. Cyr und dessen draufgängerischen Divisionär, General Graf Lobau, mit 2 Armeekorps von zusammen mindestens 35000 Mann sich einschließen, welche ihm dann bei Leipzig fehlten und im November nutzlos kapitulieren mußten.
Der Kaiser zog in der Nacht auf den 7. Oktober alle verfügbaren Truppen (es mögen so zwischen 140.000 und 150.000 Mann gewesen sein) auf dem linken Elbeufer zusammen. Odeleben schreibt : „Er war die ganze Nacht, unter dem Scheine von vielleicht 20 Wachskerzen, in seinem Kabinett beschäftigt. Er sendete einen Offizier an den König von Neapel, der, in der Gegend von Oederan stehend, über Rochlitz gegen Leipzig marschieren sollte; er ließ den Gouverneur von Dresden und ein paar Marschälle rufen, kurz, er arbeitete rastlos bis gegen Morgen des 7ten Octobers, nahm dann noch ein Bad und reiste nach 6 Uhr ab. Ihm folgte kurz darauf der König von Sachsen.“ Letzterer blieb dann vorerst in Meißen und fuhr später gemächlich mit Familie unter starker Bedeckung auf der noch mühsam freigehaltenen Poststraße gen Leipzig. Napoleon hatte inzwischen seine Streitkräfte in 2 Armeen gegliedert. Eine davon sollte Schwager Murat zur Sicherung des wichtigen Etappenortes bis dicht an die Messestadt heranführen, dort im Süden eine feste Abwehrstellung gegen den langsam heranmarschierenden Schwarzenberg aufbauen (dem Marschall unterstanden hier 3 Armeekorps nebst stärkeren Kavallerieformationen). Den weitaus größeren Heeresteil unterstellte sich Napoleon selbst und wollte mit diesem in Richtung Mulde vorrücken (Truppenkonzentration bei Wurzen geplant), um den dort irgendwo vermuteten Blücher und dessen Schlesische Armee abzufangen, wenn möglich vernichtend zu schlagen. Danach sich bei Leipzig mit Murat vereinigen und die Schwarzenbergsche Hauptarmee niederkämpfen.
In der Frühe des 7. Oktober ging der Franzosenkaiser dann über Meißen nach Wilsdruff und weiter nach Seerhausen, wo er auf dem Schlosse übernachtete. Und am 8. Oktober eilte er weiter über Oschatz nach Wurzen, wo sich auch die Stäbler seines Hauptquartieres sammelten. Am 3. Oktober dann tauchte er in Eilenburg auf. Hier stand nämlich inzwischen sein VII. Armeekorps, Franzosen und Sachsen, unter dem bewährten (aber vom Kaiser gar nicht geliebten) General Graf Reynier. Nahebei, vor'm Dorfe Kültzschau, ließ er alle Offiziere und Unteroffiziere dieses Truppenverban-

des zu einer großen Revue aufmarschieren, hielt eine seiner zündenden Reden mit den üblichen Phrasen, um vorzüglich die ersichtlich kriegsmüde gewordenen Sachsensoldaten aufzumöbeln. Dann wurden Beförderungen ausgesprochen und Orden verteilt; allein 46 Sachsen erhielten aus seiner Hand das begehrte „Kreuz der Ehrenlegion". Anschließend sollte das obligatorische Kaiserhoch ausgebracht werden, doch die Sachsen muffelten nur was vor sich hin. Es klang wie „Fiemf Lampenröhr". Und auch die Vivat-Rufe der dazu angehaltenen Offiziere fielen herzlich dünn aus. Dies mag sicherlich auch an der schlechten, ungeschickten Verdeutschung der Napoleonworte durch seinen Intimus, Großstallmeister Caulaincourt, gelegen haben. Redete jener sie doch als „Brave Säckser" an und übersetzte weiterhin des Kaisers forsche Ankündigung, er werde sich an ihre Spitze stellen, um sie zum Siege zu führen, wie folgt: „Jetzt sind gekommen die Majestè, die Kaiser, sick zu setzen auf eure Kopf und euck anzuführen zur reparateur der Ehre." Was ebenso komisch war wie verletzend. So empfanden es jedenfalls zwei sächsische Stabsoffiziere, welche später brieflich bzw. in Buchpublikationen darüber berichteten – die Generalstäbler Hauptmann Gustav von Nostitz -Wallwitz aus Reyniers Korps und Major Otto von Odeleben aus Napoleons engerem Gefolge. Besonders dieser bereits zitierte Kritiker merkte die ausgesprochen schlechte Übersetzung mit dem daraus resultierenden Mißklang an; sowas soll auch täglich in der Befehlsgebung- bzw. Übermittlung an die deutschen Rheinbundsoldaten vorgekommen sein.

Der Freiherr Ernst Otto Innocenz von Odeleben war übrigens ein hochinteressanter Zeitzeuge als Offizier, Geodät und Kartograph, wie auch später als Schriftsteller und Publizist. Geboren am 13.3.1777 im Riesaer Schloß, trat er in sächsischen Militärdienst (Garde du Corps), war 1806 Rittmeister und Stabsadjutant bei Jena und Auerstedt, zog mit dem Sachsenkontingent der Großen Armee in den unglückseligen 1812er Rußlandfeldzug (wo er sich als brillanter Kartenzeichner bewährte) und kehrte glücklich als einer von Wenigen gesund zurück. Im Kriegsjahre 1813 wird er vom Sachsenkönig seinem Hohen Alliierten als Major im Stabe, Landeskenner und Kartenspezialist zur Verfügung gestellt. Er begleitete also Napoleon in allen Gefechten, machte sich eifrig Notizen (die er dann einmal publizistisch und nicht zur Freude der Franzosen verwerten wird), erhält nach der Leipziger Niederlage vom Kaiser Ende Oktober in Erfurt seinen ehrenvollen Abschied – spätestens hier dürfte er sein Ordenskreuz der Ehrenlegion nebst einem reichlich bemessenen Geldgeschenk als Dank für treue Adjutantendienste erhalten haben – und ging in Gefangenschaft der Sieger. Als kritisch-loyaler Gefolgsmann seines Herrschers, als bekennender wie militanter Sachse, bringt er's noch bis zum Kavallerieobersten und königlichen

Generaladjutanten. Er schrieb mehrere international anerkannte Feldzugsbücher aus den Napoleonischen Kriegen (darunter „Napoleons Feldzug in Sachsen im Jahr 1813“, aus welchem hier desöfteren zitiert wird), und er gab auf eigene Kosten eine wirklich gute topographische Karte der Sächsischen Schweiz heraus, nebst Kommentierung. Odeleben starb, erst 56jährig, am 2.11.1833 in Dresden – zeitlebens arm geblieben, schlußendlich aber noch berühmt geworden.

Auch die Dübener Heide war in den ersten Oktobertagen 1813 wieder zum Kriegsgebiet geworden, als Kaiser Napoleon sich für die offensive Vorwärtsverteidigung an der Muldenlinie zwischen Wurzen, Eilenburg und Düben entschied. Dieses verträumte Heiderandstädtchen hatte nach dem verunglückten Herbstfeldzug von 1806 als Durchzugs- und Etappenort ständig größere Kontributionsleistungen in Geld und Naturalien an die Franzosen zu liefern. Vor allem das benachbarte Alaunwerk zog diese magisch an. Denn Alaun wurde u. a. zum Tuchefärben wie auch für die Wundbehandlung gebraucht, allein 1806/07 ist hier Alaun im Schätzwert von 16.000 Talern weggeholt worden. Die übermütigen Sieger und hart fordernden Alliierten plünderten mehrfach die stets wohlgefüllte Kasse des Dübener Alaunbergwerkes aus. Sogar der Kaiser verschmähte in den Tagen seines unguten Aufenthaltes nicht den Griff in besagte Kasse, er nahm eben auch, was er kriegen konnte. Andauernde Spanndienste, Arbeitszwänge und Verpflegungslieferungen beschwerten Städter wie Dörfler des Umlandes und steigerten somit Haß und Zorn auf die ungebetenen Eindringlinge. Dazu kam, daß die in Düben garnisonierenden Sachsensoldaten natürlich auch leben wollten. Es waren dies Kavalleristen; seit 1763 und bis 1812 die Reiter vom Kürassier-Regiment v. Zastrow sowie in den Jahren nach der sächsischen Heeresreform (1810–1812) die Prinz-Johann-Chevaulegers.

Am 4. Oktober erfolgten erste Plänklergefechte zwischen Franzosen und Preußen/Russen in der Heide. Von Blüchers Hauptquartier in Kemberg aus durchstreiften Kavallerietrupps, darunter die flinken, gefürchteten Kosaken, die Landschaft zwischen Elbe und Mulde. Diese tauchten sogar in Mockrehna und Hohenprießnitz auf und beunruhigten die Franzosen stetig. Deren Soldaten zogen also aus Düben ab, Richtung Wellaune, dabei die hölzerne Muldenbrücke hinter sich verbrennend. Schon am 5. dann gingen sie wieder gegen Düben vor, beschossen die Stadt mit Feldartillerie, wurden aber rasch von den Blüchertruppen vertrieben. Seit dem 6. Oktober hatte sich Blüchers Hauptquartier im sogenannten Neuhof, oberhalb der Dübener Burg, etabliert. Hierherum sammelte sich dann das Gros der Schlesischen Armee, während sich die Masse der Franzosentruppen allmählich um Eilenburg und Wurzen gruppierte, in Teilen aber schon auf Leipzig zu abzog. Bis zum 9. Oktober flammten an dieser ganzen, unruhigen,

Muldenfront ständig kleinere Begegnungsgefechte auf, zum von Napoleon dringend erhofften Großen Schlag ließen es jedoch der wendige Blücher und sein kluger Stabschef, der in Schildau gebürtige Zufallssachse Gneisenau noch nicht kommen. Durch die für die napoleonische Armee des 1813er Jahres typischen Schwierigkeiten, Verzögerungen, fehlerhaften Übermittlungen im Aufklärungs- und Nachrichtenwesen (es mangelte eben sehr an dazu benötigter leichter Reiterei), blieb der Kaiser ständig ohne letzte Sicherheit über genauen Standort und Truppenstärke der feindlichen Hauptkräfte. Aber auch der alte Kriegsfuchs Blücher mochte am Nachmittag des 9. Oktober nicht den rechten Durchblick gehabt haben, vermutete er doch den Kaiser samt Truppenmasse schon vor Leipzig. So kam es, daß sich gegen 15 Uhr vorprellende Franzosen in Düben wieder festsetzten, welche sich als Spitze der rasch heranrückenden Armee noch mit den soeben abrückenden Kosakennachhuten des gerade eben entkommenen Blücherstabes herumschlugen. In der ganzen Dübener Heide, um Pressel, Söllichau, Schmiedeberg, Jeßnitz biwakierten die Preußen und Russen. Die Franzosen brannten ihre Lagerfeuer u. a. rings um Düben, bei Priestäblich und bei Laußig. In den Morgenstunden des 10. drückten starke französisch-sächsische Kampfverbände auf Delitzsch und Zörbig, mit Aufklärungspatrouillen bis Brehna und Gräfenhainichen. Aus ersteren Städten werden schwache Sicherungstruppen der Russen vertrieben. Von Eilenburg her befiehlt Napoleon seine bewährten Marschälle und Korpsführer: Ney hatte von Düben aus gegen Schköna vorzufühlen und Reyniers Sachsen nebst Polendivision Dombrowski (oder auch Dabrowski) in Richtung Wittenberg. Marmont bekam umgehend Einsatzbefehl mit Gefechtsspitzen Delitzsch, Bitterfeld, Brehna. Teile seiner Truppen bildeten (bis zum 15. Oktober) einen Sicherungskordon für die lebenswichtigen Muldenübergänge Düben und Eilenburg. Andere Befehlshaber mußten die Düben-Leipziger Heerstraße decken, um ungestörten Truppenvormarsch sowie reibungsloses Abfließen der riesigen Transportkolonnen zu gewährleisten. Denn solches war stets und in allen Kriegen ein logistisches Hauptproblem, bei den Franzosen im Herbstfeldzug aber eine üble, und vom Feind durchaus erkannte, Schwachstelle.

Übereinstimmend berichten viele der deutschen Historienschreiber, daß der Franzosenkaiser – nachdem er die immer noch ganz imposanten Reste seiner Schlachtenkavallerie rasch im Vorüberreiten gemustert hatte und auch einige Offiziere zusammenstauchte – sich selbst gar nicht hoch zu Roß, sondern kleinlaut und äußerst mißgelaunt in eine Wagenecke gedrückt, von Eilenburg nach Düben per Kutsche chauffieren ließ. Wo er dann am frühen Mittag dieses 10. Oktober samt Stab und Hauptquartier unter starker militärischer Bedeckung anlangte und auf dem Schlosse in der dortigen

Amtmannswohnung sein Unterkommen fand. Und eben hier erwarteten ihn nun „die schrecklichsten Tage seines Lebens“ – wie Napoleon selbst diese in seinen St.Helena-Memoiren bittergrimmig benannte!
Die Burg Düben ist schon sehr alt und Namensgeber für die Stadt (um 1200 eine Gründung flämischer, fränkischer, sächsischer Neusiedler) und das weitere Territorium der Dübener Heide. In unmittelbarer Muldennähe, auf flachem Hügel von Sumpfauen umgeben, ist sie als ursprüngliches Sperrwerk zur Sicherung eines noch viel älteren, vielbefahreren Handelsweges (Salzstraße) an dortiger Muldenfurt, auf den Resten einer früheren slawisch-sorbischen Wallanlage errichtet worden – als Burgward in den Grenzkriegen Heinrichs I. zu Anfang des 10. Jahrhunderts. Bis heute bewacht sie den Muldenübergang samt Einfahrtsstraße in den Ort. Sie stellt sich dar als zweigeschossiges, befestigtes Haupthaus mit noch ein Geschoß höherem Torturm (Kernburg), mit Fachwerkanbauten und Wächterhaus nebst massiver Halsgrabenbrücke. 1015 erste urkundliche Erwähnung durch den gelehrten Bischof und Historiker Thietmar von Merseburg als „dibni“ oder „dibui“ (bezogen auf Vorkommnisse des Jahres 981). Nach 1017 fungierte der Wettinergraf Friedrich von Eilenburg als Besitzer; 1115 eroberte Graf Wiprecht von Groitzsch die Burg. Gegen Ende 12. Jahrhunderts ist Düben eine Burggrafschaft, 1226 wird die hölzerne Muldenbrücke gebaut bzw. ersterwähnt. Angehörige des Niederadels wechseln sich als dortige Lehensnehmer ab. In den Wirren des Sächsischen Bruderkrieges Mitte des 15. Jahrhunderts sind Burg und Stadt fast völlig zerstört worden. Der einflußreiche und wohlhabende Hans Löser von Rehfeld ließ dann als Grundherr bis 1458 die gröbsten Schäden vorerst beseitigen und auch Burg samt Befestigung wieder aufbauen. Eine erste bildhafte Burgdarstellung lieferte der berühmte Zeichner Wilhelm Dilich in seiner Stadtansicht von 1626. Danach brandschatzten und verwüsteten im 30jährigen Kriege die Kaiserlichen 1641 wiederum Burg und Stadt. Erstere wird in einigen Teilen bis 1665, späterhin nochmals nach 1710, wiederhergestellt (Haupthaus und Torturm samt Anbauten jetzt kostensparend in schlichtem Fachwerk). Nach 1780 befanden sich in der Burg, neben dem hier seit 1531 installierten Amtshause, auch noch die Justizverwaltung und das Rentamt. Die preußischen Sieger lösten 1816 mit Übernahme ihrer Hohheitsbefugnisse auch über Düben und die Heide das dortige altsächsische Amt auf; die Dübener wurden jetzt „Mußpreußen“ – und zwar gute.
Einiges Wissenswerte zur großen evangelischen Stadtkirche St. Nicolai hat u. a. O. E. Schmidt niedergeschrieben. Seine nachdenklich stimmenden Sätze verdienen es wirklich, hier festgehalten zu werden: „Auch die Kirche ist in gewissem Sinne eine Denkmal der Franzosenzeit. Seitdem der Marschall Davout vom 19. zum 20. Oktober 1806, also fünf Tage nach der

Unglücksschlacht von Jena, in Düben Quartier genommen hatte, wurde die Kirche den Einwohnern gesperrt und für die Aufbewahrung preußischer Kriegsgefangener verwendet. Es war wie eine Antwort des ehrwürdigen Gemäuers auf diesen Frevel, daß der an der Südseite stehende Turm am 12. Juni 1809 einstürzte und die Kirche größtenteils zertrümmerte (dabei kamen vier Personen zu Tode). Unter dem aussaugenden Druck der französischen Fremdherrschaft war während der folgenden Jahre an einen Wiederaufbau des Gotteshauses nicht zu denken. Erst am 10. Juni 1816, also unter preußischem Regiment, wurde der Grundstein zur neuen Kirche gelegt, die am 19. Dezember 1819 vollendet wurde. Sie ist ein bemerkenswerter klassizistischer Bau, ein Versuch, auf den alten rechteckigen Grundmauern eine zentral wirkende Gemeindekirche zu errichten; Kanzel und Singchor liegen in der Mitte des Schiffes einander gegenüber. Die moderne Ausmalung der kassettierten Decke ahmt den Kunststil des 17. Jahrhunderts nach." Weiter macht Schmidt unmittelbar anschließend folgende interessante Bemerkung zur Dübener Heide, die er auf der alten Leipzig-Wittenberger Poststraße, von Düben her über Kemberg nordwärts erreichte (ebenfalls in seinen Kursächsischen Streifzügen): „Sie könnte ebensogut die Bitterfelder, Gräfenhainichener, Kemberger oder Schmiedeberger Heide heißen, denn diese Städte begrenzen sie im Westen, Nordwesten, Norden und Osten gerade so, wie sie Düben im Süden begrenzt. Sie heißt aber die Dübener Heide, weil der Hauptverkehr, der diese Gegenden berührte oder durchschnitt, in der alten kursächsischen Zeit von Süden, von Leipzig oder Eilenburg herkam, so daß der Reisende, der nach Wittenberg oder Berlin wollte, zuerst eine Weile hinter Düben das große Waldrevier betrat." Da ist schon was dran . . .

Nun also saß Napoleon in des Amtmanns guter Stube im Obergeschoß der Burg und geriet in arge Zweifel, was zu tun wäre. Eilenburg und Düben waren durch kriegstüchtige Gardetruppen und sonstige Eliteverbände gesichert, die Muldenbrücken beider Orte noch fest in französischer Hand. An der von ihm immer noch favorisierten Elbelinie wollte er durchaus festhalten, vermutete er doch dort, bei Dessau herum versammelt, seinen grimmigsten Feind Blücher und dessen Schlesische Armee. Während dieser seine Truppen in Wirklichkeit bei Halle stehen hatte. Unfern davon traf jetzt auch in seinem Windschatten der übervorsichtige Schwedenkronprinz mit seiner Nordarmee ein (bei Zörbig). Diesen allerdings fürchtete der Imperator überhaupt nicht, ihn wollte er mit der linken Hand so ganz nebenbei erledigen. Aber zuerst einmal diesen verfluchten alten Blücher schlagen und danach den Krieg wieder auf's rechte Elbeufer tragen, mit Stoßrichtung Magdeburg und weiter nach Berlin. So ließ er denn am Nachmittage des 10. und am 11. Oktober Marschbefehle an seine Korpsführer hinausgehen, mit ihren Truppenteilen gegen Gräfenhainichen, Kemberg, Schköna, Jeßnitz, Trebnitz, Delitzsch, Bitterfeld und weiter gegen Dessau. hin vorzufühlen. Vorzüglich aber befahl er der Polendivision General Dombrowskis sowie Teilen der Kavalleriedivision des Generals Fournier und den Infanteristen des Generals Delmas, einen befreienden Stoß gegen das vom Feinde zernierte Wittenberg zu führen, um den dortigen Belagerungsring zu zerbrechen. Das geschah erfolgreich am 12. Oktober; die Preußen unter General Tauentzien wurden über die nachher abgefackelten Elbebrücken bei Aken, Roßlau, Wartenburg zurückgedrängt. Doch konnten die Franzosen ihren hiesigen Sieg nicht mehr ausnutzen, die Truppen wurden dringend in Eilmärschen zurückbeordert und sollten sich um Düben sammeln. Denn inzwischen brannte die Luft um Leipzig! Dorthin drängte aus dem Nordraum, von Halle her, die Schlesische Armee. Der zwischen Leipzig und Delitzsch, bis zur Mulde hin operierende, Franzosenmarschall Marmont erwehrte sich ihrer nach Kräften, rief jedoch ebensokräftig bei Napoleon um Hilfe. Denn es folgte von der Saale her, quasi in Blüchers Nachtrab, nun auch noch langsam die schwedische Nordarmee nach.

Auf der Gegenseite hatte aber auch ein wutschäumender Blücher so seine hausgemachten Sorgen. Erstmal mußte er, um den „Welschen Sackermenter" und herzlich verachteten Ex-Bernadotte, „von dem man nicht weiß, ob er ein Jud oder Zigeuner", überhaupt mitzuziehen, diesem einen nicht unbeträchtlichen Teil seiner eigenen Truppen überlassen. Und zweitens fochten die Russen auch nur recht laurig, wollten offenbar die Preußen alle heißen Kartoffeln möglichst alleine aus dem Feuer holen lassen (war es ja doch nicht ihr heiliges Mütterchen Rußland, auf dessen Erde sie hier ihr Blut vergießen sollten). Der Deutsche hatte sowieso, wie sie immer zu sagen pflegten, den Affen erfunden – da schwang viel Neid mit – und jener stets nach vorne drängende, sie ins Feindfeuer treibende, Alte war ihnen mehr als unbequem. Der umtriebige Reitergeneral Blücher! Von mißgünstigen bayerischen Generalskollegen später als „dummer Kavallerist" abqualifiziert, nur mit „ausreichendem Pferdeverstand, ansonsten aber brackigem Lagerstroh im Kopfe", gab er sich jedenfalls in seinem sozusagen Nichtverhältnis zum Schwedenkronprinzen mit dummstolz übersteigerter nationalistischer, ja geradezu rassistischer Überheblichkeit (wie sie für die Kaste der arroganten Preußenoffiziere dann einmal ebenso typisch wie unrühmlich sein sollte). Zugegeben, der französische Exmarschall Bernadotte hatte es nicht unbedingt eilig, seinem früheren Herrn und Meister vor die Klinge zu laufen; er hatte schließlich auch seine guten Gründe dafür. Als „Neuschwede" hütete er sich, die ihm anvertrauten Landeskinder in diesem (von Schweden lediglich aus nachvollziehbaren Gründen politischer Zweckmäßigkeit, an der Seite früherer Erbfeinde gegen das napoleonische Frankreich geführten) Krieg als billiges Kanonenfutter zu verheizen. Also verhielt er sich – aller bösartigen zeitgenössischen Kritik sowie unabwendbarer persönlicher Rufschändung zum Trotz – wie ein rassiger Jagdhund, der auf Herrchens Armen zur Jagd getragen werden muß. Ergo konnte er dann auch mit den nur knapp 300 toten Schwedensoldaten in der großen Völkerschlacht ganz gut leben; und er lebte noch sehr lange, wurde den fremdstämmigen, schwerblütigen Nordländern sogar ein guter König und Landesvater. Wer hätte solches wohl von diesem aus südlichen Gefilden stammenden Franzosen je gedacht? Respekt vor dieser Lebensleistung ist durchaus angebracht. Wer ist dagegen denn schon der reichlich ungebildete Haudegen Blücher gewesen (der erst durch die preußischdeutsch dominierte Geschichtsschreibung zum Idol aufgebaut wurde)? Doch das nur so ganz nebenbei gesagt. Übrigens: Wo heute die vielbefahrene Bundesstraße 2 beim Friedhof durch Bad Düben führt, kündet ein alter Blüchergedenkstein von seiner und seines Hauptquartiers Anwesenheit in jenen Tagen.

Inzwischen mochte sich aber auch ein Napoleon Bonaparte während seiner quälend langsam verfließenden Dübener Wartezeit nicht mehr verhehlen, daß die Dinge nicht so liefen, wie er sich's vorgestellt hatte und alle seine hektischen Bemühungen um den befreienden Entscheidungsschlag ins Leere liefen. Er wußte jetzt, in seinem Rücken sammelten sich die Gegner, zielten auf das Leipziger Land, schienen hier ihre Kräfte bündeln zu wollen. Sicherlich hatte er klar erkannt, daß jene nunmehr das Gesetz des Handelns (welches bislang immer er den anderen aufzwang) in Händen hielten. Und seine Gegner taten ihm eben nicht den Gefallen, sich hier an der Mulde zur großen Schlacht zu stellen. Würden sie dies bei Leipzig tun? Die Ungewißheit drückte ihn schwer; erstmals in seinem Kriegerleben zeigte er sich auch nach außen entmutigt, konnte sich zu keiner raschen Entscheidung durchringen. Sein Glücksstern war am Untergehen, das fühlte er instinktiv. Und der genialische Machtmensch, der vordem seine hochfliegenden Pläne mit den stolzen Worten umschrieb: „Le nature de choses – ich bin geboren und gebaut für die Arbeit, ich kenne keine Grenzen für die Arbeit, ich arbeite immer", er war jetzt an seinen Grenzen angekommen, lehnte am Zaun seiner Träume und konnte auf einmal nicht mehr zügig arbeiten. Offenbar sinnlos trödelte er nur so dahin, vergeudete kostbare Zeit (während dringende Entscheidungen anstanden), schwieg sich mürrisch aus und grübelte verbiestert vor sich her. Sehr zur Verwunderung der Stäbler seines Gefolges, wozu der erwähnte Sachsenmajor Odeleben gehörte. Der wußte später darüber zu berichten: „Die drei Tage, welche Napoleon bis zu dem 14ten früh, hier, auf dem kleinen, von Gewässern umgebenen Schlosse zubrachte, gehörten vielleicht zu den langweiligsten, die er seit mehreren Feldzügen erlebt hatte. Weder militärische noch geographische

Gegenstände boten ihm die geringste Zerstreuung dar, und seine Umgebungen wußten in ihrer Verlegenheit nicht, was sie zur Beruhigung Sr. Majestät thun sollten . . . Ich sah den Kaiser damals, auf Nachrichten von der Elbe harrend, auf einem Sopha seines Zimmers, ganz geschäftslos vor einem großen Tisch sitzen, auf dem ein Bogen weißes Papier lag, das er mit großen Fractur=Zügen – wie man sie auf Geburtstagsbriefen findet – erfüllte. Sein Geograph D'Albe, und ein anderer Mitarbeiter, saßen eben so unthätig, in den Ecken des Zimmers, seiner Befehle wartend. Solche Momente seines Lebenslaufes verdienen, der Seltenheit wegen, Erwähnung."
Ähnliches wußten auch Baron de Fain, Napoleons vielgeplagter Sekretär im Kriegskabinett, sowie der vertraute Kammerdiener Louis-Constant Wairy in ihren Memoiren zu erzählen. Des Kaisers schlechte Stimmung, seine Unlust und gar Unsicherheit steckte alle an; er litt ersichtlich unter dem scheußlichen Herbstwetter, war depressiv und seine frühere robuste seelische Spannkraft schien nachzulassen. Dies fiel bereits etwas früher einem biederen Kapitän der Alten Kaisergarde auf (der sich als alter Marschierer und analphabetischer Grenadier zu dieser, für ihn höchsterreichbaren, Charge emporgefochten hatte). In seinen viel später erschienenen „Cahiers" ließ der getreue Hauptmann Coignet festhalten, daß er trotz untergeordneter Funktion beim Großen Generalstab schon nach der siegreichen Dresdener Schlacht im Herbst 1813 von höhergestellten Dienstgraden derbe, ungeschminkte Kritik am Kaiser zu hören bekam („Dieser Sieg war denkwürdig, aber unsere Generale hatten jetzt genug"). Der altgediente Troupier war nicht nur baß erstaunt, er war geradezu entsetzt, als er „hörte, wie man auf den Kaiser schimpfte. Dieser wird uns noch alle zugrunde richten, hieß es da. Ich war wie versteinert; ich sagte mir: Wir sind verloren. Tags darauf wagte ich meinem General (Monthyon) zu sagen: Ich glaube, unser Platz ist nicht mehr hier, sondern wir müßten vielmehr in Eilmärschen an den Rhein marschieren. – Ich billige Ihre Ansicht, aber der Kaiser ist starrköpfig, kein Mensch kann ihn bewegen, auf die Vernunft zu hören."
Zu derlei Kritikastern gehörte unstreitig auch der Marschall Marmont! Wenngleich dessen äußerst subjektiv gefärbten, späteren Publikationen mit Vorsicht zu bewerten sind. Weil er sich während seines ganzen, noch sehr langen, Lebens in nachnapoleonischer Zeit unablässig wie verzweifelt darum mühte, sich vom Odium des infamen Verräters aus dem Frühjahrsfeldzug von 1814 hinwegzuschreiben – was ihm aber, gerechterweise, nicht gelang. Dieser Marmont also will Napoleon in stundenlangem Ringen, doch vergeblich, von einer Hauptschlacht bei Leipzig abgeraten haben. Weil, wie er taktisch sehr richtig erkannte „man dort auf der inneren Linie des gefährlichen Defilees sich wie auf dem Grunde eines riesigen Trichters befände" und vernichtet werden könne, falls man die Bataille verliert. Etwa

dasselbe meinte auch der seinerzeitige Chef des Geniewesens, der Pioniergeneral Rogniat, welcher angstvoll an das durch die vielen Flußläufe versumpfte Terrain dortherum dachte. (Auf sein und des Majorgenerals Berthier, Napoleons Stabschef, Konto kommt dann übrigens die bei einiger Umsicht vermeidbar gewesene Tragödie um die vorzeitig gesprengte Elsterbrücke am 19. Oktober in Leipzig). Schließlich setzte noch Napoleonintimus Caulaincourt, Herzog von Vicenza, mit seinen Erinnerungen an die tristen Dübener Tage eine, neben vielen anderen, bis heute florierende Napoleonlegende in Gang: Meuterei der napoleonischen Generalität auf Burg Düben! Schier unglaubliches berichtet der Getreue; da habe es nämlich eine zwar intellektuelle, mehr durch Worte und Gesten verdeutlichte, aber immerhin handfeste Meuterei seiner Heerführer und Stäbler gegeben. Von einer hochrangigen Deputation wäre der Kaiser um einen klärenden Kriegsrat gebeten worden – man wollte sich in dieser Zwangslage nicht mehr nur auf dessen Intuition und bisherige Gepflogenheit der einsamen Feldherrenentschlüsse verlassen. In der von diesem bewilligten Aussprache sei nichts mehr von hoheitsvoller Ausstrahlung und schwungvollem Mitreißen der Zweifler zu verspüren gewesen. Mit versteinerten Mienen und deutlich abweisend hörten diese sich Napoleons Lieblingsidee nochmals an, von hier weg an die Elbe und von da weiter nach Berlin zu ziehen, dort im Herzen des Preußenfeindes, die letzte Entscheidungsschlacht zu wagen. Doch nur allgemeines Maulen und Mucken (verkürzt gesagt) sei die einhellige Reaktion der Umstehenden gewesen. Etwa derart, wie sie auch O. E. Schmidt notierte:

„Muß man denn eine neue Schilderhebung in Preußen herbeiführen? Hat man noch nicht genug Soldaten getötet, wird das niemals aufhören? Soll man die Reste der Armee in Berlin begraben?“ Mit dem „man“ war natürlich der Kaiser selbst gemeint. Und dieser reagierte auf das Ganze erstaunlich gelassen (nicht etwa in einem seiner gefürchteten Wutausbrüche). Denn er meinte – nun wieder nach Caulaincourts Diktion – ebenso pomadig wie unterkühlt, er werde es sich nochmals überlegen. Worauf er sich separierte und auf sein Zimmer zurückzog. Und wonach am frühen Morgen des 14. Oktober ein sich letztlich wider alle innere Überzeugung ins Unvermeidliche fügender Napoleon die Marschbefehle nach Leipzig ausgehändigt habe, die er in der Nacht vorbereitete. Denn der Abmarsch seines vielhunderttausendköpfigen Heeres wollte logistisch-stabsmäßig schon mit Umsicht und gewohnter Akribie vorbereitet sein. An die aufmüpfige Generalität gewandt, meinte der einsame Feldherr: „Mögen diejenigen, die diese Bewegung gefordert haben, sie niemals bereuen“ und weiterhin an seinen Großstallmeister:“Erinnern Sie sich eines Tages daran, Caulaincourt. es ist nicht nötig, daß die Franzosen mein Andenken verwünschen.“ Ob nun Wahrheit oder Dichtung, vielleicht auch ein Sublimat aus beidem – in jedem Falle aber ein früher napoleonischer Rechtfertigungsversuch, vom braven Mitstreiter dann genau in diesem Sinne stilisiert. Trotzdem ist die Sache erstaunlich, höchst seltsam und geradezu irritierend für jegliche herkömmliche Napoleonforschung, aber durch die hier genannten (und dem Beiträger, neben weiteren Werken, verfügbaren) Erinnerungs- und Historienbücher belegt. Als ein Stückchen Geschichte pur, und was Düben betrifft, sogar zum Anfassen.

Aber noch etwas wäre hier zu berichten: Der kleine Korse nämlich hatte ein großes und häßliches, urologisches Problem! Schon in relativ jungen Jahren (er ist ja noch nichtmal 52 Jahre alt geworden) plagte ihn, vermutlich nervöser, Harnzwang oder Harnretention, wie heutige Urologen fachmedizinisch sagen. Will heißen, trotz beständigen Blasendruckes hatte er Ladehemmung beim Pinkeln; und er konnte und konnte sich einfach nicht in kräftig befreiendem Strahle auswässern, wie andere. Schon gar nicht, wenn andauernd irgendwelche Leute um ihn herumwieselten. Und wann war dies einmal nicht der Fall, in seinen persönlich geführten Dauerkriegen, wo er sich fast immer an der Spitze der Truppen in der Front, im Feldlager oder Stabsquartier aufhielt? Man kann sich, so man vermag, durchaus bildhaft vorstellen, was der arme Mann im 1812er Rußlandfeldzug, besonders aber im extremkalten Winter auf's Jahr 1813, da fürchterliches durchgestanden haben muß (und zwar im wahrsten Sinne des Wortes): mit voller, drängender Blase und offenem Hosenschlitz, bei 40 und mehr Minusgraden im eisigen Ostwinde zitternd, die froststarre Hand mit kälteweißen Fingern am ebenfalls steifgefrorenen, funktionsunwilligen „Gerät". Doch genug der unappetitlichen Details. Auf Anraten seiner Ärzte ging Napoleon mit möglichst heißen Bädern gegen diese spezielle Körperschwäche an; und auch auf Burg Düben schwitzte er nächtens in der für ihn extra mitgeführten Holzwanne.

Immerhin dürfte dem vielerprobten Kriegsmanne, trotz seines zeitweiligen Dübener „black out" wohl nicht entgangen sein, daß die alte Reichsmessestadt, strategisch gesehen, gewiß ein idealer Etappenplatz und eine zentrale Wegespinne für Durchmärsche und Transporte aller Art war und auch als Großlazarett im Bedarfsfalle bestens geeignet. Für Kriegstätigkeiten größeren Ausmaßes jedoch aus taktischer Sicht ein ziemlicher Engpaß – da wird er Marmont schon recht gegeben haben. Sei es drum:" Ich werde nicht eher kämpfen, als ich selbst es will; sie werden niemals wagen, uns anzugreifen. „ Jene schon wieder hochtrabenden Kaiserworte waren ein fundamentaler Irrtum. Also, er hatte sich nunmehr, widerwillig und fremdbestimmt, für eine Schlacht bei Leipzig entschieden. Damit allerdings, und zwar eindeutig ungewollt, der hiesigen Muldenlandschaft und Heide nebst

ihren Ortschaften, vorzüglich aber Düben und Eilenburg, die blutigen Schrecknisse der folgerichtig über Leipzig und sein Umland Mitte Oktober hereinbrechenden, gewaltigen Völkerschlacht samt Folgen erspart!
Nachdem auf der Dübener Burg, für die meisten unbemerkt, die ehernen Schicksalswürfel gefallen waren, bewegte sich seit den Morgenstunden des unfreundlich rauhen und verregneten 14. Oktober eine geballte Armada französischer Heeresteile auf zunehmend verschlammten Straßen in Richtung Leipzig. Der epochemachende Verlauf und Ausgang des gewaltigen Völkerringens, als erster Massenschlacht in der Weltgeschichte, ist bekannt. Es standen sich hier etwa eine halbe Million Kombattanten in erbittertem Kampfe gegenüber. Entsprechend hoch waren dann auch die Verluste aller kriegführenden Seiten, auf die nicht näher eingegangen werden soll (auch waren die Kriegsschäden in Stadt und Umland verheerend, im Wortsinne; unermeßlich das Leid der hilflosen Zivilbevölkerung). Um die Mittagszeit dieses Jahrestages der für die Franzosen siegreichen Doppelschlacht von Jena und Auerstedt, traf der Kaiser persönlich in der Messestadt ein, um höchstselbst die Lenkung der bereits im südlichen Vorfeld entbrannten Gefechte in die Hände zu nehmen. Jedoch zitterten diese unmerklich, folgten ihm doch die drohenden Schatten seines vernichtenden Burgdübener Schicksalsspruches stetig nach: „Daumen herunter!" Zu allem Übel setzte ein unergründliches, in diesem Falle bitter-humoriges, Schicksal dann noch einen d'rauf. Rekapitulieren wir also kurz: Napoleon hatte bekanntlich am 18. Oktober, dem eigentlichen Tag der Entscheidung, seine Feldherrenstellung im Südabschnitt der Kämpfe gewählt, weil eben hier, bei Probstheida, diese Entscheidung fallen mußte (heute steht dort der Napoleonstein mit Nahblick auf's Völkerschlachtdenkmal). Zwar verließ er diesen Standort im Tagesverlauf mehrmals, kehrte jedoch immer wieder zu ihm zurück. Nochmals soll hier Odeleben zu Worte kommen: „Napoleon begab sich zu Pferde auf diese Seite und hielt neben der Tabaks-Mühle an. Hier begann und endigte der den großen, entscheidenden Tag, der den Lorbeerkranz entblättern sollte, welchen das Glück bis jetzt um sein Haupt geflochten hatte. Eine durchlöcherte, halb zerstörte Windmühle stand als ein warnender, böser Vorbote, als ein Bild des launischen, von allen Winden abhängigen Glückes, ihm zur Seite." Zudem war der Schlachtenmeister gesundheitlich keineswegs in Hochform, körperlich angeschlagen, von steigender Nervosität, ja Unrast und im Tagesverlauf von zunehmender Müdigkeit gezeichnet. Geistig aber voll da, unter Einbeziehung aller Umstände sogar erstaunlich leistungsfähig. Infolgedessen war ihm gegen Abend zwingend klar geworden, daß die verwünschte Leipziger Bataille verloren war, nicht jedoch der Krieg, den er weiterzuführen gedachte. Nur halt nicht mehr um imperiale Weltmachtgeltung oder europäisches Hegemoniestreben.

Ab jetzt gings um's Eingemachte, um die französische Kaiserkrone, und schlicht gesagt, um den eigenen Kopf. Der künftige Streit würde jenseits des Rheins, auf heimischem Territorium ausgefochten werden müssen. Was war als erstes nötig? Wie wir Sachsen so zutreffend zu formulieren wissen: „In der Ruhe liegt die Kraft!" Deshalb wunderten sich nicht nur die wackeren sächsischen Leibgrenadiere Major v. Dreßlers aus der kaiserlichen Gardebrigade Rottenbourg, daß der Feldherr mitten im ausklingenden Kriegsgetümmel und immer noch dichten Kugelregen auf dem feuchtkalten Erdboden liegend, nur in seinen Mantel gewickelt, ein kurzes und vermutlich erholsames Nickerchen machte. Desgleichen beobachtete auch unser sächsischer Landsmann Odeleben (auf den nun zum wirklich allerletzten Mal zurückgegriffen werden soll): „Man hatte dem Kaiser einen hölzernen Schemmel gebracht, auf dem er, erschöpft von den Anstrengungen der letzten Tage, in Schlummer sank. Seine Hände ruheten, nachlässig gefaltet, im Schooß; er glich in diesen Augenblicken jedem anderen, unter der Bürde des Mißgeschicks erliegenden Menschenkinde. Die Generale standen, düster und verstummt, um das Feuer und die zurückziehenden Truppen rauschten in einiger Entfernung vorüber. Nach Verlauf einer Viertelstunde erwachte der Kaiser, und warf einen großen, verwundrungsvollen Blick im Kreise umher, welcher zu fragen schien – Wach ich oder ist's ein Traum?" Bevor er dann mit Stabsgefolge in Richtung Stadt abritt, mochte wohl noch letzter, flüchtiger Seitenblick die wie eine drohende Faust aufragende Mühle gestreift haben... Anders ausgedrückt, nämlich ebenso brutal direkt und schonungslos: Weil ein kranker Napoleon nicht mehr so ganz reglementsmäßig und auf Befehl ungeniert lospinkeln konnte, sein welkender Piepel versagte – ging dem Feldherrn letztlich die blutige Leipziger Bataille voll in die Hose!

Was Napoleon freilich nicht wissen konnte (und auch die meisten von uns Heutigen nicht), der Erbauer und erste Betreiber jener Mühle war ein zu Beginn des 18. Jahrhunderts zugewanderter Leipziger Neubürger namens Johann Gottfried Quandt. Und dieser stammte – na, woher denn wohl – aus Düben!! Dort als Handwerkersohn 1696 in altansässiger Familie geboren, wanderte das fixe Kerlchen schon als 13jähriger nach Leipzig weg. Der Pfiffikus versuchte sich hier jahrelang in allerlei Berufen, bis er sich im harten Konkurrenzkampf mit der messestädtischen Landkramer-Gilde in selbiger einen festen Platz eroberte. Quandt spezialisierte sich bald auf den Tabakhandel, gründete 1734 am Brühl die erste Leipziger Tabakfabrik und errichtete nach 1743 dann besagte „Quandtsche Tabaksmühle". Wo mittels dieser sogenannten Holländischen Maschinenwindmühle die von den Stötteritzer Bauern gezogenen Tabakblätter zum damals im mitteldeutschen Raum weithin verbreiteten, trotz aller Beißigkeit heißgeliebten (aber nur

von der Männerwelt, die holde Weiblichkeit lehnte die Sauerei zumeist strikt ab) Schnupftabak zerstampft und feingemahlen wurden. Dieser fand gewinnträchtigen Absatz unter der gängigen Handelsmarke „Tabacco Stötterico“ und Tabaksmüller Quandt ist damit sehr reich geworden. Er zählte sich zu den kaufmännischen Honoratioren wie auch zu den Kunstmäzenen der Messestadt. Deren gab es zu allen Zeiten nicht wenige.
Und als solcher sicherte er beispielsweise der nicht unumstrittenen Neuberin samt deren Theatertruppe ein festes Domizil und Auftrittsmöglichkeiten in seinem prächtigen Stadthause „Quandts Hof“ an der Nikolaistraße. Jedoch starb der reiche Quandt schon im Jahre 1749. Seine vielen Nachkommen erwarben ebenfalls zeitgenössischen Ruhm als Kunstförderer wie Sponsoren; zwei von diesen Quandts wurden sogar später nobilitiert. Heute allerdings wird wohl zumeist dieser Name nur noch mit der historienschwangeren, lange schon weggerissenen, Tabaksmühle im Leipziger Südosten und also mit der Völkerschlacht lokalisiert. Damit eben auch mit dem Kaiser Napoleon in Verbindung gebracht. Woran wiederum viel Wahres sein mag. Schließlich triumphierte dort – einmal bildhaft und allegorisch gesehen – die sanfte Lilie über die stechlustige Biene! Eine Lilie naturell ziert nämlich das Dübener Stadtwappen, im goldenen Schild zwischen zwei blauen „Landsberger Pfählen“ aufwachsend. (Und die Biene ist das Bonapartische Wappentier gewesen). La Belle et la Bête?
Na ja – ganz so biestig ist jener Napolione Buonaparte, zweitgeborener Sohn eines Inseladvokaten aus korsischem Kleinadel, als Kaiser der Franzosen denn doch nicht gewesen. Außer natürlich in der äußerst einseitigen, haßerfüllten, keinesfalls objektiven Historienliteratur Preußens. Und danach in der während des deutschen Kaiserreiches üblichen wie einseitig preußisch dominierten Geschichtsschreibung, welche in ihren Wurzeln bis heute noch fortwirkt. Es sind halt immer die Sieger, die dann Geschichte (vor)schreiben. Aber wie der auf weltentrückter Verbannungsinsel St. Helena im Atlantik späterhin resigniert philosophierende Eximperator einmal verkündete, ist eben Geschichte auch nur jene Lüge, auf die man sich im Nachhinein, vorzüglich bei der Geschichtsschreibung, geeinigt habe. Besiegt – entthront – geschaßt endete er bekanntlich als geschlagener, kranker Mann in tropenferner Einsamkeit. Und mit seinem frühen Tode (durch mörderische Arsenvergiftung?) verblaßte zwar rasch auch seine alte Gloire; jedoch „Alles verloren, nur die Ehre nicht!“

Schloß Colditz – einst und heute

Das Bauwerk als trutziges Wahrzeichen einer kleinen Muldenstadt

Dieses historische Bauwerk legt weithin sichtbar Zeugnis dafür ab, wie in alter Zeit die Burg auf dem Berge und die sich darum und im Tale darunter gründende Stadt im Verlauf der Jahrhunderte zu einer nicht mehr wegzudenkenden Einheit zusammenwuchsen. Ähnliches kann man von Rochlitz oder Leisnig sagen. Von welcher Seite man sich auch immer der Stadt Colditz nähert, die malerisch ins Muldental hinein – und an beiden Flußufern erbaut – sich ausbreitet (wobei der eigentliche Stadtkern rechtsuferseitig liegt), immer grüßt als erstes und Wahrzeichen des Städtchens die trutzige Burg auf dem steilen, ca. 30 m hohen Schloßberg. Wir befinden uns hier in der reizvollen Muldenlandschaft, die vom engen Flußtal bis zur weiten Hochfläche ein sehr abwechslungsreiches Nebeneinander bietet. Von Fels und Wald und Wasser, von Ackerflächen und Wiesen, der gewerbefleißig pulsierenden sächsischen Kleinstadt und ihren sauberen Nachbardörfern auf einem nördlichen Vorposten des Burgenlandes und auf geschichtsträchtigem Boden. Aber leider stetig von Hochwässern wie Überflutungen der schnellfließenden Mulde gefährdet. Und so hatte denn auch die als Jahrhunderthochwasser klassifizierte, Muldenüberschwemmung in der Augustmitte des Jahres 2002 die Colditzer Innenstadt wieder einmal voll erwischt und schlimm verwüstet.

Neben Burg Leisnig, in einer Urkunde vom Jahre 1046 erstmalig erwähnt, war hier unter den Saliern eine Burwardei entstanden und kaiserliche Dienstmannen hatten die Burghut über das „Castrum Colidiz" mit seinen damals 20 botmäßigen Dorfschaften. Sie befehligten die bäuerlichen Wehrsiedler in den Grenzlandkämpfen an der hiesigen Slawengrenze. Diese Stämme unterwarfen sich entweder oder wichen weiter nach Osten hin aus, um nicht von den Siegern christianisiert zu werden, im Zuge der äußerst expansiven Kolonisationspolitik deutscher Feudalherren. Mit dem Erwerb der Besitzung Colditz durch den Grafen Wiprecht von Groitzsch setzte um die Wende vom 11. zum 12. Jahrhundert dann eine erneute Welle der Kolonisierung durch Neusiedler aus dem deutschen Südwesten ein.

1157 machte sich der Stauferkaiser Friedrich I. Barbarossa als Landes- und Lehensherr im Pleißnerlande stark (dem altslawischen Gau Plisni mit Teilen des Altenburger Landes, den Burgwardeien Colditz, Leisnig, Rochlitz und bis hin nach Chemnitz). In diesen nunmehrigen Reichslanden verwalteten kaiserliche Ministerialen als Reichsvasallen Burggrafschaften. So u.a. die von Altenburg, Meißen, Rochlitz, Leisnig und eben auch von Colditz. Hier besonders die Muldenfurt an der alten Handelsstraße beaufsichtigend. Neben einem ihnen noch übergeordneten kaiserlichen Landrichter, der sozusagen in Stellvertretung des Kaisers hier amtierte, waren die Burggrafen bald zu mächtigen Feudalherren geworden. In jenen Dynastenfamilien vererbte sich oftmals das an sich nur persönliche Lehen vom Vater auf den Sohn weiter. Mittels einer Vielzahl von Afterlehen an ergebene Dienstleute und Burgmannen zur Nutznießung, schufen sich die größeren Feudalen dann Gefolgschaften ihnen dienstbarer Vasallen. So wuchs gerade in diesen Reichslanden eine zahlenmäßig starke Ritterschaft und damit ein weitverzweigter, miteinander versippter niederer Adel heran. Die Colditzer Burggrafen nannten sich (wie auch andere neben ihnen) bald nach ihrem Lehen. Und so trat dieses Geschlecht der edlen Herren von Colditz im 12. Jahrhundert in die sächsische Geschichte ein. Die Dynastenfamilie brachte nun über mehrere Jahrhunderte immer wieder einmal über Mittelmaß hinausragende Vertreter hervor. So die urkundlich nachgewiesenen Heinrich von Colditz (1210 kaiserlicher Landrichter im Pleißnerland); Heinrich, Vogt von Mügeln (1278 bedeutender Lehensmann des Meißner Bischofs wie auch des Grafen zu Breda); Thimo (einer von mehreren dieses Namens), Herr zu Wilsdruff, war 1357 markgräflich meißnischer Marschall und gleichzeitig kaiserlicher Kammerherr bei Karl IV. Die Wettiner allerdings übten jetzt auch im Pleißnerlande, welches ihnen 1323 als nichteingelöste kaiserliche Pfandschaft zugefallen war, die zunächst kommissarische Landesherrschaft und Lehenshoheit aus. Ein für dieses Fürstengeschlecht wichtiger Schritt auf dem Wege zu einem eigenständigen sächsischen Territorialstaat; allerdings eben auf Kosten der ursprünglichen Reichshoheit und mittels andauernder Schwächung kaiserlicher Zentralgewalt. Die Colditzer jedenfalls erwarben auch im Böhmischen, um Teplitz herum, Güterbesitz. Ein weiterer Thimo nämlich war 1381 Hauptmann des Königreiches Böhmen. Und der letzte männliche Nachkomme dieses Feudalgeschlechtes, Herr Hans von Colditz, saß um 1430 auf der Burg Bilin in Nordböhmen. Bereits im Jahre 1404 aber hatte der Meißner Markgraf Wilhelm I. Burg und Herrschaft Colditz für eine stattliche Ablösungssumme gekauft; seither war die Burg abwechselnd Landesfestung und Fürstenresidenz, Witwensitz sächsischer Kurfürstinnen und Jagdschloß. Das Colditz'sche Wappen übrigens (im oberen, goldenen Feld des geteilten

Wappenschildes einen halbierten schwarzen Löwen und im unteren, silbernen Feld drei schräggestellte rote Querbalken zeigend) ist in das Colditzer Stadtwappen mit eingegangen, welches drei auf einer tordurchbrechenden Mauer stehende Türme aufweist, sowie die Wappen der Meißnischen Markgrafen wie auch der Altenburger Burggrafen.
1430 ist in den Wirren des Hussitenkrieges auch die alte Colditzer Burg dem Feuer zum Opfer gefallen. Sachsens Kurfürst Ernst der Fromme verfügte 1464 einen umfassenden Neuaufbau der Wehranlage. Die heutige Bausubstanz geht auf diese Zeit zurück. Der 1486 nach einem Jagdunfall (?) hier verstorbene fürstliche Bauherr mußte den knapp 20 Jahre später durch einen schusseligen Colditzer Schloßbäcker verursachten Großbrand und dessen verheerende Folgen glücklicherweise nicht mehr mit ansehen. In den Jahren 1506 – 24 sowie später erfolgten gründliche Erneuerung und Wiederaufbau des Schloßkomplexes (mit Um- und Anbauten), die immer noch den einstigen wehrhaften und festungsartigen Charakter nicht verleugnen mochten, wurde hier stetig gewerkelt. Trotzdem entwickelte sich Colditz zu einem der schönsten sächsischen Schlösser in der Provinz – mit um die Innenhöfe gruppierten Gebäuden der Hauptburg und den etwas tiefer gelegenen Wirtschafts- und Funktionsbauten der Vorburg.
Von der Stadt heraufkommend, gelangt man durchs alte Torhaus mit den sehenswerten Renaissancegiebeln über die steinerne Brücke von 1584 zu Turm und Torbau der sogenannten Weißenburg (im Untergeschoß noch mit gotischem Kreuzrippengewölbe versehen, hingegen mit Giebeln und Dachreiter im Stil der Frührenaissance). Hier sollte man nicht versäumen, das große Doppelwappen von 1583 über dem Torbogen zu betrachten: Kurfürstlich Sächsisch für Landesvater August und Königlich Dänisch für dessen Gemahlin Anna von Dänemark, die Landesmutter. In den Hof des Vorderschlosses eingetreten, erblicken wir sogleich den Mitte 19. Jahrhunderts hier errichteten ehemaligen Krankenhaustrakt im Neorenaissancebau. Den Hof durchquerend, betreten wir das Hinterschloß durch ein massiv gotisches Torgewölbe und sind nun vom Fürstenhof fasziniert: Dem Tore gegenüber erhebt sich das mehrgeschossige Fürstenhaus mit seinem weit über Sachsen hinaus berühmten Erker aus dem 15. Jahrhundert. Anschauenswert natürlich auch die Architektur der dreigeschossigen Schloßkirche Zur Heiligen Dreifaltigkeit, von deren ursprünglich wohl reicher Innenausstattung sich leider nichts mehr erhalten hat. Was aber weniger den Umbauten des 19. Jahrhunderts geschuldet ist. Und so ist auch der im kurfürstlichen Auftrage 1584 vom jüngeren Lucas Cranach und Gesellen gefertigte Altar mit herzförmigem Haupttafelgemälde, einer Kreuzigung Christi, nicht mehr in der Kirche des Colditzer Schlosses. Dieser kam auf recht verschlungenen Umwegen in den Besitz und die Sammlungen des

Germanischen Nationalmuseums zu Nürnberg und ist nun dort zu bewundern. Ein wenig entschädigen die gotischen Kreuzrippen der drei Gewölbejoche der Decke des Kircheninneren für den Verlust; mitsamt ihrem wappengeschmückten Schlußstein und den gotischen Kirchenfenstern, deren Gewände 1583 hofseitig etwas geweitert wurden. Und da ist auch noch das ebenfalls zu dieser Zeit entstandene prachtvolle Eingangsportal zur Kirche, gefertigt aus dem altbewährten roten Rochlitzer Porphyrtuffstein. Es ist ein etwas gedrungen wirkender Renaissancebau, dreiteilig in Pyramidenform aufgestockt, mit allegorischen Schmuckfiguren aus dem hellen Elbsandstein. Über dem Rundbogen der Tür das kursächsische Wappen neben dem brandenburgischen Adler (auf die Kurfürstin Sophie verweisend, als Gattin Christians I. und Tochter eines Brandenburger Kurfürsten). Unter allen kurfürstlichen Witwen, denen Schloß Colditz als Sitz angewiesen war, ragen zwei hervor: einmal die österreichische Margaretha, Schwester des habsburgischen Kaisers Friedrich III. (als des Heiligen Römischen Reiches Erzschlafmütze lange regierend) und seit 1431 mit Sachsenkurfürst Friedrich II. vermählt. Die muß schon eine außergewöhnlich tatkräftige wie energische Landesmutter gewesen sein, daß sie als Ehefrau eines natürlich mit Münzgerechtigkeit versehenen Landesfürsten für sich persönlich dann ebenfalls eigenes Münzprivileg erhielt. Von 1456 ab nämlich wurden in Colditz Münzen geprägt, wenn auch nur für etwa ein Vierteljahrhundert. Diese haben heutzutage einen relativ hohen Seltenheitswert. Und unter der schon frühverwitweten Kurfürstin Sophie, die bis zu ihrem Tode 1622 zumeist in Colditz lebte und sehr förderlich wirkte, erfuhr das unbedeutende Städtchen im Muldenland einen erheblichen Aufschwung in ökonomischer wie auch in geistig-kultureller Hinsicht.
In der Herrschaftszeit des Starken August (seit 1694 Kurfürst von Sachsen und seit 1697 in Personalunion auch König von Polen als Friedrich August I.) zog dann letztmalig höfischer Glanz und Pomp ins Colditzer Schloß ein. Das Zeitalter des Barock ließ grüßen und die treuen Bürger der ebenso loyalen wie aufblühenden Stadt beklagten anläßlich der Erbhuldigung auf den schwächlichen Sohn und Nachfolger Friedrich August II. zu Jahresbeginn 1734 echt und aufrichtig das Hinscheiden ihres vormals gnädigen Starken August (am 1. Februar 1733 zu Warschau). Ahnten sie doch vermutlich, was sie an jenem verloren. Denn von nun an gings stetig abwärts mit der Residenz auf Zeit. Schloß Colditz war ab der zweiten Hälfte des 18. Jahrhunderts bald nur noch Administrationssitz des kurfürstlich sächsischen Amtes Colditz; es stand zeitweise sogar leer und wurde zum Lagerspeicher degradiert. Erst im Jahre 1800 fand sich wieder eine neue Verwendung für die Anlage: In der ehemaligen Landesfestung installierte sich das Armen- und Arbeitshaus des Leipziger Kreises. 1803 wurde daraus eine

Strafanstalt gemacht; und mit dem Jahre 1829 richtete man hier eine Landesirrenanstalt ein (nach der auf dem Pirnaer Sonnenstein die zweite ihrer Art im Königreich). Einer der Gründer dieser nach humanistischen Prinzipien und damals modernster Heiltherapie arbeitenden Krankenanstalt war der Leipziger Arzt Dr. Ernst August Carus. Bis in die Nachwendezeit und 90er Jahre des 20. Jahrhunderts ist das Schloß dann psychiatrische Heilstätte und Krankenhaus geblieben. Was natürlich den freien Zugang oder einen, wie auch immer gearteten, musealen Betrieb hier oben verbot bzw. sehr einengte. Burgschloß und Stadt Colditz (letztere als civitas erstmalig 1265 urkundlich erwähnt) bilden mit Muldental und Umland eine natürliche Einheit. Hier sei besonders auf den Colditzer Forst verwiesen, mit seinen ca. 1800 ha und sieben Kilometer Ausdehnung wohl eines der größten zusammenhängenden Waldreviere in Sachsen.

Wenn man geruhsam die Straßen und Gassen von Colditz durchwandert, dann spricht einen vielerlei aus vergangenen Tagen direkt an: Da ist einmal die alte Tuchmacher-, Bleicher-, Textilstadt. Aber da ist auch die Stadt von Steinzeug und Schamotte, von Keramik und Porzellan. Der jetzt auch stillgelegte Betrieb war mit Neubauten usw. dort, wo vor Jahrhunderten die alte Muldenfurt verlief. (Mit den dazu geeigneten Colditzer Tonerden gelang zu Jahresbeginn 1708 übrigens dem umtriebigen, jetzt aber gefangengehaltenen, Alchimisten Johann Friedrich Böttger und seinem Nachfolger von Tschirnhaus in Dresden die Herstellung des ersten weißen Hartporzellans in Europa). Da ist weiter die alte Stadtmühle, späterhin als Schlobach´sche Nährmittel GmbH. Da ist auch jenes alte Haus am Markt, wo 1612 der spätere fürstlich-coburgische Kanzler August Carpzov geboren wurde. Und da sind noch das 1780 erbaute Schönfeldsche Haus (wo seit vielen Jahrzehnten das Stadtmuseum untergebracht ist) sowie das Johann David Köhler-Haus. Da sind die Stadtkirche von St. Egidien auf dem Kirchberg in der Stadtmitte, wie auch die sich auf dem städtischen Friedhof geradezu versteckende kleine Vorstadtkirche von St. Nikolai, eine romanische Basilika und ältestes Bauwerk in der Stadt. Und da ist natürlich auch das Rathaus am Marktplatz, mit seiner Rathausuhr, wo sich zum Gaudium der Einheimischen und der Fremden zwei putzige Ziegenböcke bei jedem Stundenschlag mit den Hörnern stoßen. Dann ist auch noch der alte Tiergarten im Hainbachtal, mit dem prachtvollen Baumbestand (als kurfürstliches Jagdgebiet Anfang des 16. Jahrhunderts angelegt) und dem Konzertplatz, wo traditionsgemäß das Pfingstsingen der Colditzer Liedertafel, eines Männergesangsvereines, stattfand. Nochmals erwähnt sei hier der Colditzer Forst als großes Landschaftsschutzgebiet, mit seinen Naturlehrpfaden, Teichen, Rastplätzen und hübschen Ausflugszielen ein wahres Refugium der Erholung sowie weithin bekanntes Wanderziel. Was jedoch

den wenigsten Naturfreunden bekannt sein dürfte – hier mittendurch zieht sich, nord-südlich verlaufend, die Wasserscheide zwischen den Flüssen Mulde und Pleiße.
Aber es gibt da noch ein weiteres, und leider recht dunkles, Kapitel zur Colditzer Schloßgeschichte zu schreiben; künftighin wohl auch verstärkt museal wie publizistisch aufzubereiten. Dazu kurz folgendes: Trotz fortschreitenden Verfalls der Bausubstanz waren gleich nach der 90er Politwende im Schlosse einige Räume und die Kirche vorgesehen, die museal nutzbar gemacht werden sollten. Und wie man mir auf Nachfrage seinerzeit bestätigte, wäre auch eine neue Museumskonzeption schon in Arbeit – nur fehle es eben leider sehr am Gelde. Immerhin sind ja auch schon in den Jahren davor viele ausländische Besucher, ganze Reisegruppen Engländer darunter, hierher nach Colditz gekommen (in den Jahren vor 1990 so um die 11 000 Touristen von der britischen Insel)! Woher rührt das Besucherinteresse dieser Leute? Sofern man militärhistorisch einigermaßen beschlagen ist, kann diese berechtigte Frage umfassend beantwortet werden. Stichwort „Oflag IV c"! Hier oben nämlich war während des 2. Weltkrieges ein so bezeichnetes Offiziersgefangenenlager im Wehrkreis IV/Sachsen stationiert. Nachdem sich bereits in den Anfangsjahren der nationalsozialistischen Diktatur auf dem Schlosse eines der vielen kleineren Konzentrationslager installierte, die auch in Sachsen einen besonders üblen Ruf hatten, wurde der altehrwürdige Bau mit Kriegsbeginn wiederum brutal zweckentfremdet. Von 1939 bis 1945 diente das Schloß als Kriegsgefangenenlager für Offiziere der Westalliierten; und hier waren zumeist Briten, aber auch Franzosen, Belgier, Holländer und schließlich sogar Polen untergebracht. Colditz galt einerseits als Muster- und Vorzeigelager; seine Insassen wurden entsprechend den Bestimmungen der Genfer Konvention, im großen und ganzen durchaus korrekt behandelt. Die Sicherheitsbestimmungen waren streng, die Wachmannschaften zahlreich. Dieses Lager – mit Stacheldraht eingezäunt und nachts mit großen Scheinwerfern angestrahlt – galt als ausbruchsicher. Aber Colditz hatte andererseits auch den inoffiziellen Status eines Sonderlagers für fluchtwillige Offiziere. Hierher kamen in der Regel solche Personen, die in anderen Lagern bereits einen Fluchtversuch geplant oder unternommen hatten. Oder aber solche, denen man so etwas zutraute. 1944 erging dann ein sogenannter „ Führerbefehl", nach dem aus dem gesamten Reichsgebiet besonders prominente Kriegsgefangene nach Colditz zu verbringen waren und jene dort dann zu besonderen Zwecken und auf Abruf zur Verfügung stehen sollten. Das klang gar nicht gut und war's auch nicht. Denn spätestens im Fall des französischen Generals Mesny trat der furchtbare Hintersinn dieser Maßnahme deutlich hervor. Was war geschehen? In Händen des französischen Maquis kam im Sommer 1944 der

deutsche Wehrmachtsgeneral von Brodowski auf schlimme Art zu Tode; der Franzose Mesny ist daraufhin als Sühnemaßnahme oder Repressalie ebenfalls für den Tod bestimmt worden. Über das OKW und Generalfeldmarschall Keitel wurde in Absprachen mit Hitlers Verbindungsoffizier zum Reichsführer SS Himmler, dem SS-Gruppenführer Fegelein sowie mit dem SS- Reichssicherheitshauptamt (vertreten durch Kriminalrat und SS- Oberführer Panzinger) das Folgende vereinbart: Der Kommandant des französischen Offizierskriegsgefangenenlagers auf dem Königstein erhielt in den ersten Januartagen 1945 die Weisung, besagten General Mesny per Autotransport nach Colditz verlegen zu lassen. Und während einer fingierten Autopanne wurde dann unterwegs der Gefangene „auf der Flucht erschossen". Glücklicherweise blieb so etwas doch wohl die Ausnahme und wurde nicht zur Regel; von russischen Kriegsgefangenen und ihrer oftmals tödlichen „Sonderbehandlung" ist hier aber nicht die Rede.

Wie bei der Menge verwegener Typen und Prachtsoldaten, die im Oflag IV zu Colditz auf engstem Raume konzentriert waren, kaum verwundern kann, sind da Fluchtversuche einzelner oder ganzer Gruppen nicht ausgeblieben. Sie sorgten für Aufsehen und erheblich Unruhe – auch unter der Bevölkerung von Colditz und Umland. Einzelnen glückte schließlich auch die Flucht aus dem Schlosse. So u. a. dem britischen Captain Patrick R. Reid (gest. 1990), welcher schon 1942 entweichen konnte. Reid kam in den Jahren nach dem Kriege desöfteren nach Colditz zurück, und er veröffentlichte später auch sein spannendes Erlebnisbuch über jene Zeit, das ihn berühmt machen sollte: „The Colditz Story". Von etwa dreihundert sorgfältig geplanten oder auch spontan eingefädelten Fluchtversuchen sind schließlich nur ca. 30 erfolgreich gewesen (immerhin 10%). Der wohl bekannteste Colditzer Kriegsgefangene war der Offizier Giles Romilly, Neffe des Deutschenhassers und britischen Kriegspremiers Winston Churchill. Der SS-Obergruppenführer und General der Waffen-SS Gottlob Berger, ab dem 1. Oktober 1944 von Hitler zum Chef des Kriegsgefangenenwesens befohlen, ließ Mitte April 1945 dann die prominenten Offiziersgefangenen auch aus dem Lager Colditz in Marsch setzen. Um sie in die sogenannte (aber eigentlich nicht existente) Alpenfestung zu verbringen, wo sie im Lager Lauffen/Tirol erneut interniert wurden. Berger, ein alter Feldsoldat und Schwerkriegsverwundeter des 1. Weltkrieges (wo er den zwar äußerst hartfightenden, aber zumeist fairen, Engländern direkt gegenüberstand), sabotierte anschließend sogar alle Führerbefehle zur Vernichtung der Gefangenen. Denn sowohl mündlich wie auch fernschriftlich wurde ihm am 23. April 1945 auferlegt, alle amerikanischen und britischen Offiziere mit Fluchtvergangenheit sowie andere Prominente liquidieren zu lassen (namentlich festgemacht waren zunächst 31 Personen; weitere nach Eigenermessen umzulegen). Berger jedoch verweigerte sich dem völkerrechtswidrigen Verbrechen und hintertrieb die Sache. Es gelang ihm schließlich, auf eigene Verantwortung und unter permanenter Gefährdung des eigenen Lebens als Befehlsverweigerer (schon war ihm des Führers treuer Bluthund Martin Bormann auf den Fersen), jene todgeweihten Männer über die nahe Schweizer Grenze in Sicherheit zu bringen. Also auch so etwas gabs damals, und das sollte nicht in Vergessenheit geraten.

Im Spätherbst 1945 sind auch in Sachsen (im Zuge der mit Brachialgewalt durchgeführten Landenteignungen bei der angeblich demokratischen Bodenreform in der SBZ) viele Großgrundbesitzer als vermeintliche „Junker“ und/oder Faschisten samt Familien, zumeist Alte, Frauen, Kinder, mit nur geringem Handgepäck von Haus und Hof, Gütern und Besitz vertrieben worden. Per Dekret regelrecht aus ihren bisherigen Wohnkreisen verbannt, sind sie in drei sächsischen Internierungslagern gesammelt und schärfstens bewacht worden. Es waren dies Radeberg und Coswig bei Dresden und eben das Colditzer Schloß. Vielfach schikaniert, ausgeraubt und geängstigt, sind die Bedauernswerten Ende Oktober bzw. Anfang November dieses Leidensjahres in Viehwagen der Reichsbahn gepfercht und auf die Insel Rügen deportiert worden. Eine Menge Angehöriger bedeutender sächsischer Adelsgeschlechter waren darunter. Diese 1414 Zivilinternierten sollten zunächst in der noch unfertigen Riesenanlage der KdF in Prora unterkommen. Sie wurden alsbald von den auch dort sich ausbreitenden Russensoldaten wieder hinausgeworfen und über die ganze Insel verstreut. Wo die großteils ihrer Familienoberhäupter beraubten Zwangssiedler nunmehr mit jeweils zugesprochenen 3 ha Landfläche als Neubauern leben und wirtschaften sollten. Nur wie? Die Männer und wehrfähigen Jugendlichen entweder im Kriege geblieben oder in Gefangenschaft gehalten; keinerlei Geräte oder Maschinen, kein Vieh als Zugmittel, keine eigene Hofhaltung. Alle Mühen und Sorgen auf den übermäßig strapazierten Schultern der Frauen und Mütter ruhend, die sich wirklich erstaunlich gut gehalten haben! Also es war zum Leben zu wenig, zum Sterben auch nicht zuviel; einige ältere und kranke Menschen sind dort oben denn auch verstorben. Es war diese ganze Aktion vermutlich eine von der sowjetischen MAD vorgeplante (hatten die russischen Bolschewisten doch bei der Ausrottung ihrer eigenen Großbauern und Kulaken früher schon entsprechende Verfahrensweisen erfolgreich durchexerziert). Und ihre willfährigen deutschkommunistischen Bundesgenossen unternahmen auch nichts gegen diese Vernichtung durch Arbeit und Not, ein absehbares Krepieren auf Raten. Rügen war ja schließlich so schön weit weg. Aber die Sachsen sind bekanntlich fix und helle! Trotz Sonderstempel in ihren Personalpapieren (mit Sichtvermerk „Darf die Insel Rügen nicht verlassen“) sind schon ein Jahr später die allermeisten der Internierten wieder von dort geflüchtet. Über den arg lädierten und scharf bewachten Rügendamm an den stationierten Russen vorbei, die mit Schnaps oder Geld bestochen wurden. Oder aber in Fischerbooten über die Ostsee gen Westen. Dankenswerterweise haben ihnen damals zahlreiche Rügener beherzt geholfen; Arbeiter, Fischer, Pastoren mit ihren evangelischen Kirchgemeinden. In die alte Heimat aber ist kaum einer zurückgekehrt. Blieb ihre Verbannung aus den Wohnkreisen und ihre generelle Verfemung doch bis in die politische Wendezeit 1989/90 in der Ex-DDR auf dem Papier rechtsgültig in Kraft. Was allein schon eine moralische Sauerei gewesen ist und wofür es keine ernsthafte Entschuldigung gibt. Ein heute leider kaum noch bekanntes, trauriges Kapitel ostdeutscher Zeitgeschichte...

Im Sommer des Nachwendejahres 1990 gründete sich hier im Sächsischen das erste Europa-Haus auf dem Territorium der binnen kurzem neuen Bundesländer – im Schloß zu Colditz! Und damit kündigte sich ein hoffnungsvoller Beginn europäischer Bildungsarbeit und zukunftsträchtigen Gemeinschaftsdenkens aller Menschen guten Willens auch im Muldenstädtchen an. Nur mit der hiesigen und ebenfalls aufblühensollenden Wirtschaftskraft war es gar nicht weit her. Denn bis Mitte der 90er Jahre ist dann in der eigentlich recht idyllischen Kleinstadt so ziemlich die gesamte tragende industrielle Infrastruktur weggebrochen: Bahnhof und Reichsbahngelände sicht bar verödet, VEB u. a. Betriebe machten dicht, auch das renommierte Porzellanwerk ging nach Versuchen eines privatisierten Neuanfanges später doch in Konkurs; das seit 1946 im Schloß befindliche Krankenhaus verlegte nach Grimma und auch ein Diakonie-Pflegeheim zog aus. Der gewaltige Schloßbau stand leer und seine schnell verfallende Substanz bröckelte lauthals vor sich hin. Vom Freistaat als Besitzer wurden dann wenigstens die Dächer neu gedeckt bzw. abgedichtet (und schon das kostete Millionen). Kurz und schlecht: Die Bausubstanz samt Bestand der altehrwürdigen Burganlage war gefährdet. Für eine wirklich umfassende Sanierung der Gesamtanlage wurden damals so um die 100 Millionen DM veranschlagt. Aus Finanznot konnte aber jeweils nur Schadensbegrenzung betrieben werden. Also suchten Stadt und Staat händeringend einen zahlungskräftigen Investor. Vom gestreßten Bürgermeister war in der Zeitung zu vernehmen, jeder könne das Schloß für eine symbolische Mark haben – und selbst die bekäme er noch geschenkt. Fand sich aber wohl keiner; wer bürdet sich schon ohne Weiterungen solchen mächtigen Rucksack auf?

Eine 1996 gegründete „Gesellschaft Schloß Colditz e. V." ließ dann Jahre später im Journal „Freizeit und Tourismus" 2/2001 (hrsg. vom äußerst rührigen Südraum-Verlag in Borna, der auch mit anderen wirklich gut gehaltenen Publikationen in der gesamten Region von sich reden macht) auf

Seite 32 alle interessierten Leser folgendes wissen; hier teilweise wörtlich zitiert: „Mit der Gründung der Gesellschaft Schloß Colditz e. V. am 22. April 1996 werden gemeinsame Ziele von Eigentümer (das Schloß Colditz ist Eigentum des Freistaates Sachsen und untersteht der Sächsischen Schlösserverwaltung Dresden), der Stadt Colditz und der Gesellschaft Schloß Colditz e. V. verfolgt. Diese Ziele sind schrittweise Sanierung des Schlosses im Rahmen der Erhaltung bzw. Wiedernutzbarmachung, Ansiedlung von Gewerbe im Schloß, Schaffung von Arbeitsplätzen im und für das Schloß, Anreicherung der Attraktivität des Schlosses und die Entwicklung von Leben im Schloß als kultureller Magnet der Region."

Entstanden sind bisher einige Verbundprojekte wie beispielsweise das Kulturzentrum. Dieses „befaßt sich mit der Organisation von Veranstaltungen und Ausstellungen und kümmert sich um die Zusammenarbeit mit Vereinen und Institutionen des Muldentalkreises und darüber hinaus. Das Schloß wird auch außerhalb der Region präsentiert, durch Öffentlichkeitsarbeit, Konzerte, Work- Shops und Seminare und den „Flüsterbogen", eine Zeitschrift der Gesellschaft Schloß e. V. Veranstaltungs- und Seminarräume stehen zur Verfügung. Fachtagungen können in kleinen Gruppen und bis zu 150 Personen in den Räumen des Schlosses mit diesem einmaligen Ambiente stattfinden." Außerdem befindet sich im Schloß eine Kostümwerkstatt sowie ein Dentalhistorisches Museum mit gruseligen früheren „Folterinstrumenten" der Zahnärzte (Anm. des Autors) im Kanzleihaus. „Ein weiteres Projekt ist „Design Mache´", welches die Ausgründung eines kleinen Unternehmens und die Schaffung von gewerblichen Arbeitsplätzen für Frauen in Colditz zum Ziel hat. Ob Puppenproduktion, Herstellung von Souvenirartikeln und Bastelsets, das alles können Sie in der Schauwerkstatt kaufen oder ansehen."

Und natürlich gibt´s noch (oder wieder) die Ausstellung zu den Kriegsgefangenen: „Das Fluchtmuseum im Schloß Colditz ist heute ein Touristenmagnet. Es zeigt eine bemerkenswerte Ausstellung aus der Zeit als Gefangenenlager, u.a. selbstgefertigte Werkzeuge, selbstgenähte Uniformen und eine Fotodokumentation zu Fluchtversuchen."

In der „Leipziger Volkszeitung" vom 11. April 2002 ist ein kleiner Artikel von Interesse, der besagt: „Zehn Millionen Euro zum Erhalt des Schlosses Colditz. Für das über Deutschlands Grenzen hinaus bekannte Schloss Colditz im Muldentalkreis stellt der Freistaat Sachsen zehn Millionen Euro zur Verfügung. Damit soll vor allem der Erhalt des historisch wertvollen Baus finanziert werden. Es ist geplant, in einem Teil des Schlosses eine „Europäische Jugendherberge" einzurichten. Weitere Projekte zur künftigen touristischen Nutzung sind im Gespräch, darunter Anbau und Ausschank in Colditz angebauten Weines." In vino veritas!

rechts: Zentrale sächsische Territorien im 16. Jahrhundert

Ernestiner Kurfürst Johann Friedrich I. („der Großmütige“)

unten: Ritterliche Tracht der Kohlhase-Zeit

S. 89: Farbig bemaltes Glasfenster in der Grimmaer Klosterkirche St. Augustin. Hier weilten die abgebildeten, miteinander befreundeten Reformatoren und frühbürgerlichen Humanisten, Martin Luther (1483–1546) und Philipp Melanchthon (1497–1560) desöfteren. Letzterer schrieb sogar begeistert, daß er von allen Städten des Meißner Landes sich am liebsten die Muldenstadt erwählen möchte! Vielleicht auch deshalb, weil die Grimmschen seit jeher ungeniert ihre Stadt für die älteste der Welt ausgeben – stünde es doch schon so in der Bibel. Wo nämlich im 4. Kapitel des alttestamentarischen Ersten Buches Mose dokumentiert ist, daß der jähzornige Kain seinen sanften Bruder Abel auf dem Felde erschlug, in Grimme! Na bitte - Ersterwähnung sogar im Sachsendialekt. Unseren Doktor Martinus, als großen Sprachschöpfer und Volksbildner, dürfte solches herzlich gefreut haben.

Brandenburg
Belzig
Teupitz
Beesk
1575
Luckenwalde
Treuenbrietzen
an Brandenbg.
Zinna
1680
Jüterbog
1635
Baruth
Fsm. Querfurt
Lübben
Ma
Zerbst
Elbe
Coswig
Wittenbg.
Br.
Dessau
Bärwalde
Dahme
Luckau
Lübbenau
Köthen
Kurkreis
Gräfenhainichen
Sonnewalde
Kalau
Nied
Annaburg
Prettin
Finsterwalde
Zörbig
Bitterfeld
Düben
Dobrilugk
Brehna
Delitzsch
Torgau
Senftenberg
Landsbg.
Liebenwerda
Eilenburg
Belgern
Elsterwerda
Halle
Ruhland
Schkeuditz
Bm. Meissen
1581
Mühlberg
Breitenfld.
Merseburg
Leipzig
Wurzen
Strehla
Zeithain
Grossenhain
Ma
Altranstädt
Hubertusburg
Oschatz
Lützen
Grimma
Bm. Meiss.
Mügeln
1581
Königsbrück
Weissenfels
Leipziger Kreis
Meissnischer Kreis
Naunhof
Lommatzsch
Moritzburg
Pegau
Leisnig
Meissen
Bischofsw
Naumburg
1564
Groitzsch
Kolditz
Lucka
Borna
1564
Döbeln
Rosswein
DRESDEN
Bm
Zeitz
Bm. Naumbg.
1564
Rochlitz
Waldheim
Kesselsdf.
Pillnitz
Wechselbg.
Altenburg
Schmölln
Tharandt
Dohna
Pirna
Penig
burg
Freiberg
Maxen
Königste
Gera
Waldenbg.
Schön.
1740
Schellenberg
Glashütte
Ronneburg
Chemnitz
Frauenstein
Reuss
Glauchau
Lichtenstein
Nollendorf
Kreis
1567. 1660
Weida
Werdau
Sayda
Zwickau
Kuhn
Auma
Wildenfels
Marienberg
Teplitz
Lande
Greiz
Erzgebirgischer Kreis
Schneeberg
Annaberg
BÖHMEN
Schleiz
Neustädtel
Crottendorf
Biela
1559
Schwarzenbg.
Brüx
Vogtländischer Kreis
Plauen
Johann Georgenstadt
Oelsnitz
zw. 1556 u. 1569
Klingenthal
Gottesgab
Kaaden
Eger
Joachimsthal
Saaz
Hof
Adorf
Saale
Asch
Bayreuth
Eger
O.Gl.: Ober-Gleichen 1631 als gothaisches Lehn an Hohenlohe
S.: Unter-Gleichen " " Schwarzbg. Sondersh
Gleichen-Unt.-Gleichen " mainzisches " Hatzfeld, 1794 an Ma
H. Blankenhain " " " "
U.Kr.: Unter-Kranichfeld " " "
Br.: zu Brandenburg, Mz.: zu Mainz, O.Kr.: Ober-Kranichfeld
Massstab 1:2 000 000
0 10 20 30 40 50 60 70 80 90 100

Ein Haus mit Tradition in Bad Düben

„Wer weiß, ob wir uns wiedersehn – am grünen Strand der Spree". Gutschein der Stadt Fürstenwalde/Spree über 75 Pfennige (als inflationäres Städte-Notgeld von 1921)

Die letzten Schiffsmühlen in Sachsen:
oben: neuaufgebaute und rekonstruierte Schiffsmühle im Landschaftsmuseum Bad Düben (als letzte noch einigermaßen original erhaltene Holzkonstruktion ihrer Art in Deutschland)
unten: Nachbau einer (1844–1871 bei Höfgen in der Mulde schwimmenden) Schiffsmühle; am Ufer fest verankertes technisches Denkmal und als Kleinstmuseum ein Touristenmagnet

Stadtkirche St. Nikolai in Bad Düben

Die wuchtige Stadtkirche der Pfarrgemeinde St. Nikolai ist gegen Ende 15. Jahrhunderts am heutigen Standort errichtet worden. Abgebrannt nach dem 30jährigen Kriege, hat man sie erst wieder Ende 17. Jahrhunderts neu erbaut. Ausmalung ihrer Kassettendecke erfolgte im barocken Kunststil. In der sogen. „Franzosenzeit" war der südseitig angebaute Kirchturm 1809 eingestürzt und hatte dabei einige Menschen erschlagen sowie das Gotteshaus zertrümmert. Nach preußischer Einverleibung auch des Dübener Ländchens erfolgte dann von 1816–1819 umfassender Neuaufbau im Stile des Klassizismus; und zwar jetzt mit westseitigem Turm. Als nunmehrige Zentralkirche ausgestaltet (Gotteswort und Gottesdienst sollten in der Gemeindemitte Gehör finden) stehen sich also der typisch sächsische Kanzelaltar und die Singchor-Empore samt Orgel im Kirchenschiff mittig gegenüber. Auf den ersten Blick immerhin eine etwas ungewöhnliche Raumanordnung! Der Kirchturm bekam erst 1887 seinen heutigen spitzen Turmhelm aufgesetzt. 1906/07 erfolgte dann die Neuausmalung von Decke und Emporenbrüstungen im damals gängigen Jugendstil. Zu DDR-zeiten (anfangs der 60er Jahre) ist eine nicht unbedingt sachgemäße – aber immerhin – Außenrenovierung der Kirche erfolgt. Diese macht insgesamt aber keinen schlechten Eindruck und ist stadtbildprägend. Bad Düben hat außerdem noch eine Katholische Kirche (von Umsiedlern nach Weltkriegsende in den Jahren 1955–1957 für eine stetig wachsende katholische Gemeinde gebaut) sowie eine Kirche für die am Ort seit 1928 aktive neuapostolische Gemeinde.

Wittenberg
Bitterfeld
Torgau
183
P
Am Anger

Der „Kohlhasen-Krug“ in Wellaune

Karl Wilhelm Ferdinand von Funck als Generaladjutant des Sachsenkönigs Friedrich August I. (in neuer Uniformierung bei Reorganisation der Kgl. Sächs. Armee nach 1810)

Kaiser Napoleon hat ausgekämpft

Kaiser Napoleon I. mit Generalsgefolge

rechts: Gefechts-und Standortkarte der Truppenbewegungen zur Leipziger Völkerschlacht, am Freitag, 15. Oktober 1813 (abends)

Napoleon an der Quandtschen Tabaksmühle, 18. Oktober 1813

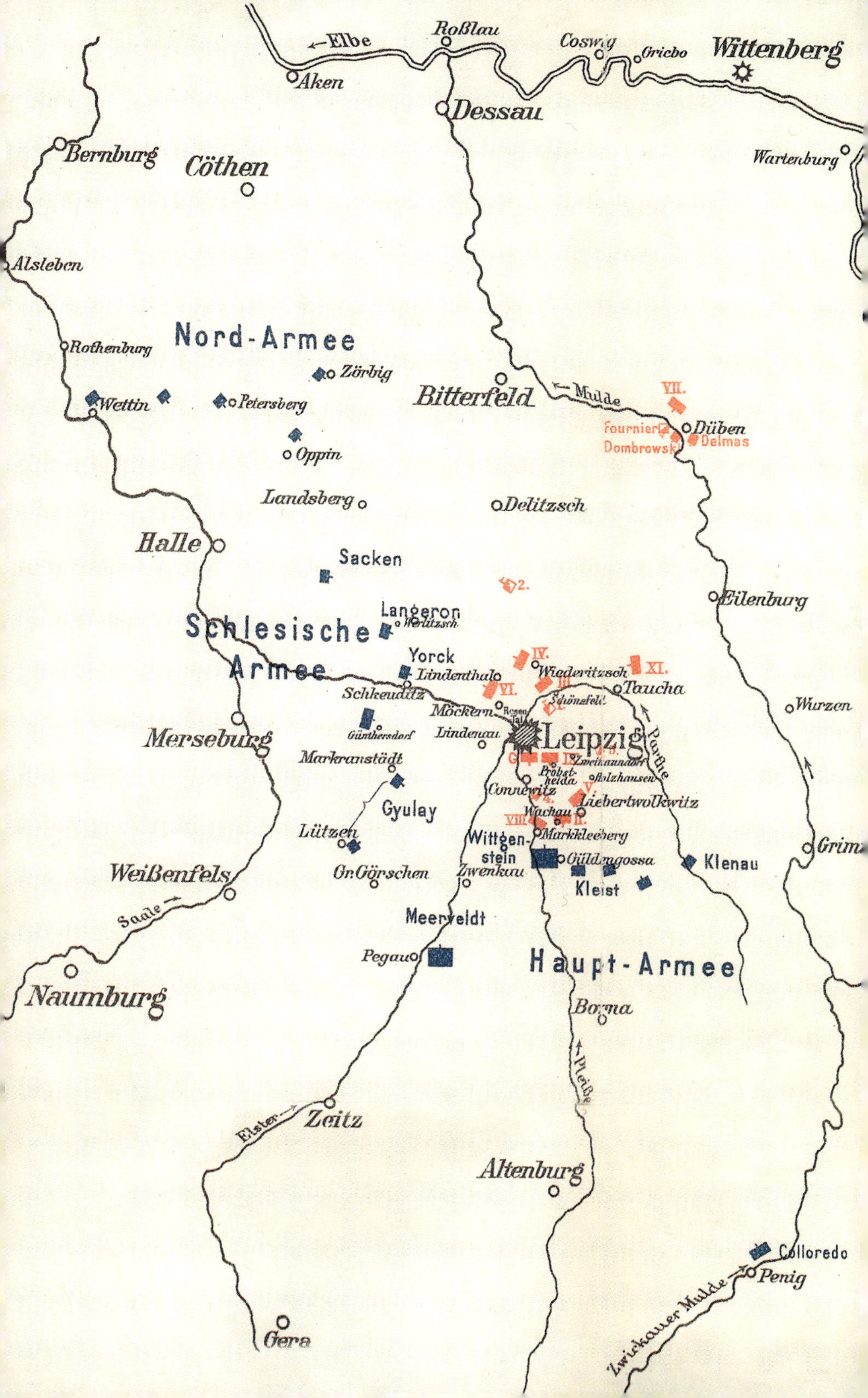
Elbe
Roßlau
Coswig
Griebo
Wittenberg
Aken
Dessau
Bernburg
Cöthen
Wartenburg
Alsleben
Nord-Armee
Rothenburg
Zörbig
Wettin
Petersberg
Bitterfeld
Mulde
VII.
Düben
Fournier
Dombrowski
Delmas
Oppin
Landsberg
Delitzsch
Halle
Sacken
2.
Eilenburg
Langeron
Werlitzsch
Schlesische
Armee
Yorck
IV.
Lindenthal
Wiederitzsch
XI.
VI.
III
Taucha
Schkeuditz
Schönefeld
Wurzen
Möckern
Rosental
Parthe
Günthersdorf
Lindenau
Leipzig
Merseburg
G
IX
Zweinaundorf
Markranstädt
Probstheida
Holzhausen
Connewitz
V.
Gyulay
4.
Liebertwolkwitz
Wachau
VIII
II.
Lützen
Markkleeberg
Grim
Wittgen-
stein
Güldengossa
Klenau
Weißenfels
Gr. Görschen
Zwenkau
Kleist
Saale
Meerveldt
Pegau
Haupt-Armee
Naumburg
Borna
Pleiße
Zeitz
Elster
Altenburg
Colloredo
Penig
Zwickauer Mulde
Gera

Burg und Landschaftsmuseum der Kurstadt Bad Düben; Sommer 1999 nach längerer Sanierungsphase umgestaltet und neu eröffnet

Blücherstein in Bad Düben

Frühling über den Dächern von Eilenburg

Denkmal in Doberschütz für die Opfer zweier blutiger Weltkriege im 20. Jahrhundert

Grimmas altneue Fürstenschule St. Augustin am Muldenufer (Aufnahme vor der großen Flut von 2002)

rechts: Muldenseitiger Blick auf ein weithin berühmtes Wahrzeichen der Kreisstadt Grimma, die hoch ans Ufer hingebaute Gattersburg

Über reizvoller Innenstadt thront das wuchtige alte Schloß zu Colditz

Bis 1894 war das mittlere Bauelement der alten Pöppelmann-Brücke als massiv hölzerner Brückenkasten gestaltet; etwa in der Art anderer überdachter Holzbrücken in Sachsen

Späterhin bildeten, dem zunehmend stärkeren Verkehrsaufkommen geschuldet, eiserne Bögen und Träger ein stabiles Brückenmittelstück über den oft hochwasserführenden, unruhigen Muldenfluß

Nach Plänen von des Starken August Dresdener Chefarchitekten und Oberlandbaumeisters Matthäus Daniel Pöppelmann (er baute seinem König u. a. den Zwinger, Schloß Pillnitz, Jagdschloß Moritzburg im gefälligen sächsischen Barockstil) wurde auch die später nach ihm benannte steinerne Bogenbrücke errichtet. Von 1716 bis 1719 ist dann Grimmas berühmter Muldenübergang hochgezogen worden. Aber so werden wir die altbekannte Brücke, gleichzeitig bautechnisches Denkmal sächsischer Ingenieurskunst, nie wieder sehen und begehen können.
Kurz noch etwas zur jüngeren Geschichte: Beim Einmarsch der Amerikaner zu Ende des Zweiten Weltkrieges auch in Grimma sprengte die deutsche Wehrmacht alle Muldenbrücken. Jedoch wurde die verkehrswichtige Pöppelmannbrücke (an deren Ostzugang sich alsbald heranrückende Russen festsetzten) schnellstens mittels hölzerner Notstege und schwimmender Pontons einigermaßen wieder begehbar gemacht. Viel später dann zu DDR-zeiten, trotz chronischen Materialmangels usw. in obiger Form und Schönheit geradezu liebevoll repariert und restauriert. Von der schlimmen Jahrhundertflut in jener Unglücksnacht des 12. auf den 13. August 2002 ist die Brücke aber so sehr zerstört worden, daß sich nunmehr ein totaler Neuaufbau erforderlich macht. Wie sang der olle ehrliche Theodor Fontane doch in einer seiner Meisterballaden und in ahnungsschwerer Demutshaltung (bezogen auf folgenschwere Zerstörung einer britischen Eisenbahnbrücke durch grausige Naturgewalten im tiefen 19. Jahrhundert)? „Tand, Tand – ist das Gebilde von Menschenhand!“ Leider sollte der poetische Seher wieder einmal recht behalten ...

Sachte vor sich hin gammelndes Bahngelände mit stillgelegten Haltepunkten: Hier rollen doch höchstens noch Geisterzüge. Zwischen den rostenden Schienen blüht, grünt und sprießt es aber fröhlich. Ein „gefundenes Fressen“ für den Eisenbahnfreund - sofern dieser vegetarisch lebt ...

Zackt die Schiene wie ein Speer –
das beruhigt den Verkehr!

Auf vielen der kleineren Bahnstrecken im weiten Muldenland stehen heute die Signale auf „Halt" und sind die Weichen geschlossen

Blick über die Mulde auf Wurzen mit seinen zwei dominanten Mühlen-Türmen am Stadteingang

rechts: Imposantes Schloß in Püchau. Die Prunkfassade am Westflügel ist im britisch-neogotischen Windsorstil erbaut worden

März 2003: Im Wurzener Schloß sind die Restauratoren zugange, mit Arbeiten für eine moderne Nobel-Gastronomie in historischem Ambiente. Denn als quasi Nachfolgebau der Meißner Albrechtsburg gilt das von 1491 bis 97 unter dem rührigen Bischof Johann VI. von Saalhausen errichtete Schloß als eines der ältesten in Sachsen.

Schloß und Jugendherberge in Mutzschen

Schloß in Trebsen

Die nach der 1989er Wende neu entstandenen Kurkliniken in Bad Lausick

Seiten 112/113: Die St. Kilianskirche in Bad Lausick wird 2005 immerhin 900 Jahre alt. Im 12. Jahrhundert als dreischiffige romanische Pfeilerbasilika mit kreuzförmig angeordnetem Querhaus gebaut und spätem gotischen Flügelaltar versehen, beherbergt sie eine der sächsischen Orgeln Gottfried Silbermanns. Und zwar mit im Wortsinne bewegter Vergangenheit. Ursprünglich für eine Chemnitzer Kirche gebaut (datiert 1722), wurde sie von da aus nach Auligk weggegeben (etwa halben Weges zwischen Pegau und Lucka gelegen). Dort später von Johann Trampeli in Teilen ergänzt, hat man sie wieder umgesetzt. Seither spielt sie in der Lausicker Stadtkirche - und müßte wegen totalem Holzwurmbefall eigentlich ganz dringend restauriert werden!

In der sehenswerten Pomßener Dorfkirche, als spätromanischer Wehrbau mit gewaltigem Westturm, samt Pfarrgut und Friedhof ein beeindruckendes Bauensemble bildend, befindet sich die älteste noch funktionstüchtig bespielbare Orgel Sachsens. 1683 hier eingerichtet, ist sie aber schon ca. ein Jahrhundert früher als Renaissance-Instrument gebaut worden.

PASSE

Renaissance-Schloß Thallwitz (16. Jhd.). Seit 1791 im Besitz der fürstlichen Reußen. In SBZ-Bodenreform nach Kriegsende 1945 entschädigungslos enteignet und bis 1994 als „Wolfgang-Rosenthal-Klinik" für Gesichts- und Kieferchirurgie genutzt. Schloßpark im englischen Stil.

links: Das seit vielen Jahren in Neuaufbau und Renovierung befindliche Schloß zu Pomßen. Eine frühere Wasserburg, im 16./17. Jahrhundert als Renaissanceschloß für die hierzulande sehr einflußreichen Herren von Ponickau ausgebaut, wurde das Schloß dann um die Mitte des 19. Jahrhunderts vom bürgerlichen Rittergutsbesitzer Dietze im anglisierten neogotischen Landhausstil umgestaltet.

Rokoko-Schloß Nischwitz mit englisch stilisiertem Landschaftspark. Diente in DDR-Zeiten u.a. als Feierabendheim (bis 1996). Angehörige der infolge Bodenreform enteigneten letzten Besitzerfamilie von Zimmermann haben jetzt (neben vielen weiteren Bodenreformopfern) vor dem Europäischen Gerichtshof für Menschenrechte in Straßburg gegen die Bundesrepublik Deutschland Klage eingereicht, um weitergehende Entschädigungen für erlittene Grundstücksverluste usw. zu erhalten.

Schloß in Machern, mit Freimaurer-Geheimnis

Das Gurlitt-Haus auf der Dorfstraße in Nischwitz. Hier wurde 1850 der berühmte sächsische Kunsthistoriker und spätere Professor an der Technischen Hochschule zu Dresden, Cornelius Gurlitt, geboren (1938 gest.). Er hinterließ uns ein sehr bedeutendes sächsisches Inventarisationswerk zur Kunstgeschichte Deutschlands - und „Der Gurlitt" ist noch heute unverzichtbarer Wegbegleiter für Heimatforscher, Architekten, Wissenschaftler, als „Beschreibende Darstellung der älteren Bau- und Kunstdenkmäler des Königreiches Sachsen. Bearb. R. Steche und C. Gurlitt; Heft 1–41, Dresden 1882–1923."

Winterliches Flußidyll (Januar 2004): die vereiste Mulde bei Kollau

Grimmas berühmte Hängebrücke übers unruhige Muldenwasser (Aufnahme vor der großen Flut des Jahres 2002)

Neuer Mut unter weiß-grünen Farben!

DES SACHSENKÖNIGS BLAUE REITER

Rudolf G. Binding und die Grimmaer Husaren

„Auf dem Pferde ist das Wetter immer besser als auf dem Wege"

BINDING – Rittmeister und Poet dazu

Ausführliche Anmerkungen zu Leben und Werk eines konservativen Dichters, Herrenreiters, Husarenoffiziers im Deutschland des ersten Drittels 20. Jahrhunderts

Rudolf Georg Binding, als Mensch wie auch Künstler Deutscher, Europäer, Kosmopolit, wurde am 13. August 1867 im schweizerischen Basel geboren. Wo sein Vater Karl Binding mit 26 Jahren eine ordentliche Professur als Jurist und Strafrechtler bekam. Und dort zum Bekanntenkreis des ebenfalls professoralen Friedrich Nietzsche zählte. Bindings Eltern stammten aus alteingesessenen Frankfurter Bürgerfamilien. Aus dem alle überragenden Schlagschatten seines Übervaters vermochte sich Binding, der Sohn, lebenslang nicht so recht zu lösen. Schon als Kleinkind dauernd auf Umzugsreisen, kam er über die Stationen Frankfurt/Main (wohin es ihn auch später noch desöfteren zurückzog), Straßburg im Elsaß (hier lehrte der Vater an der neugegründeten Reichsuniversität), Freiburg i. Breisgau (hier starb der Vater dann später nach dem 1. Weltkrieg) schließlich nach Leipzig. Und hier verbrachte er seine Kinder- und Jugendjahre, denn hier wirkte der Vater als inzwischen wertgeschätzter Hochschullehrer an hiesiger Universität – deren Rektorat der Jurist turnusgemäß auch für ein Jahr übernahm. Dahinein fielen dann 1909 die Jubelfeiern zum 500jährigen Gründungstag der Alma mater lipsiensis. Der reitbegeisterte Pferdekenner, -liebhaber und -narr Binding junior diente voller Patriotismus und militanter Begeisterung als Reserveoffizier bei den in Sachsen weithin bekannten Grimmaer Husaren; er brachte es im Regiment immerhin bis zum Rittmeister und zeitweilig diensttuenden Schwadronschef. Zivilberuflich jedoch hielt er sein Leben in einer gewissen freiberuflichen Schwebe: nichtabgeschlossene Jurastudien in Tübingen und Leipzig (Referendar-Examen gerade so abgeschlossen; vor der 2. großen Staatsprüfung kapitulierte er) –

anschließend ein ebenfalls rasch wieder abgebrochenes Medizinstudium sowie einige sporadische Studien der Kunstgeschichte in Berlin zeugen von Unentschlossenheit. Nach standesgemäßer, wenngleich reichlich verspäteter, Bildungsreise für junge Männer aus gutbürgerlichem Hause nach Italien und Griechenland, also zu den altantiken Kunststätten, lebte er ab 1908 dann quasi vor Ort, in Florenz. Hier machte er sich einen ersten Namen als Übersetzer von D´Annunzio. Ab 1909 veröffentlichte Binding in rascher Folge eigene Werke (Novellenbändchen „Legenden der Zeit" in Leipzig erschienen); seine Erzählungen, Gedichte, Essays wurden sehr bald bekannt und verbreitet. Somit war er bereits vor dem Weltkrieg als Dichter anerkannt. Seit 1910 im kleinen hessischen Ort Buchschlag, nahe Frankfurt, ansässig und hier später auch als Gemeindevorsteher wirkend. In den großen Krieg zog der Dichter als Kavallerist und überalterter Kriegsfreiwilliger, zwar nicht gerade mit jugendlich überschäumender Begeisterung (eher etwas mollgestimmt); jedoch stellte sich der altgediente Husarenrittmeister zum sich abzeichnenden Waffengang aus dem Gefühl heraus, seine nationalpatriotische „verdammte Pflicht und Schuldigkeit" tun zu müssen und als bekennender Deutscher in diesen sozusagen heiligen Krieg zu ziehen, um sich in jenem als Mann wie Soldat bewähren zu sollen und letztlich den Krieg mitgewinnen zu wollen. Ihm gleich taten es viele seiner Dichterkollegen; wie z. B. Hermann Löns (geb. 1866, der als Kriegsfreiwilliger in einem niedersächsischen Infanterie-Regiment 1914 vor Reims fiel) und Gorch Fock (Pseud. für den 1880 geb. Hans Kienau, der als Matrosenfreiwilliger 1916 mit dem Kreuzer „Wiesbaden" in der Skagerak-Seeschlacht unterging) – beide ebenfalls schon ältere Herren, gemessen am Durchschnittsalter der mit ihnen ausziehenden jungen Soldaten.
Über seinen ganz privaten „Auszug in den Krieg 1914" schrieb R. G. B. in lyrischer Form so, sich selbst als heiligen Reiter und bewehrten Krieger sehend (hier ein Auszug aus seiner Gedichtsammlung „Stolz und Trauer" 1919/20):

„... Nun bin ich ledig aller Lust / und Gunst der Welt und Gunst der Fraun... Verglimme hinter mir ein Herd! Die Sorge sitzt nicht mit zu Pferd / Ich bin ein heiliger Reiter / Mein Sattel ist für sie zu knapp. Greif aus mein Tier, greif aus mein Rapp / greif aus und hilf uns weiter.
Mein Herz hält Schritt mit meinem Pferd. Die Erde zittert. Zittre Schwert. / Ich bin ein heiliger Reiter / Weiß nicht mehr was mich vorwärts treibt: Der Beste ist der Sieger bleibt / Und ich begehr nichts weiter."

Der sichtlich gealterte Schriftsteller Rudolf G. Binding während einer letzten öffentlichen Lesung in seinem Sterbejahr 1938

„Sommerleutnant", Reserveoffizier und späterer Husarenrittmeister R. G. Binding bei einer seiner zahlreichen Wehrübungen in der Garnison Grimma

Als Schriftsteller wurde Binding vom durchaus kraftvoll machtbewußten, konservativ-nationalen Zeitgeist deutschen Bildungsbürgertums im wilhelminischen Kaiserreich für's ganze Leben entscheidend geprägt. Sein Gesamtwerk weist ihn aus als Skribenten mit aristokratischem Diktus, männlich-herbsoldatischem Stil, künstlerisch gepflegten Sprachschöpfungen wie auch ästhetischer Empfindsamkeit in fast vollendeter Formenharmonie. Seit den 20er Jahren – und über seinen Tod hinaus – bis etwa Ende der 30er gehörte R. G. B. zu den wohl meistgelesenen, stets gutverkäuflichen, Autoren im Lande. Anders als junganarchisch bewegte, ausgesprochen linkslastige Literaturkreise und überhaupt „moderne" Künstler (die Masse von ihnen törichte Gemütskommunisten und ihre Vorväter im Geiste schon vom alten Karl Marx als solche herb verspottet), samt den von ihnen geschickt ferngesteuerten wie manipulierten Massenmedien später dreist behaupten, war Binding weder ein Nazi noch ein Kriegsverherrlicher. Auch diente er sich den Nazioberen nicht vordergründig an. Freilich hat er sich vom NS-Kulturbetrieb propagandistisch einspannen und damit benutzen lassen. Aber er ging halt nicht protestierend ins Ausland, um von dort und in relativer Sicherheit seine im Lande verbliebenen Kollegen lauthals zu schmähen. Sondern er mußte sich in Deutschland schon irgendwie anpassen, um weiterarbeiten und damit leben zu können. Es kam immer auf den Grad solcher Anpassung an. Welche ja neben ihm zeitweilig noch viele andere betrieben. Es sei hier nur an Ehm Welk, Erich Kästner, Hans Fallada, Ernst Wiechert, Ludwig Finck, Kurt Arnold Findeisen (auch der Münchener Kabarettist und Vortragskünstler Weißferd'l, alias Ferdinand Weisheit, zählte zu dieser Kategorie) und Börries von Münchhausen erinnert – ohne werkinhaltliche Parallelen zwischen ihnen zu ziehen.
Allerdings begrüßte Binding zunächst, wie wohl die Masse des Volkes, die 1933er Machtergreifung der Nazis. Weil jene versprochen hatten, daß mit ihnen alles anders und besser werden sollte, im wirtschaftlich-politisch darniederliegenden Deutschland; und daß nunmehr wieder Ordnung ins hektisch verlärmte Parteienchaos und in die kränkelnde Weimarer Demokratie der sogenannten „Novemberverbrecher" kommen sollte. Daß solcherart propagierte, kraftvolle Führerherrschaft des ehemaligen Frontsoldaten Adolf Hitler (welchem alle oder jedenfalls sehr viele seiner damaligen Frontkämpferkameraden eine ehrliche, faire Chance geben wollten, so auch R. G. B.) in eine geradezu mörderische, unerhörte wie unrechtsstaatliche Gewaltpolitk zunächst gegen das eigene Volk, dann gegen andere Völker und Rassen ausarten sollte – dies konnten anfangs nur die allerwenigsten Menschen im In- wie im Auslande vorhersagen. Die deutschen und europäischen Kommunisten jedoch hatten sich durch ihre sture Stalinhörigkeit samt dessen Kominternpolitik bei fast jedermann schwer diskre-

ditiert. Den Krieg als letztes Mittel der Machtpolitik (s. Clausewitz) lehnte ein Binding allerdings nicht ab. Machten dieses die von ihm so geschätzten Engländer als Herrenvolk mit großem Kolonialimperium ihm wie aller Welt andauernd vor; wobei die Briten bekanntlich alles andere als zimperlich waren, im Umgang mit Andersrassigen und der nichtweißen unterdrückten Bevölkerung ihrer Einflußsphäre. Und so hatte R. G. B. bereits 1915, also mitten im 1. Weltkrieg, eine Art Religion der Wahrhaftigkeit für alle Völker gefordert, um damit künftige Kriege vielleicht verhindern zu können. Denn Krieg als solchen, mit all seinen materiellen wie menschlichen Verwerfungen, den geistig-philosophischen und künstlerisch-ästhetischen Verfallserscheinungen und Verwüstungen, hatte er zur Genüge selbst miterlebt, um ihn verachten, ja vermissen zu können.
Dafür spricht ganz deutlich ein Anti-Kriegsgedicht (in Bindings 1937er Gedichte-Gesamtausgabe, S. 126; entnommen aus „Stolz und Trauer", Gedichte von 1919/20); hier nur ganz kurze Auszüge:

„Letzte Rekruten
Sie nahen schon den anderen Toten ... Die Toten ziehn die Toten schwer, die Toten ziehn sie hinterher ... und gleichen schon den andern Toten, den hundert Hunderttausend Toten, und wissen schon daß tausend fielen und hundert Hunderttausend fielen ..."

Binding selbst sah sich stets als Reichsdeutscher im kaiserlich wilhelminischen Sinne. Folgerichtig begrüßte er, in zugegeben total fehlgeleiteter Erwartung des Kommenden, eine nationale Erhebung wie Erneuerung nebst wiedererwachendem Selbstwertgefühl seines so arg gedrückten und gedemütigten Vokes nach verlorenem Kriege samt anschließendem ungerechten Versailler Knebelvertrag seitens anmaßend-haßerfüllter Siegermächte. Dieser anfänglichen Aufbruchstimmung in breitesten Bevölkerungskreisen gibt der Dichter nun auch seine literarische Stimme (auf S. 273 aus o. erw. Gedichtsammlung; von 1933 datiert und als „Marschlied den Rhein hinab" überschrieben; hier ebenfalls im Kurzauszug):

„Wir schreiten aus!
... Daß keiner sich erdreiste, wir sind von gleichem Geiste, wie um uns Strom und Land.
Wir segnen deutsches Schaffen. Wir wahren deutsche Waffen und fühlen beider Kraft in unsrer Hand."

Also verwundert es nicht, daß der Ehrendoktor an der Frankfurter Universität (1927) und Goethemedaillen-Inhaber (1932), der populäre Dichter

und Frontsoldat seine Landsleute in seiner 1933er „Antwort eines Deutschen an die Welt“ – als Reformante gegen den von ihm eigentlich wertgeschätzten französischen Dichterkollegen Romain Rolland – lebhaft verteidigte. Und zwar gegen dessen verbale Absage an die Nazis und deren völkischen Chauvinismus samt sich bereits abzeichnenden Antisemitismus (veröffentlicht in der Kölnischen Zeitung vom 14. Mai 1933). Solch mannhaftes Eintreten für die Deutschen (auch wenn der Franzose Recht hatte, fühlten sich jene in ihrer Gesamtheit beleidigt wie beschimpft und reagierten säuerlich bis ablehnend) förderte seine Beliebtheit in Leserkreisen nur. Und 1934 wurde R. G. B. neuernannter Vizepräsident der – von allen politischen Exulanten, von linken wie sonstigen Nichtsympathisanten der Nazis zwangsgesäuberten – Akademie für Deutsche Dichtung. Obwohl er in Briefen die vorhergehende Auflösung der Preußischen Dichterakademie bedauerte, sich auch für einige geschaßte oder freiwillig abgegangene Kollegen (vorsichtig) einsetzte. Man wird bei Binding letztlich also ein recht gespaltenes Verhältnis zur geistigen Kultur des Ns-Regimes – soweit man überhaupt von solcher sprechen kann – konstatieren müssen. Denn ganz ersichtlich stieß der zumeist derbproletarisch daherkommende Habitus ihres geschäftigen Kulturbetriebes samt neuuniformierter Kulturbonzenschaft den feingeistigen Dichter ab. Ebenso wie ein sich zunehmend verstärkendes ideologisch-rassenpolitisch verquastes Gewusel mit andauernden Aufmärschen im Braun- oder Schwarzhemd unter Totenköpfen, mit asphaltklopfenden Schaftstiefeln, Fackelgeflacker, Trommelgedröhne sowie dem unerläßlichen, gellendhysterischen Gebrüll dumpfbackiger Funktionsträger und ihrer ebenso primitiven, bierseligen Gefolgschaften. Andererseits imponierten (nicht nur) ihm die vielen, nichtwegzuleugnenden außenpolitischen Erfolge der neuen Reichsführung, ein rasch einsetzender wirtschaftlicher Aufschwung im Lande, verbunden mit vorsichtigen Anfängen einer flexiblen Sozialpolitik für die kleinen Leute. Auch wenn sie zeitgemäß in Uniformen (Beispiel Kriegsopferfürsorge) und mit Ordenszeichen daherkam (Beispiel Mutterkreuze). Nicht zu vergessen das kulturpropagandistisch hochgejubelte KdF-Programm der Nazis. Vorzüglich aber begeisterte den alten Soldaten die straffe, militärische Aufrüstung Deutschlands zu einer europäischen Großmacht!
Darum wohl ließ sich der Autor gar nicht so ungern in die von den Nazis hofierte Gattung der Kriegsdichter einreihen (neben Kollegen wie Alverdes, Beumelburg, Brehm, Dwinger, Ettighofer, v. d. Goltz, E. Jünger, Koll, Langsdorff, von Mechow, Schauwecker, Zöberlein u. v. a.); das war damals „in“ und brachte eine Menge Käufer und / oder Leser zusätzlich. Denn als freier Schriftsteller mußte ja auch ein R. G. B. auf dem freien Markte bestehen, um einigermaßen gut leben zu können. Außerdem war er immerhin

als Offizier im Weltkrieg gewesen, wo es ein gewisser Adolf Hitler bekanntlich bis zum bayerischen Gefreiten gebracht hatte und mit dem EK I ausgezeichnet wurde, für hervorragende Tapferkeit vor dem Feind. (Hitler war lebenslang sehr stolz auf diese hohe und für Mannschaftsdienstgrade nur äußerst schwer zu erringende Kriegsauszeichnung. Zumal er ja Österreicher war und somit als Ausländer in einer reichsdeutschen Truppe diente. Da hingen derlei Ordenskreuze schon ziemlich hoch).

Übrigens nahm sich auch der schnell aufblühende deutsche Tonfilm seiner an. Die reizende, unpolitische Novelle (einer Landschaft) „Moselfahrt aus Liebeskummer" von 1932 wurde, von UFA oder BAVARIA verfilmt, dann auch ein wahrer Kassenschlager, überdauerte das Dritte Reich unbeschadet. Sodaß Schreiber dieser Zeilen sich den Film als junger Mensch in damaliger DDR mehrfach anschauen konnte. Vom DEFA-Landfilmbetrieb über die Dörfer chauffiert, wo ein ebenso filmhungriges wie zumeist unkritisches Publikum aller Altersstufen auf knarrenden, rissigen Holzstühlen sitzend, auf die zumeist recht kleinen, provisorisch angebrachten Leinewände starrte. Um sich in bierdunstgeschwängerten, ungeheizten Gasthofsälen die mittels lautstark dröhnender Projektoren abgeflimmerten Filmscheinwelten verinnerlichend zu eigen machen und so wenigstens für ein paar Stunden die rauhen Lebenswirklichkeiten vergessen zu können. Übrigens sind auch die folkloristisch-farbigen russischen Märchenfilme wirkliche Spitzenklasse gewesen.

Dichter Binding war natürlich auch öfters mal schwer verliebt und an, vermutlich sportliche, Frauen verbandelt gewesen, zweimal verheiratet und wieder geschieden; und er lebte zuletzt mit einer jüngeren Frau und neuen, letzten Liebe seit 1935 in Starnberg. Dort starb der fast 71jährige, für alle seine zahlreichen Freunde und Verehrer überraschend, am 4. August 1938. So blieb ihm glücklicherweise ein zweiter, weit schlimmerer und Deutschland wie auch das Deutschtum existentiell fast vernichtender, Weltkrieg persönlich erspart. Mitsamt katastrophaler Niederlage, bedingungsloser Kapitulation und langjährigen globalen Nachkriegswirren. Nebst knapp halbhundertjähriger, politisch-wirtschaftlich-kultureller Teilung des geliebten Vaterlandes. Für alle jene aber, denen das leidvolle Miterleben dieser bitterschweren Jahre als ihr Golgatha auferlegt wurde (stellvertretend nach verlorenem Kriege), könnte Bindings düstere Prophetie in seinem Heimkehrergedicht stehen; auch aus früher Sammlung „Stolz und Trauer" von 1919/20. Nur was den Stolz anbelangte: den hatten die selbstgerechten alliierten Kriegssieger jetzt für sich gepachtet und den unterworfenen Deutschen aber gründlich ausgetrieben. Und zwar sowohl den persönlichen, wie auch ganz gezielt langdauernd jeglichen Nationalstolz. Stichwort reeducation ... Zurück zum angekündigten Binding-Gedicht:

„Flammen

Durch großer Kriege Irrsal bin ich gegangen.
Alle Dichter hatten ihr Recht verloren.
Anderes Maß der Dinge wurde geboren.
Stolz und Schmach waren wirr durcheinander gehangen.

Eiskalt stieg es empor von blutenden Sporen
auf zu unseren Herzen: Lawinen von Leid!
Alle Lieder starben. Wir erstickten
die welche nicht sterben wollten in unserem Kleid.

Da waren wir sehr arm. Aber es schickten
die toten zu mir und sagten:
Das Wort ist ewig. Wir sind gewärtig. Rufe.
Und Trauben von Trauer preßte ich aus in die Kufe."

Wie gesagt, R. G. B. hatte es bereits vor dem Kriegsausbruch von 1939 überstanden. Und sich mit dem Gedicht von der „Grabschrift eines Mannes" eigentlich schon sehr früh seinen eigenen, lyrischen Grabgesang geschrieben (in „Stolz und Trauer" von 1919/20; in der 1937er Gesamtausgabe der Gedichte auf S. 141). Sozusagen für späterhin einmal als fast seherisch vorausgeahnten Nekrolog wie folgt

„Reite allein!

„Alles stirbt. Auch die Freunde sterben.
Sorget nicht um mein Grab.
Erde bedeck es.
Wind beleck es.
Sonne beschein es.
Regen bewein es.
Treulos sind Menschentränen,
Menschenarme und Menschenküsse.
Doch eure Herbe und Süße, ihr vier unsterblichen Freunde
dringet zu mir hinab."

Was also blieb übrig? Nach einem Halbjahrhundert wohlgefälliger Bindinglektüre schickten sich dann geschäftige, wortgewaltige Macher an, einen neuen amerikanisiert-liberalen wie ständig flacher werdenden Literaturbetrieb zu installieren. Flankiert von anarchisch revoluzzender, intellek-

tualistischer Linksklientel in einer wirtschaftlich wieder erstarkten (politisch aber und global gesehen, verzwergten) Bundesrepublik Deutschland. Es kam dabei auch zu umfassender Bindingverfemung. Um diesen aus durchweg nachvollziehbaren Gründen politischpraktischer Opportunität möglichst rasch aus dem ohnehin wirtschaftswunderlich getrübten Bewußtsein von Otto Normalleser und Lieschen Müller zu verdrängen: Stichwort Volkspädagogik. Das ist ihnen leider auch gelungen.
Ihren auf stalinschen, kommunistisch konformen Literaturkurs und proletarisch nivellierten Lesebetrieb eingeschworenen ostdeutschen Nachbarn war er bereits mit der 1945 von den Sowjets zwangsverordneten „demokratischen Kulturwende" gründlich verteufelt und als militanter Großbürger ins geistige Abseits gestellt sowie in den alle nichtgenehmen Literaten umfassenden Index eingetragen worden. Daher kennen ihn und seine Bücher hierzulande nur noch ganz Wenige, zumeist Ältere. So gänzlich vergessen aber sollte R. G. B. fairerweise (und nicht nur aus literaturhistorischen Gründen) letzthin nicht sein: als der kulturvolle Mensch und ästhetisch feinsinnige Künstler, als der Herrenreiter und Gentleman, als der schreibende Soldat und Husarenoffizier. Deshalb sei dem Rittmeister Rudolf G. Binding, wie auch den Grimmaer Husaren, dieser Exkurs gewidmet! Und zwar mit nachstehenden, teils ausführlichen, Anmerkungen samt Werkauszügen und diversen Zitaten aus seinen Schriften.
Binding war einer von den spätvollendeten Künstlern, ließ sich reichlich Zeit mit der Schreiberei. Denn erst am Beginn seines fünften Lebensjahrzehntes begann er ernsthaft zu publizieren. Während und vorzüglich nach der erwähnten Bildungsreise zu den antiken Stätten und Kunstwerken entschloß er sich, zum Dichter zu mutieren. Diese zögerliche Herangehensweise an den späterhin so erfolgreichen Schriftstellerberuf hatte aber wohl zu tun mit mit dem allgewaltigen, berühmten, erfolgreichen Vater – aus dessen Schatten sich der Sohn zeitlebens nicht gänzlich befreien konnte. Selbst in seinem letzten öffentlichen Auftritt 1938 nicht, anläßlich der seinerzeit vom Dichterkollegen Hans Grimm organisierten und stets gut besuchten Lippoldsberger Dichtertage (in und beim Klosterhaus an der Weser). Hier befaßte sich R. G. B. in einer Lesung mit dem Sterben seines Vaters im Jahre 1920. Und dabei stand, für alle unsichtbar und auch vom Dichter kaum erahnt, der unermüdliche Reiter Tod schon dicht hinter ihm; mit aufgesatteltem Reitpferd, um ihn mitten aus noch lange nicht erlahmter Schaffenskraft und -freude urplötzlich abzuholen, den Rittmeister a. D. zur allerletzten Reitbahn hinwegzuberufen...
Erwähnter Bindingvater also hatte einmal so von oben herab zu seinem Sohne geäußert: „Ich begreife gar nicht, wie du so ehrgeizig sein kannst.Ehrgeiz ist immer ein Zeichen der Dummheit!" Und das von einem

altgedienten Universitätsprofessor! (Wirklich bemerkenswerter Ausspruch – wenn doch nur wenigstens einer meiner dortigen Professoren aus viel späterer Zeit an der Leipziger Uni auch einmal solches von sich gegeben hätte, zumal in stressigen Prüfungszeiten; den Stoßseufzer kann sich der Autor hier nicht verkneifen). Und dazu schrieb Binding in seiner Autobiografie „Erlebtes Leben“ (auf S. 82 in Hans Dulks 1950er Hamburger Ausgabe): „Diese Bemerkung, daß Ehrgeiz immer ein Zeichen von Dummheit sei, ging mir nach. Dumm wollte ich nicht sein, da war ich lieber nicht ehrgeizig. Ich prüfte den Ausspruch meines Vaters. Ich prüfte ihn Jahre lang nach. Er schien zutreffend: Ehrgeiz, nur um voranzustehn, als Triebfeder des Handelns, war ein Zeichen von Dummheit. Man hatte zu damaliger Zeit genug Gelegenheit das zu kontrollieren.“ Weiterhin bemerkte er, daß sein Vater zu ihm sagte „ich kann euch nichts ins Leben mitgeben als eine gute Erziehung. Er verstand darunter nicht nur die Schule sondern auch die Ausbildung zu einer gewissen Ritterlichkeit und ihren Künsten. Alles andere überließ er dem Leben in das er wenigstens mich frei aussetzte... er hat mich nach meinem Willen frei wählen lassen. Er stellte mich wohlausgerüstet, wie er meinte, vor das Leben hin.“ Anschließend reflektierte der Dichter kurz aber treffend die väterliche Haltung sowie seine eigene Willensunterordnung dem Gewaltigen gegenüber, mit der Folge: „Er wurde dadurch gerade viele Jahre der unbewußte einzig ebenbürtige aber auch unüberwindliche Gegenspieler meines Lebens und selbst als ich aus seinem Schatten heraustrat, ist er es geblieben bis an sein Ende. Vorerst verschaffte er mir die Erziehung, die er mir mitzugeben gedachte. Zur gehörigen Zeit – ich war sechszehn Jahre alt – sagte er zu mir wie zu einem Abschluß: So, jetzt mußt du noch dreierlei lernen. Tanzen, Reiten und Fechten. Alles zu gleicher Zeit geht nicht. Aber zweierlei könnte man angreifen. Wähle!“ Und Binding entschied sich für die, wie er meinte, männlichen Künste reiten und fechten. Weswegen er auch das Tanzen nie so recht lernte. Trotzdem wurde er damit glücklich: „Mein Vater ahnte nicht, daß er mich mit seiner Gewährung unter die Gewalt jenes strengsten und größten Lehr- und Zuchtmeisters meines Wesens gab, dem ich begegnet bin. Es war das Pferd. Überall gab es Pferde und ich saß bald auf den besten. Das erste was sie mir beibrachten war, daß man nicht herunterfiel solange man oben blieb. Hier auf dem Rücken von tausend Pferden lernte ich die Geduld, die mir sonst niemand beigebracht hätte. Hier lernte ich mich zu sammeln, gerecht zu sein, nie in Zorn zu geraten. Hier lernte ich alle meine Rücksicht, meine Anerkennung jeder natürlichen Regung. Hier lernte ich die Liebe für alles Elementare, Ungebändigte. Hier endlich verlernte ich alle Eitelkeit, alle Selbstgefälligkeit, alle Selbstherrlichkeit. Hier war ein Wille, der nicht zu mißachten war, nicht zu umgehen war. Hier

war die Herrschaft der größeren Kraft und meine zartere Herrschaft über sie. Hier gewann ich als letztes die Herrschaft über mich selbst, die Zucht meines Leibes und meiner Seele. Das edelste Tier der Schöpfung nahm mich in seine schweigsame Schule wo es kein Reittier mehr war, kein Träger einer Last, kein Herr mehr seines Willens, sondern schon selbst die Lehre einer vollkommenen Harmonie, eines Einklangs, eines Lösens, eines Tanzes. Nur adelige Pferde sind dessen fähig. Ich ritt fast nur Vollblut. Ich weiß, was ein gutgerittenes Pferd ist. Ich suchte und fand ein anderes."
Was nun aber die betriebsame Sachsenmetropole Leipzig betraf, so keimten hier im jungen, schon weitgereisten R. G. B. leider keine andauernden Heimatgefühle auf. Gegen andere Städte, die er bereits gesehen und in denen er zeitweise gelebt hatte, blieb dieses Leipzig ebenso häßlich wie trist in seiner bleibenden Erinnerung: „Es sollte eine geraume Zeit vergehen, bis ich dahinter kam, was es mit der Stadt für eine Bewandnis hatte. Unsere erste Wohnung in einer freudlosen Straße, wo viele Verlagsbuchhandlungen dicht beieinander lagen und unzählige zweirädrige Stoßwagen täglich erdrückende Stöße gleichförmiger Bücher, in ewig rauhe Pappe gepackt, in sich aufnahmen und zu mir unbekannter Bestimmung abfuhren, muß sehr ausdruckslos gewesen sein." Bindings hausten also zunächst irgendwo im grafischen Viertel. In der Uni-Hirarchie aufgestiegen, zogen sie später dann um, denn „Kurze Zeit darauf sehe ich mich in einer lichteren Wohnung. Große Fenster sehen auf eine belebte Handelsstraße hinab, aus der riesige Ballen von frischem Leder und schwankende Türme getrockneter Häute täglich einen aufdringlichen, selbstbewußten, leicht beizenden Geruch bis hoch in die Häuser hinauf verbreiteten." (Das müßte vermutlich um den Brühl herum oder beim Hallischen Tore gewesen sein? Oder vielleicht in der Gerberstraße?). Doch allen hohen wie höchsten Besuchern dieser professoralen Prachtwohnung gegenüber, verhielt sich der junge Binding absolut gleichgültig, abweisend feindlich. Wie auch oftmals seinen vier Geschwistern gegenüber. Und was sein im Grunde genommen aktives Nichtverhältnis zur Messestadt, den Leipzigern wie auch den Sachsen gemeinhin anbelangte, so formulierte er dieses später (in seiner 1928 in Frankfurt/Main erschienenen und also mit 60 Jahren vorgelegten Autobiografie) so: „War es mit der Stadt die mich umgab, mit ihren Menschen zwischen denen ich lebte anders? – Ich trage kein Merkmal von ihnen. Die Sprache des Landes glitt an mir ab. Sie widersprach mir im wahrsten Sinne des Wortes. Nichts eigentlich Frohes und Freies läßt sich in ihr sagen. Ich vermochte sie im Laufe der Jahre zu gebrauchen als sei sie die meine; aber sie war nie die meine und ich gab immer etwas von mir auf wenn ich sie sprach oder hörte. – Das Nachgiebige, das alles Beschönigende, alles Begütigende, das Weiche und oft Unfrische, das Gedrückte und ängstlich bedachte, das überall

Einlenkende und Selbstzufriedene dieses Volkes in allen Schichten bis hinauf zu seinen genialen Naturen, was alles vereint und verwoben einen eingeborenen Bestandteil seines Wesens ausmacht, war mir fremd und unzugänglich; ich konnte mich ihm nie ergeben und fühlte ein anderes Blut in meinen Adern und hörte eine andere Stimme in meinem Ohr. Alle die große Intelligenz, die hohe Anteilnahme an Dingen der Kultur und Kunst, der ganz besondere Wille zu fördern, mitzutun, zu helfen, zu bessern, die ich in späteren Jahren an dieser Stadt kennen und achten gelernt, haben mir keine Heimat erschlossen. Ich glaube nicht ungerecht gegen sie zu sein. Ich war ein Fremder geblieben, trotzdem ich mich nicht gesträubt hatte und später durch noch manches Jahr nicht gesträubt habe, ein Einheimischer zu werden. Nein; ich verließ, als ich ging, keine Heimat, kein Haus, keine Menschen die diese Stadt mir geschenkt; nicht einmal ein Mädchen. Ich gab meinem Vater die Hand und küßte meine Mutter."
(Für einen bekennenden Sachsen, wie den Schreiber dieser Zeilen, hört sich solcher Sermon gar nicht gut an oder schön. Aber, um der Wahrheit die Ehre zu geben: Es mag an den Bindingschen Auslassungen schon etwas dran sein. Gleichwohl sei dem trotzig und stolz entgegengehalten dieses: Deutschland ist – und Deutscher zu sein daher auch – letztlich ja doch nur eine historischgeografische Zufälligkeit, warum und wie auch immer. Sachsen aber – und ein Sachse zu sein – das ist großes Schicksal).
R. G. B. also ging aus Leipzig weg, um dem väterlichen Rat folgend, ein Jurastudium aufzunehmen; er tat es relativ lustlos wie unbekümmert: „Ich fuhr nach Tübingen. Deutsche Universitäten, deutsche Forscher, deutsche Studenten, deutsche Wissenschaft jener Zeit – all das hatte seinen lebendigen Klang, schon wenn man es aussprach. Frisches, farbiges, studentisches Leben in einer drolligen Wichtigkeit wehte mich an, als ich nach einer Nachtfahrt zu ziemlich früher Stunde in der Stadt ankam ... Auf der Fahrt nach der süddeutschen Universität die mich aufnehmen sollte wurde in Kassel einen Tag halt gemacht. Dort lag ein Husarenregiment in Garnison und ich meldete mich einem langbärtigen ruhigen Obersten, um meine Einstellung als Freiwilliger in das Regiment zu erwirken; denn es bestand im deutschen Reich allgemeine Wehrpflicht und jeder mußte damals drei Jahre Soldat sein. Nur den Schülern höherer Lehranstalten – eigentlich nur denen der Gymnasien – war das Vorrecht eingeräumt, nach Erreichung einer bestimmten Stufe statt der drei Pflichtjahre ein Jahr freiwillig – wie es hieß – also ohne die Soldatenlöhnung zu beziehen, im Heere zu dienen. Mit einem jungen Leipziger Patriziersohn, der mit mir in der gleichen Lage war, wollte ich im Herbst wie es die Vorschrift verlangte, nach einem ersten Sommersemester zu meinem Soldatendienst antreten; denn man konnte sich, wenn man nicht gerade in ein Regiment eintreten wollte das über-

laufen war oder seine Einjährigen-Freiwilligen mit offen zugestandener Vorliebe aus den Kreisen des Adels bezog, die Garnison so ziemlich wählen. Wir aber, jener junge Leipziger und ich, wählten Kassel ohne viel Besinnen als eine hübsche Stadt, das Regiment ohne große Qual als ein wohlangesehenes und die Reiterei mit Begeisterung als die Waffe von der wir uns einbildeten, sie habe im Kriege etwas Besonders zu sagen und jedenfalls das erste Wort. Wir wurden von einem wortkargen alten Arzt nach Umfang und Größe gemessen, von dem bärtigen Obersten danach mit einem gelangweilten Interesse prüfend betrachtet und angenommen."
(Anm. D. W.: Es könnte sich bei jenem Obersten um den seinerzeitigen Regimentskommandeur, einen Herrn v. Niesewand, gehandelt haben. Das Regiment jedenfalls war das Husaren-Regiment „Landgraf Friedrich II. von Hessen-Homburg" / 2. Kurhessisches / Nr. 14 in Kassel; Binding müßte dort dann Ende der 80er Jahre des 19. Jahrhunderts sein Einjährigenjahr abgedient haben.)
„Auf dem Kasernenhof in Kassel, in den Ställen, auf dem Reitplatz wurden wir gedrillt. Man hatte mir gesagt, es sei unangenehm, sich von Unteroffizieren kommandieren zu lassen. Ich lernte weniger das Kommandiertwerden als das Kommandieren. Ich lernte, daß wenn es gelte einen Befehl auszuführen, es von der Form des Befehls und von der Mitteilung des Befehls zugleich abhänge ob und wie er ausgeführt wurde. Ich lernte das, indem ich beobachtete wie ein junger Offizier trotz des größten Eifers, vielerlei Anweisung und vieler Kommandos die ihre Wirkung verfehlten als ob sie nicht gegeben wären, es nicht vermochte, sechs Mann richtig und auf dem kürzsten Wege durch ein Tor zu führen, während das ein andrer mit wenigen Kommandos kurz und korrekt vermochte. Ich lernte, daß der kürzeste Befehl am meisten Aussicht hatte, ausgeführt zu werden. Der kürzeste Befehl aber ist das Kommando. Kein Mensch schien das eigentlich zu wissen. Ich lernte, daß ein Exerzierreglement – jedes militärische Reglement – einfach sein müsse, weil es auch der Dümmste verstehen mußte. Ich lernte das sozusagen im Anschauen. Man brauchte sicher keine Anweisung dazu, die auch nicht gegeben wurde. Vielleicht war es nicht wichtig, aber man unterstand doch diesen inneren Gesetzen der Dinge. Ich lernte Pferde zu putzen und zu pflegen, mit einem Karabiner zu schießen, der dem Schützen bei jedem Abschuß im Rückstoß beinahe die Schulter zerschlug, und einen ungefügen, unhandlichen, unbalanzierten Säbel zu schwingen. Ich lernte ein wenig reiten – zu dem anderen, bessern das ich konnte – aber es war nicht weit her mit dieser Kunst, wie man sie damals und wohl später als Rekrut mitgeteilt bekam.
Die Ausbildung der Einjährig-Freiwilligen endete in einem besonderen Examen, das die Qualifikation zum Offizier der Reserve in der Armee gab.

Wir waren vier Einjährige bei der Schwadron und bestanden alle vier die Prüfung. Aber man behielt nicht den Besten oder die Besten beim Regiment, sondern einen blonden, schwächlichen, kleinen Grafen, dem das Pferd eine sehr unangenehme Schöpfung Gottes war. Ich wollte das anfänglich nicht glauben. Aber ja – weil der Schwächling Graf war, blieb er; das qualifizierte ihn über die besseren. Wir anderen: man mußte sehen, wo man unterkam.
Mit mir war jener junge Leipziger in die gleiche Lage gekommen. Auch ihn hatte man, obwohl er der Tüchtigere war, der Mutigere und Energiereichere, zu Gunsten des wässerigen Grafen abgeschoben. Nun wurden wir verbannt. Man hatte nicht nur eine Anhänglichkeit zu seiner Truppe gefaßt, sondern auch zu der Waffe. Wir hatten eine Regimentsehre, eine Husarenehre, eine Soldatenehre. Mag sich das aus der Ferne sehr lächerlich ansehen; es war uns gar nicht lächerlich als wir entrechtet wurden.Der Graf fühlte sehr genau, was ihm den Vorzug verschaffte, und war anständig genug, etwas verlegen darüber zu sein.
Wir beiden Ausgestoßenen begaben uns mit den erteilten Qualifikationen zu einem sächsischen Reiterregiment, den Husaren in Grimma, einer kleinen Stadt in der Nähe Leipzigs. Wieso wir nicht gleich hierher gekommen seien? Wir seien doch Sachsen? Warum wir nach Preußen liefen? – Es klang fast, als wären wir zum Feinde übergelaufen. Das war mir neu und machte mich nachdenklich. Immerhin wurden wir zu Übungen beim Regiment angenommen. Aber auch da noch, und nicht nur in der Schreibstube des Regiments, sollte ich diese für mich ganz merkwürdige Auffassung betont finden, die mich nachdenklich gemacht hatte. Wir beiden Gebrandmarkten standen als Unteroffiziere während unserer ersten Übung nebeneinander seitlich vom versammelten Offizierskorps des Regiments, da der Kommandierende General, der sich zu einer Truppenbesichtigung eingefunden hatte, die auch unsere Übung endete, sich außer den jüngsten Offizieren, die er noch nicht kannte, auch die Offiziersaspiranten vorstellen ließ. In dieser kurzen Reihe standen wir. Dieser Kommandierende General war der Bruder des Königs, nachmals selber König von Sachsen. (Anm. D. W.: Es handelt sich hierbei um den nur wenige Jahre, 1902 – 04, regierenden Sachsenkönig Georg). Er richtete die üblichen Fragen an jeden: wann er beim Regiment eingetreten, wann er (als Einjähriger) beim Regiment gedient habe. Der junge Leipziger, der neben mir stand und an den die Frage des Prinzen zuerst kam, antwortete, er habe gar nicht im Regiment gedient. „Wo sonst?" fragte der Kommandierende. „Bei dem Husarenregiment 14 in Kassel." Der Prinz machte ein erstaunt- und ernstverächtliches Gesicht und stellte, weitergehend, die gleichen Fragen an mich, der ich der nächste in der Reihe war. Er erhielt natürlich die gleichen Antworten. „In

Kassel?“ fragte er und sah mich verständnislos ob solcher Vergangenheit an: „In Kassel?“ – Wo liegt denn das?“ worauf er sich, da ich der jüngste und letzte war, mißmutig zum Frühstück begab.
Ich weiß noch als ob es heute wäre, was in mir vorging. Ich fühlte mich nicht beleidigt oder gemaßregelt oder beschämt oder schlecht und ungezogen behandelt – was ich mit Fug und Recht auch hätte fühlen können – sondern ein ganz großes und tiefes Entsetzen übermannte mich. Ich fühlte daß ich in diesem Augenblick eines großen Vaterlandes beraubt wurde, eines machtvollen, einigen, weiten, begeisternden Vaterlandes, in dem ich zu leben mir eingebildet hatte, das ich liebte ohne Besinnen, dessen Gründung und Einigung meinen Vater, meine Mutter, alle die ewig jungen Gestalten, die ich mir bewahrte begeistert hatten, dem die ersten Worte meines Vaters gegolten hatten deren ich mich entsinnen konnte, dessen Anfang auch mein Anfang war, in dessen Zukunft meine Zukunft lag. „Wir haben ein Reich und einen Kaiser“ hatte mein Vater gesagt. Weißt du was das ist ein Reich und ein Kaiser“ hatte mein Vater gesagt. – Ich war aus einem großen Vaterland in ein kleines, enges, das ich nie als meine Heimat anerkennen konnte eingesperrt. Wer war der Mann der mir mein Vaterland einfach wegnahm wie eine dumme Einbildung? Und der Kaiser? Was galt er, wenn ein jeder Prinz und König fragen konnte, wo Kassel liege. Aber das große Vaterland – das war's um das ich bangte. – Ich war bleich und bebte; ich habe kein Wort gesprochen, keinen Bissen angerührt. Am Nachmittag, als wir vom Offizierstisch entlassen waren, fuhr ich nach Leipzig, wo ich nach Beendigung meines Militärjahres mein juristisches Studium fortsetzte – oder eigentlich erst begann – und trat in das Zimmer meines Vaters. Freilich hatte ich mir nun alles selbst schon beantwortet. Ich pflegte ja nicht zu fragen, wann und wo ich mir die Antwort selber geben konnte. Diesmal fragte ich.
„Jeder Deutsche“, sagte mein Vater, „besitzt zwei Vaterländer oder, wenn du willst, ein zweifaches Vaterland; er besitzt rechtlich gesprochen, eine zweifache Staatsangehörigkeit – mindestens eine zweifache; denn er kann auch eine mehrfache besitzen.“ Ich sagte, daß ich nach meiner Empfindung nur ein Vaterland besitzen könne. – Ich hatte ja wohl in der Schule Heimatkunde gelehrt bekommen und es war von der sächsischen Heimat die Rede; aber das war die Heimat der anderen, nicht meine. Ich nahm an dem Unterricht teil, weil es die Heimat der anderen war. Mein Vaterland, erklärte ich meinem Vater – so habe ich immer angenommen – sei Deutschland. „Dies ist auch so“, erwiderte mein Vater „und du hast ganz recht; aber gleichwohl bist du Sachse.“ Ich erinnerte mich: Leipzig war die Landesuniversität; mein Vater mußte sächsischer Untertan geworden sein. Aber ich hatte mich bisher so gesichert in meinem Deutschtum bewegt, daß ich

kein Land wichtig genommen habe in dem ich lebte. – Das Zweifache des Vaterlands widersetzte sich in meinem Empfindungsvermögen. Wenn die Länder Deutschland ausmachten, so war der Grund auf dem ich stand besetzt, er konnte nicht Zweien gehören, konnte nicht Deutschland sein. Deutschland war ein Phantom ohne Realität, ein Staat ohne Körperlichkeit... Jetzt wurde es mir plötzlich klar. „Das muß doch weg!“ rief ich. „Warum ist man denn zweimal Untertan?“ Mein Vater lachte. Er freute sich offenbar. „Ganz gut!“ sagte er, „aber sehr revolutionär.“ Das Deutsche Reich sei eine kühne, zwar sehr genial befestigte, aber doch auch schwache Punkte aufweisende Staatsbildung, die auf diesem Zweifachen beruhe. Vorläufig sei nicht mehr zu erreichen. „Du mußt damit auskommen.“
Diese Eröffnung enttäuschte mich. Sie schien den Partikularismus dem ich begegnet war nicht zu entrechten. Sachsen war vielleicht eine größere Realität als das Reich, und wenn dieses eine war, so war Sachsen, so war jeder Staat eine neben ihr. Das Zweifache war mir nicht einfach genug.“

Trotzdem diente R. G. B. voll reiterlicher Begeisterung und Militanz bei den Grimmaer Husaren im Sachsenlande. In seinem kleinen, aber ebenso gehaltvollen wie interessanten Büchlein „Der Göttergleiche“ schrieb sich später ein damaliger Offizierskamerad und gewisser Anton Mayer seine Erinnerungen an den nachmals berühmten Dichter vom Herzen. Er beginnt so (und es muß sich hierbei um den Sommer 1901 gehandelt haben): „Im Kasinogarten der Grimmaer Königin-Husaren saßen einige Offiziere beim Frühstück. Der Vormittagsdienst war vorbei, die hellblauen silberverschnürten Attilas zeigten Staubspuren, und die Julisonne glänzte auf den schnellfließenden Wassern der Mulde, die den Rasen der heiteren Anlage bespülten. Jene behagliche Stimmung, die durch einen strahlenden Tag, die Aussicht auf einen dienstfreien Nachmittag und eine bekömmlich Mischung aus Mosel, Selter und Zitronensaft hervorgerufen wird, lag über uns; nur wenige und nicht allzu bedeutende Worte fielen. „Die neuen Sommerleutnants haben sich vorhin beim Kommandeur gemeldet“, sagte der Adjutant nach längerer Pause und blinzelte durch den Rauch seiner Zigarette in das Sonnenlicht. „So“. Die Nachricht löste keine große Bewegung aus. In jedem Sommer gingen drei bis vier Gruppen Reserveoffiziere bei ihren Übungen durch das Regiment; man war als Aktiver an den Wechsel gewöhnt. Natürlich interessierte es weit mehr, wer von den Ankömmlingen ein alter Bekannter war, den man getrost ein wenig verlästern konnte. Unter den schon älteren Oberleutnants, manche bereits ein klein wenig korpulent für einen Husaren und in die sehr knapp geschnittene Uniform nicht mehr so recht hineinpassend, fiel sogleich der „Göttergleiche“ auf! Unter diesem freundlich-ironischen, aber durchaus ehrenvollen Spitznamen

ob seiner reiterlichen Beschlagenheit im Grimmaer Offizierskorps bekannt wie geachtet, firmierte Binding und war im Jahre 1901 (lt. Rangliste der Sächsischen Offiziere) noch Oberleutnant. In Reiterkreisen hatte er einen guten Namen als Besitzer und Züchter wertvoller, preisgekrönter Rennpferde und als „ein Reserveoffizier, der nicht nur ganz ungewöhnlich gut ritt, sondern sogar vor wenigen Jahren die blaue Attila im Dresdener Armeejagdrennen zum Siege getragen hatte." So fährt Mayer fort und „Die Gespräche Rudolf Bindings mit erfahrenen Reitern wie Kirsten oder dem Rittmeister v. d. Decken über Vollblut und Rennen, über Zucht und Gewinnchancen, über den deutschen und den englischen Turf enthielten viel kluge Gedanken und richtige Erkenntnisse."
Doch nicht nur damit fiel R. G. B. etwas aus dem üblichen Rahmen, sondern mehr noch durch seine ganze Art, sich zu geben als ein wirklich souveräner Mensch. Er ritt wie ein junger Gott, bewegte sich leicht und ungezwungen, fast schwebend, doch männlich forschen Schrittes. Seine modulationsfähige Stimme hatte, neben anmutig plauderndem Kasinoton in freundschaftlichen Gesprächen, aber auch den hellschneidenden Kommandoklang des Exerzierplatzes und der Reitbahn im Register. Außerdem setzte er sich nicht einfach zu Tische, er nahm Platz. Als älteren Oberleutnant (er zählte damals so um Mitte Dreißig) trennten ihn etwa ein Dutzend Jahre und reichlich Lebenserfahrung vom ihn offenbar recht gut beobachtenden Leutnant Mayer. Obwohl ohne einen der typisch bürgerlichen Berufe mit festem Einkommen, zählte Binding voll mit und war ob seiner verschiedenen, wenngleich stets vorzeitig ohne Abschluß abgebrochenen, Studiengänge einer jener in Offizierskreisen unfein verspotteten, weil hochgebildeten „Jehirnfatzken". Der junge Kamerad Mayer nahm sich wohl auch das Äußere Bindings – zu welchem er natürlich gehörigen Respektsabstand einhielt – zum Vorbild: dessen stets makellosen Zivilanzug oder die peinlichst gepflegte Uniform. R. G. B. war also „eine der anziehendsten Erscheinungen der sächsischen Armee und verkörperte, obgleich er nur zur Reserve gehörte, das Wesen, das Bild, die Vorstellung eines Kavallerieoffiziers jener Zeiten auf das beste." Der noch sehr junge Mayer hütete sich aber wohlweislich, dem berühmten Vorbild sehr direkt nachzueifern und seine eigenen, vielfältige künstlerisch-musischen Anlagen wie Interessen zu offenherzig darzulegen. „Nur die Musik trat in Erscheinung, wenn ich im Kasino abends nach dem Essen Kirstens Lieblingslied „La Paloma" spielen mußte. Außerdem hatte es sich herumgesprochen, daß ich Wagners Werke kannte – was den Rittmeister der 4. Schwadron, als ich beim Exerzieren auf Signale eine falsche Schwenkung ausführte, zu dem Ausruf veranlaßte: „Herr Leutnant – von Wagner jeden Ton und von Signalen keene Ahnung..." Auch wenn wir eine Unterhaltung zu Zweien

führten, sprachen wir kaum über etwas anderes, als über Reiten und Pferde, oder über Begebenheiten, die im Leben der kleinen Garnison eine Rolle spielten."

Und Mayers folgende Replik paßte da durchaus in jene Gesellschaft und in die Zeit jener Monokelleutnants, ihrem schnarrenden „Äh, äh, Herr Kamerad" sowie dem albern-dummstolz hochgezwirbelten und steifgewichsten Kaiser-Wilhelm-Bart; einem insgesamt eigentlich unpreußisch degenerierten „Mehr Schein als Sein" des wilhelminischen deutschen Kaiserreiches: Denn „In den letzten Tagen der achtwöchigen Übung, die R. G. B. in jenem Sommer beim Regiment leistete, gab mir ein kleiner Vorfall zudenken. Einer der jungen aktiven Offiziere, der sich nicht gerade durch übermäßige Geistesgaben auszeichnete, trat eines Abends voller Erstaunen zu uns, die wir etwas abseits an einem Ecktisch Skat spielten,. „Da drüben", sagte er und deutete in das Billardzimmer, „sitzen Binding und M. G." – er nannte den Namen eines älteren Reserveoberleutnants, der Inhaber eines großen Berliner Verlages war – „und unterhalten sich. Wißt ihr, worüber? Ihr werdet´s nicht glauben! Über Goethe!" Jeglicher Kommentar dazu erübrigt sich. Dafür paßte nachstehender Bericht des aufmerksamen Zeitchronisten und bildungsbeflissenen Husarenleutnants schon eher ins Bild vom lustigen Reiterleben wie fröhlich-unbeschwerten Offizierstreiben seiner Zeit. Welcher wohl jener reichhaltigen Spezies zugeordnet werden kann, die gemeinhin als Husarenstreiche registriert werden. Mayer also wieder wörtlich zitiert: „Zu den Reserveoffiziersübungen brachte Binding stets mehrere Vollblüter mit, die gut zu verkaufen ihm fast immer gelang, und manchmal richtete er mit ihnen allerlei Verwirrung an. So führte er einmal den ersten Zug bei der Schwadronsbesichtigung, zu der sich der gesamte „hohe Vorgesetzte" vom Brigadekommandeur bis zum kommandierenden General eingefunden hatte. Die Schwadron galoppierte in Zugkolonne; der Rittmeister, der sich im vorgeschriebenen Abstand zur Seite hielt, bemerkte mit Unbehagen, daß das Tempo allmählich zu scharf wurde – denn der Göttergleiche saß auf einem seiner Rennpferde, dessen raumgreifender Sprung zwar nicht für die grüne Bahn, wohl aber für den Exerzierplatz etwas Außergewöhnliches bedeutete. Natürlich bemerkte R. G. B., dem der Galopp seines Vollblüters keinesfalls zu schnell erschien, nichts Böses. Als der Rittmeister, der wegen der besichtigenden Generalität keine lauten Anweisungen geben konnte, einige verzweifelte Zeichen machte, die eine Mäßigung des Tempos andeuten sollten, verstand Binding diese nicht. Er wendete sich also zu Kirsten um, der den zweiten Zug führte, und rief ihm zu: „Was will er?" Kirsten, der die Situation sehr gut begriff, jedoch immer bereit war, einen Schabernack loszulassen, gab zur Antwort: „Schneller sollst du reiten! Schneller!" Nun, dachte R. G. B., wenns weiter nichts ist, das können wir ja

machen, und legte seinem Gaul die Schenkel an, so daß dieser aus seinem Kanter in einen erst noch maßvollen Renngalopp verfiel. War aber das Tempo schon vorher für die kleinen Husarenkatzen zu heftig gewesen, so wurde es nun für einen Exerziergalopp viel zu schnell und begann bald das Tempo der Attacke anzunehmen: d. h. eine Anzahl der Schwadröner fing an durchzugehen, ein bedeutendes „Kratzekratze“ entstand, und Bindings Vollblüter, der nun wahrscheinlich glaubte, auf der Rennbahn zu sein und den nachfolgenden Pferden davonlaufen zu müssen, wurde schneller und schneller; bis schließlich die ganze Schwadron in vollem Karacho durchging und zum sprachlosen Entsetzen des Rittmeisters wie zum ebenso sprachlosen Erstaunen der Generalität um den Exerzierplatz sauste. Allzulange vermochten die Husarenpferde Bindings Renntempo nicht zu halten; sie wurden langsamer, während der Göttergleiche, der nun die Herrschaft über sein stark in die Zügel gehendes Tier völlig verloren hatte, hemmungslos allein weitergaloppierte. Schließlich wußte es sich nicht anders zu helfen, als daß er auf die Gruppe der Exzellenzen zuhielt, in die er mit bedeutendem Krach wie eine Bombe hineinfuhr... Es gab ein wildes Durcheinander, einige der Herren vom Stabe trennten sich von ihren Gäulen, und der Rittmeister betrachtete mit herausquellenden Augen die Trümmerstätte. – Die Kritik soll an diesem Tage nicht sehr günstig ausgefallen sein.
R. G. B. besaß indessen neben seiner reiterlichen auch eine durchaus militärische und soldatische Begabung – die erst beide zusammen den tüchtigen Offizier ausmachen; diese befähigte ihn, eine Schwadron ebenso gut beim Felddienst, wie beim Exerzieren im kleineren wie im größeren Verband zu führen. Er hat im Großen Kriege bewiesen, daß er auch im Ernstfall den schwierigsten Situationen gewachsen war.“
Im Jahre 1906 ist Binding dann als Rittmeister der Reserve im Grimmaer 2. Husaren-Regiment „Königin Carola“ Nr. 19 verzeichnet (wiederum lt. Sächs. Offiziersrangliste, gemeldet aber nicht in Leipzig, sondern beim Landwehrbezirk II, Dresden; und zwar unter dem 21. 12. 06). Auch unter dem 21. 12. 1907 ist er noch beim Dresdener LWB II gemeldet – danach aber nicht mehr. Denn im Jahre 1909 findet man Binding nicht mehr im Verzeichnis; offenbar ist er altershalber als nunmehr 42jähriger zu den Offizieren des Beurlaubtenstandes überstellt worden?
Husarenleutnant Mayer seinerseits: „Ich blieb noch ein paar Jahre im Regiment, kam auf die Dresdner Reitschule, ritt Rennen und Jagden... Dann trat ich zu den Offizieren der Reserve über, um an der Berliner Universität Kunstgeschichte zu studieren. Der Husar wurde zum stud. phil.“ Dies war 1907. In jenem Jahre hatte sich Binding mit seiner Kusine Helene verehelicht und war in eine standesgemäße Villa nach Hoppegarten bei Berlin gezogen. Hier trafen sich beide alten Kameraden zufällig „Unter den

Linden". Und auf Mayers Bemerkung hin, er wäre jetzt auch in die Reserve gegangen und studiere hier, fragte der Ältere wohlwollend argwöhnisch, aber durchaus husarengemäß „Wohl was ausgefressen?" Jedoch konnte ihn der Jüngere in diesem Punkte beruhigen. Später belegten sie gemeinsam Vorlesungen in Kunstgeschichte usw. Mayer dazu weiterhin: „Im August übten wir beide beim Regiment, Rudolf als Rittmeister und Eskadronsführer; wir freuten uns, wiederum gemeinsam die hellblaue Attila zu tragen, nun mit etwas anderen Gefühlen für einander, als sechs Jahre früher! Wie immer hatte er ein paar Vollblüter mit, die ihm vor der Schwadron Schwierigkeiten machten; allerdings war für ihn als „Ritter" die Gefahr nicht groß, daß er wieder derartiges Unheil anrichten würde wie damals als Zugführer beim Exerzieren. Er führte vielmehr seine Schwadron im großen Ganzen ebenso gut wie ein aktiver Rittmeister.
Von Grimma marschierte das Regiment auf den Truppenübungsplatz in Zeithain zum Brigade-Exerzieren, bei dem R. G. B. seine soldatischen Kenntnisse und Eigenschaften besonders entwickeln konnte, da das Kavallerie-Exerzieren in großen Verbänden vom Eskadronchef viel Entschlußkraft und Übersicht erforderte. Er erhielt dann auch die vollste Anerkennung der Vorgesetzten, deren einer, unser Kommandeur, im Dienst gern das Wort „kavalleristisch richtig" gebrauchte. Rudolf griff es sofort auf und verwendete es später zum großen Erstaunen unvorbereiteter Zivilisten oder Nicht-Kavalleristen bei allen möglichen, gänzlich unpassenden Gelegenheiten."
Auch bewies der angehende Literat manchmal einen geradezu volkstümlichen Humor, indem er oft und gerne jenes kleine, derbe, unbedarfte Soldatenliedchen aus alten Grimmaer Garnisonszeiten deklamierte, welches mit dem ebenso gehaltvollen wie intelligenten Verse begann: „Morgens früh aus seinem Haus, Herr Schulze steckt den Kopp zum Fenster raus." Denn Spaß muß sein, bei Husaren und Studenten. Hieß es damals doch nicht umsonst: „Husaren heraus!" Oder eben auch: „Studenten heraus!" Und ihren Spaß machten sich die jungen Leute halt selber. Gab es doch die heute unerläßlichen Massenmedien Rundfunk und Fernsehen seinerzeit noch nicht...
Eine kleine, hübsche, in Herzen und Ohren gehende Melodie zu passendem, besinnlichen, wenngleich ein wenig trauerhellen, Text kennen wohl die Älteren unter uns noch ganz gut. Und haben sicherlich manchmal beim Hören derselben leise mitgesummt (wer kann denn schon an einem Robert Stolz ohne jeglichen Musikgenuß vorübergehen?):

„Leutnant warst du einst bei den Husaren,
als wir jung und glücklich waren –
denkst du noch daran zurück?"

Rudolf G. Binding war ein solcher; wenngleich auch nur Sommerleutnant, will heißen Reserveoffizier. Aber auch damit war man im Deutschen Kaiserreiche schon wer, denn „Der Soldate, der Soldate, ist der erste Mann im Staate". Und nun gar der Offizier; der zum Rittmeister avancierte R. G. B. (es sollte dieses dann aber auch seine letzte soldatische Beförderung gewesen sein) schrieb über jene Zeit bekennend in seiner Autobiografie: „Auch war es für mich immer ein Kräftespiel, vor dem Nichts zu stehn, sich vom Unbekannten überraschen zu lassen, sich für das Unbekannte zu sparen. Äußerlich – ich schaute nie nach einer gesicherten Stellung aus. Meine sehr große Kenntnis des Pferdes, besonders des Vollbluts, seiner Abstammung und Züchtung, brachten mir bald ein gewisses Ansehen auf diesem Gebiet. Es gab Leute, die sich wegen eines Reitpferds, eines Rennpferds, einer Zuchtstute, eines wertvollen Deckhengstes an mich wandten, der ich zeitlang einen so geübten Blick für Pferde besaß daß ich jedes wiedererkannte das ich auch nur einmal an mir vorübergehen ließ – und ich sah tausend Pferde in jedem Jahr. Denn ich bereiste England und Irland um jener erstaunlichen Aufzucht von Pferden willen die in keinem Lande der Welt degenerieren oder ihr Aussehen ändern, wie es die gemeinen, ländlichen Rassen tun und die der Engländer daher „durch-und-durch-gezüchtete" Pferde, der Deutsche Vollblut nennt. (Alles Vollblut der Welt stammt vom englischen, was die wenigsten Menschen wissen). Ich wußte den Leuten die Pferde zu verschaffen die ihnen anstanden, die sie reiten konnten, die in den Rahmen und die Aufzucht ihrer Gestüte paßten; und da ich niemals einem der sich an mich wandte ein schlechtes, unbequemes oder unpassendes Pferd besorgte und antrug, hatte die Sache eine gewisse Art. Indes waren es fast nur Gelegenheiten, oft nur Gefälligkeiten, die ich wahrnahm; ich konnte auf ihnen nicht einen Unterhalt aufbauen – wollte es auch gar nicht.

Die willkommensten Gelegenheiten entsprangen bei den Sommerübungen, die ich in jener Zeit jedes zweite Jahr bei jenem sächsischen Husarenregiment ableistete dessen ich schon an seinem Ort Erwähnung getan habe. Man war unterdessen Reserveoffizier bei diesem Regiment geworden und stieg in der Rangliste im Lauf der Zeit bis zum Rittmeister auf. Es gehörte für mich nicht viel dazu, den Zug und später die Schwadron, die ich zu führen hatte, gut zu führen, und die geheimen Qualifikationen, die über mich bei meinem zuständigen Bezirkskommando bewahrt wurden, waren – wie ich wohl wußte – sehr rühmend. Zu diesen Übungen brachte ich nun immer ein oder zwei schöne Pferde mit die ich in England oft fast umsonst bekam, weil sie vielleicht zufällig ihren dortigen Vorbesitzer einmal enttäuscht hatten. Diese Tiere taten mir den Dienst als Offizierspferde und nie habe ich eines wieder mit fortnehmen müssen; am Schluß der Übung wurden sie mir von Kameraden oder höheren Offizieren oft genug fast buchstäblich unter den Beinen fortgerissen und gewöhnlich blieb mein Sattel auch noch darauf liegen. Ich ging nicht leer aus. Dieses Ende bezahlte mir den ganzen Aufwand für solche militärische Dienstzeit die regelmäßig acht Wochen umfaßte, und manches Mal reichte der Erlös noch einige Wochen oder Monate weiter. Doch war der Aufwand recht beträchtlich. Man ließ sich nicht lumpen und traf außer mit guten Pferden auch mit gutsitzenden Uniformen und einem Korb Sekt französischen Namens und französischer Güte in der kleinen freundlichen Garnison ein, wo man nicht Lust hatte, sich nach einem heißen Morgen an dem der Schweiß von Mensch und Tier floß, den Magen an asketisch-saurem Mosel oder viel zu jungen deutschen Schaumwein zu verderben.

Als Offizier ritt ich und gewann ich meine Rennen, als Sportsmann bestritt ich mit wenigen erlesenen Pferden selbst große und wertvolle Zuchtprüfungen auf flacher Rennbahn und manch ein Begeisterter hätte sein Leben lang an dem seltenen Triumph gezehrt, als Deutscher in England, dem Mutterland allen Sports, ein großes Flachrennen mit seinem Pferde gewonnen zu haben, bei dem mein Hengst einem Feld von achtundzwanzig Pferden über die berühmte englische Meile von Lincoln, die zu den Füßen der ehrwürdigen und doch so heiteren Kathedrale endet, auf und davon lief. Damals kam einer dieser von sportlichen Erfolgen so erregbarer Engländer zu mir, gab mir bewundernd die Hand und sagte die für uns so unfaßlichen Worte: „Well, Sir; you are the most popular man in England to-day, except the king." Ich aber machte aus alle dem nicht mehr als es war."

Und wohl auch nur solch ein reitender Lebenskünstler mit Pferdeverstand vermochte ein solches Meister-Werkchen von geradezu anrührend lyrischer Spitzenklasse aus sich heraus zu schreiben (wenngleich in Prosa formuliert), wie seine „Reitvorschrift für eine Geliebte"; erschienen in Frankfurt/ Main 1927. Hieraus nur einige wenige Bindingsche Anmerkungen:

„Auf dem Pferde ist das Wetter immer besser als auf dem Wege";
„Komme! Zu Pferde! Komme in Sonne und Luft... Deines Pferdes Rücken unterwirft Dir die Welt";
„Dem Geist der Schwere sollst Du feind sein. Das macht Dich dem Pferde leicht. Wenn Dein Herz leicht ist, ist es auch Deine Hand";
„Du mußt Eins werden mit dem Pferde... Reiten ist ein unaufhörliches Jasagen";
„Du sollst nur edle Pferde reiten. Wähle Dein Pferd wie einen Freund";
„Aber Du sollst den Dienst an Deinem Pferd nicht gering achten";
„Schlechte Manieren verderben die besten Pferde... So wie das Pferd Dich

erräte, so verrät es Dich auch... Man kann oft genug von dem Benehmen eines Pferdes auf den Charakter des Besitzers schließen – selbst wenn er zu Hause sitzt und das Pferd ohne ihn spazieren geht";
„Der Himmel ist hoch und die Erde ist weit. Drei Fuß höher über dem Boden als andere Menschen, gibt Dir ein ewiges Gefühl davon. Es wird Dich nie mehr verlassen... Reite allein!"

Ein Jahrzehnt später (Königsberg 1936) gelang es dann dem Rittmeister a. D. Binding – anläßlich eines Besuches im Pferdegestüt der weltberühmten ostpreußischen Trakehner – den fast mythischen Titel „Das Heiligtum der Pferde" für seine anmutig besinnliche Niederschrift des von ihm dort erlebten zu finden. Noch einmal ein echter Binding, so wie man ihn kannte und liebte.
Der seit den späteren 20er Jahren auch als Kriegsschriftsteller gehandelte R. G. B. schrieb u. a. über seinen persönlichen Einsatz im Ersten Weltkrieg das Folgende:
„Der Krieg kam. Eine feindliche Mobilmachung folgte der anderen, eine Feindseligkeit kam der anderen zuvor. War noch ein Schrei der Verwunderung? Ein Schrei des Entsetzens? Es kam die Stunde für Deutschland. Es war ein Schrei. Ein Schrei der Entspannung und Befreiung. Das Volk fühlte sich seinem Schicksal gewachsen. Es fühlte seine Kraft. Es jubelte in hunderttausend Stimmen der Armee, dem Kaiser zu. Er war nicht geliebt; aber er war der oberste Kriegsherr. Dies galt im Volke: es war sein Kriegsherr, dem es mit den Hochrufen der Hunderttausende vor dem Schloß seine Huldigung und seine Gefolgschaft darbrachte; es war sein Kriegsinstrument, sein Heer, sein Blut, das es mit den Hochrufen der Hunderttausende anrief und ins Recht setzte.
Das wunderbare Schauspiel der Mobilisation rollte über das Land hin. Man hörte die schnellen, rasenden Züge durch die Nacht jagen, unaufhörlich, Stunden und Stunden, Nächte und Nächte. Sie führten Heimkehrende in ihre Städte, Männer zu ihren Truppen. Sie machten das ganze Land frei für die unendlichen, bedächtigen, verschwiegenen Ziele im Westen, verschwiegenen, unbestimmten Zielen im Osten zustrebenden Züge, die von Stäben, Soldaten, Kriegsgerät, Pferden, Fahrzeugen, Geschützen, Munition, Proviant, Fourage, Bekleidung, Lazaretten, Kolonnen, Brücken, Masten und unvorstellbaren Dingen starrten. „Das machen sie uns nicht nach" sagten die Menschen. Aber sie wußten nicht daß in feindlichem Lande die gleichen Züge, mit Stäben, Soldaten, Kriegsgerät, Pferden, Fahrzeugen, Geschützen, Munition, Proviant, Fourage, Bekleidung, Lazaretten, Kolonnen, Brücken, Masten und unvorstellbaren Dingen rollten. Schon rollten sie in vielen Ländern. Aber man fühlte plötzlich wo die Grenzen Deutschlands

liefen. Sie lagen sehr weit draußen. Deutschland war unermeßlich, unerschöpflich. Ich hörte Menschen sagen – als schon nach ersten Tagen Siege gemeldet und eingenommene überrannte Städte an den Fingern hergezählt wurden: „Weihnachten sind wir zu Hause." Ich sagte es keinem damals, außer dem Freunde der mich auf dem Bahnhofsplatz in Frankfurt sehr ernst danach fragte: „Wielange meinst du, dauert der Krieg?" – Die deutschen Truppen hatten längst Lüttich und Maubeuge hinter sich. – „Sieben Jahre", sagte ich es diesem, sonst keinem. Die Dinge sich richtig vorzustellen war schon ein Verrat am Bewußtsein des Volkes. Erst im Felde, gestützt auf meine Autorität als Vorgesetzter, sagte ich den Offizieren meiner Schwadron das Gleiche."

„...Gleich nach der Mobilmachung stellte ich mich bei meinem früheren Regiment zur Verwendung, bei einer Frontformation zur Verfügung. Die durch Jahrzehnte geübte Zucht meines Leibes hielt noch Stand. Um nichts zu versäumen, stellte ich mich einem Militärarzt vor. Ich wollte mich nicht von mir selbst enttäuschen lassen. Er besichtigte mich, lächelte und nickte. Das Regiment sei schon auf dem Marsch wurde mir telegrafisch geantwortet; an zuständiger Stelle werde mein Gesuch um Wiedereinstellung weiter behandelt werden.Ich wartete. Ich wußte, daß ich in diesem Krieg nicht zu spät kommen würde.

Schon fielen draußen der und der den ich gekannt und erste Freunde. Es kamen auch Männer zurück die sich nicht trennen konnten, um noch ein zweites Mal Abschied zu nehmen von Frau und Kindern und ein drittes Mal, ehe sie es vermochten. Am 23. August erhielt ich die telegrafische Anfrage, ob ich bereit sei eine selbständige Schwadron für eine neu zu bildende Division aufzustellen und zu führen. Es war die Kavallerie-Abteilung für eine der Jungdeutschland Divisionen, die damals sich zum Auszug vorbereiteten. Ich sagte zu und war für viele Menschen der bestbeneidete Mann weit und breit im Umkreis. Vermutlich hatten mir meine Qualifikationen aus früheren Jahren, die sich bei der zuständigen Stelle vorfanden, diese Anfrage eingetragen." (Lt. Binding kommandierte er dann aber keine Husaren, sondern Dragoner dies sei als Anm. D. W. hier hinzugefügt)...
„So zog ich aus, als ich meine Schwadron beisammen hatte, die Leute, die Pferde, die Waffen, die Bekleidung, die Ausrüstung und die unzähligen Dinge die dieses Wort für Mann und Pferd begreift, als ich meiner Unteroffiziere sicher war und des Wachtmeisters, den ich wählte – er hatte auf einen Menschen geschossen der verächtlich von der Armee gesprochen hatte und sollte für eine Gerichtsverhandlung über diesen Fall zu Hause bleiben, ich aber fand, es sei Krieg und nahm ihn mit ohne viel zu fragen, und er hat es mir nie vergessen – als meine Schwadron so gut aussah und so gut berit-

ten war wie es ging, als sie so gut im Stande war wie ich es vermochte und ich zum letzten Male vor dem Ausmarsch vor ihr hielt, da richtete ich ein letztes Wort an sie. Wir zögen ins Unbekannte, sagte ich, aus dem vielleicht keiner wieder käme und sicher wisse keiner wann; und wer wieder zu kommen gedächte oder nicht alles wirklich und wahrhaftig hinter sich lasse; der sollte aus dem Glied herausreiten und mit einer andern Schwadron ausrücken. Dann wartete ich. Aber es rückte keiner aus dem Glied.
Wenige Wochen später zog die Schwadron durch die leeren herbstlichen Alleen Flanderns. Alle Straßen führten nach Westen. Fremdes Land lag einsam vor uns. In Dörfern staken Menschen ängstlich in verschlossenen Häusern oder standen still und dumpf beiseite. Es war die Zone von der die feindlichen Streitkräfte zurückgeebbt waren. Aber der Gürtel der Brandung, wo die Ebbe kehrt machte, wo neue Kraft aus dem Meere kam, wo die Engländer bei den Belgiern standen und Feind und Feind nun aufeinander prallten, stand vor uns auf. Für das größte Erlebnis meiner Zeit und meines Volkes, für das größte zugleich meines Lebens haben die Aufzeichnungen „Aus dem Kriege" nunmehr das Wort, die ich damals begann..."

„Dort aber vor mir, in der Richtung wohin ich ritt, lag dieses Äußerste Letzte, in dem man erproben könnte „ob man es vermöchte." Hatte ich nicht schon als Knabe in Straßburg daran gedacht, als mich der Anblick des Rheins überwältigt hatte, „wie man sich dem Stärkeren gegenüber, der da herandränge, benehme?" Und dann ging man eben unter. Das konnte einem begegnen, daß man unterging. – Es war kein Gelüste nach Ruhm und Sieg in mir. Mein Fahneneid -: ich habe nie einen Augenblick an ihn gedacht. Ich teilte nicht mit anderen die Begeisterung, für Weib und Kind zu sterben, noch mein Haus zu erhalten. Ich kämpfte für fremde Frauen und fremde Kinder und mein Herd mochte hinter mir erlöschen. Es ging mir um das Schicksal in das ich hineinritt aus keinem andern Grunde als um es zu bestehn. Es ging mir darum wie ich es bestände. Ich fieberte danach in einem kalten Fieber von Entschlossenheit und Besonnenheit, und nicht von Zuversicht auf unsre Waffen und auf unsre Kraft. Die Heimat versank hinter mir. Ich habe meinem Gefühl Ausdruck verliehen als ich meinen Dragonern sagte, wer nicht alles wirklich und wahrhaftig hinter sich ließe möge aus dem Gliede herausreiten. Denn ich glaubte nicht daß es schöner und süßer sei für das Vaterland zu sterben, als sich vor sich selbst zu bewähren.
Mein Leben steht für viele Leben. Wenn mein Auge damals leuchtete, so war es aus diesem Gefühl, und ich sah Hunderte und Tausende von Männern in einem gleichen Leuchten... Es war uns ernst und gefaßt zu Sinne. Wir wußten was vor uns stand. Die Begeisterung der andern focht uns

nicht an und nicht der Ausgang.Ich täuschte mich nicht und bilde mir nicht nur ein, dies sei mein und unser vieler Gefühl damals gewesen, als wir auszogen. Denn ich habe einen Zeugen, und damit es bewahrt bleibe was so manchen damals erfüllte, soll der Zeuge reden: Im Morgenblatt der Frankfurter Zeitung, vom 16. August jenes Jahres, ist mein einziges Gedicht aus dieser Zeit hinausgegangen und ich weiß manchen der den kleinen Zeitungsausschnitt über dem Herzen trug als er fiel."

(Binding läßt hier dann sein Auszugsgedicht vom „Heiligen Reiter" folgen, im vorliegenden Beitrag a. a. O. und weiter oben erwähnt, von welchem nochmals der letzte Vers angeführt werden soll (als quasi Bestätigung des oben Gesagten):

„Mein Herz hält Schritt mit meinem Pferd.
Die Erde zittert, Zittre Schwert.
Ich bin ein heiliger Reiter.
Weiß nicht mehr was mich vorwärts treibt:
Der Beste ist der Sieger bleibt.
Und ich begehr nichts weiter."

Und der Autor an anderer Stelle: „Mit Bürgermoral kann man nicht Geschichte machen und Kriege führen. Ich freue mich darüber, daß Krieg und Geschichte sich das nicht gefallen lassen. So bleibt doch etwas in der Welt, was nicht zu verbürgerlichen ist... Der Morgen kam. Satteln, Aufsitzen. Marsch. Feindwärts!"
Dazu paßt ganz gut nachstehender Auszug aus Bindings kurzer Kriegsnovelle „Verschwinden im Nebel"; nur eine einzige Passage soll hier Erwähnung finden. In ihr läßt der damalige Rittmeister und Schwadronschef einen ihm flüchtig bekannten Infanteriehauptmann (den er wegen seines mehrfach schußlochgeflickten Mantels „den Durchlöcherten" nennt) vom tödlichen Fronteinsatz im vordersten Graben berichten:
„Sehen Sie, sagte er halblaut und mehr, um es zu verschweigen als um es zu erzählen, ich lag ganz vorne mit meiner Kompanie; links nichts und recht nichts und hinter mir nichts. Wir aber hatten Befehl, den Schützengraben zu halten. Dann kamen die Granaten. Sie tasteten sich so langsam heran, als ob sie Zeit hätten; bis eines der dicken Geschosse saß und kein Graben mehr da war... Wir mußten liegen. Wir hatten ja den Befehl. Also lagen wir. Können wir nicht zurück, Herr Hauptmann?, bat einer, der noch nie gebeten hatte. Nein! Und wir lagen. Wir warteten auf die nächste Granate... Wir lagen, bis die Nacht kam. Dann kam noch ein Tag und mit ihm die tastenden Geschosse. Und dann kam noch eine Nacht. Und dann kam die

Ablösung! Ich las in seinem Schweigen, das nun einsetzte. Ein in seinem Erinnern erstarrtes Bild von den Toten lag um ihn. Nach einer langen Weile sagte er: Die schweren Granaten fliegen so langsam. Man hört sie kommen. Von fern her. – Wir mußten eben liegen bleiben."

In diesen wenigen Sätzen wird das ganze furchtbare Grauen eines ebenso mörderischen wie sinnlosen Stellungskrieges um oftmals nur wenige Meter granatenzerfetzten, schlammdurchfurchten, blutgetränkten Erdboden wieder lebendig – dessen Höhepunkte an der Westfront dann Verdun und die Sommeschlachten waren.

Nun zu R. G. B.'s Erinnerungsbuche „Aus dem Kriege" (Frankfurt/Main 1929): In seiner Vorbemerkung schreibt der Autor dieses: „Die Aufzeichnungen widersetzen sich der Bearbeitung, Glättung oder Ausführung. Zu Ehren des Urkundlichen, zur Wahrung des Ursprünglichen sind sie unberührt geblieben wie sie während des Krieges entstanden sind. Der Verfasser führte die Kavallerie-Abteilung einer der Jungdeutschland-Divisionen, die im Oktober 1914 ins Feld rückten." (Anm. D. W.: Binding rückte mit seinem Reserveoffiziersdienstgrad Rittmeister ein; er stand von Oktober 1914 bis 1916 als Kommandeur der Reserve – Kavallerie-Abt. 52 bei der 104. Reserve-Infanterie- Brigade in der 52. Reserve-Division; welche ihrerseits dann im Verbund des XXVI. Reserve-Korps focht.). „Im August 1916 wurde er Ordonnanz-Offizier beim Stabe einer der damals neu aufgestellten Divisionen." (Anm. D. W. : Als reitender Ordonnanzoffizier diente Binding im Stabe der 199. Infanterie-Division; zunächst an der Ostfront in Galizien und später auch im Westen). „Den Rückzug und das Ende des Krieges hat er nicht mitgemacht, da er, schwer erkrankt, in ein heimatliches Lazarett verbracht wurde." (Anm. D. W.: Ende August wurde Binding ins Reservelazarett Baden-Baden zurückverlegt, wo er unter dem 24. Sept. 1918 in sein Kriegstagebuch notierte „ich habe eine schwere Ruhr überstanden.").

Sein Buch dann beginnt R. G. B. mit einer Kurznotiz vom 15. Oktober 1914 so: „Ich ziehe durch feindliches Land. Ich bin ohne Nachricht. Es ist gut daß Heimat nicht fühlbar wird. So darf man ganz auf sich und sein gutes Glück vertrauen." Unter dem Motto „Sie sagen sie führen Krieg, aber der Krieg führt sie" notiert Binding am 23. Oktober 1915 dieses: „Der Krieg ist ein furchtbarer Erzieher. Ob zum Bösen oder zum Guten weiß man noch nicht." Weiterhin am 25. Oktober 1915: „Wird nicht Krieg gerade in dem Augenblick sinnlos, unstimmig und verlogen, wenn Völker für sogenannte Ideale kämpfen? Ich verstehe den Hirsch der mit dem Gegner um das Recht des Stärkeren kämpft, das Weibchen zu besitzen. Ich verstehe einen der seinen Feind erschlägt. Ich verstände sogar den der kämpft um zu kämpfen. Wogegen es vor dem denkenden Menschen nicht zu rechtfertigen ist, um der Kultur willen, für Kaiser und Reich (als Idee), für nationale Ehre den Engländer totzuschlagen wenn er mich sonst nicht schädigt. Der Wilde hat eigentlich ganz recht, der sich darüber wundert daß Völker Kriege führen und sich gegenseitig totschlagen ohne sich dann wenigstens gegenseitig aufzufressen. Nein, ich halte dafür daß Ideale für die man kämpfen soll den Krieg sinnlos machen. Etwas ganz anderes ist es, mit ihnen einen Krieg zu entfachen, zu unterhalten, siegreich zu gestalten. Da können sie so wichtig sein wie Kanonen. Daher sie denn auch wo sie fehlen eiligst und häufig unbedacht heraufbeschworen werden, ob sie nun passen oder nicht. Wenn sie nur da sind. Dann führen sie den Menschen bis an den Platz wo er sie, Aug in Aug mit dem Gegner, vergißt." Eintragung vom 22. November 1917: „Man ist so weit vom Guten. Überall ist Verblendung; das bedeutet dasselbe. Ein Krieg, einmal begonnen, ist für beide Teile die ihn führen immer gleichberechtigt. Denn wenn die Gegner einmal in den Kampf getreten sind, müssen sie ihn ja weiterführen... Und dann kämpfen sie jeder um sein Recht, in der besten Überzeugung aber auch in der Verblendung daß ihr Recht besser sei als das des anderen... Wie gut war die mittelalterliche Anschauung, daß der Sieger seine Unschuld, sein Recht, seinen Anspruch auf den Hof, die Frau, das Königreich durch den Sieg bewies. Keiner würde während des Kampfes oder vor dem Gang sich hingestellt haben, um die Welt zunächst darüber aufzuklären, daß er recht habe. Das bewies nur der Sieg. Jene Männer waren ehrlicher als wir. Wenn auch der Zweikampf nach heutigem Recht nichts beweist so wird doch derjenige der einen Eigenwert fühlt sich immer sagen: der andere hat auch ein Recht; welches das bessere ist weiß keiner. Wenn man so auf beiden Seiten empfinden würde, wäre man dem Frieden und dem Guten ein beträchtliches Stück näher gerückt. Dann würde man an diesen Waffengängen genug haben, in denen keine Entscheidung gefallen ist... Und wenn der Stärkere den Sieg davonträgt, so ist das ein Gesetz der Natur, unter welchem Gesetz zwar die Stärkeren obzusiegen pflegen, die Welt aber bisher ohne Selbstverstümmelung zu der Menschen Freude lang genug gestanden hat. Die Anschauung, daß auch der andere ein Recht habe und niemand wisse welches das bessere ist, ist männlich; die andere, daß nur ich ein Recht habe, daß allein das eine Volk ein Recht habe, ist knabenhaft. Natürlich wird man einen derartigen Standpunkt unpatriotisch nennen; aber es ist selbstverständlich daß der höhere Standpunkt als der den die Welt heute einnimmt unpatriotisch ist."

Bindings Eindrücke von Details der deutschen Frühjahrsoffensive im letzten Kriegsjahr an der Westfront zeigen selbst bei ihm einen fast resigniert-pazifistischen Anhauch tödlicher Entfremdung, ja Scham. Am 4. April 1918 notierte er folgendes: „Der Marsch und die Entbehrungen sind groß! Das Kämpfen durch die Zone der Verwüstung war wohl an sich noch übler; aber man war frischer und es ging hinter einem weichenden Feind her. Ich habe noch immer nicht das Wort oder das Bild gefunden das das Entsetzen jener Wüste schildern könnte. Sie steigt immer wieder herauf. Nichts gleicht ihr, nichts kann ihr auf Erden gleichen. Eine Wüste nimmt man als Wüste hin. Aber eine Wüste die immerzu anklagt, da sie einst nicht Wüste war, ist grauenhaft ... Dieses Gebiet sollte so bleiben. Keine Straße, kein Brunnen, keine Siedlung sollte darin entstehen. Jeder Herrscher, jeder leitende Staatsmann, jeder Präsident eines Volkes müßten statt einen Eid auf die Verfassung zu leisten, vor dieses Bild geführt werden. Von nun an bis in Ewigkeit: dann gäbe es keine Kriege mehr."

Mit seinem feinen, inneren Gespür für Kommendes (ihm selbst unerklärbar und von ihm auch zumeist so bestritten) fühlte Binding schon im Sommer 1918 ein für Deutschland schlimmes Kriegsende herannahen. Denn unter dem 12. August 1918 schrieb er auf: „Gewisse Dinge möchte ich nicht miterleben. Nicht weil ich sie fürchtete sondern weil ich sie schon vorher-gesehen habe, weil ich sie nicht zweimal erleben will. Ich habe in diesen Tagen zuviel gesehen: Dinge und Zeichen!"

Und an jenem Tage schließlich, da sie im Walde von Compiègne den Waffenstillstand (damit faktisch die deutsche Kapitulation) unterschrieben, hält er im heimischen Lazarett folgendes fest: „11. Nov. 1918. Die Berichte aus dem Felde über die Rückzugskämpfe meiner Division und des Heeres waren schwer zu ertragen. Wenn man sie mit den Tagesberichten der Obersten Heeresleitung verglich, stimmten sie nicht... Ich gestehe mir daß ich diese Auflösung des Heeres kaum noch mit großem Erschüttern erlebte. Ich hatte es schon erlebt. Als es eintraf, traf es mich kaum mehr. Seit zwei Tagen hat sich nun allerhand in der Welt geändert. Eine seltsame Revolution. Was die innere Bewegung Deutschlands anbelangt, so verwundert mich eigentlich, trotzdem immer von den tiefgreifenden Umwälzungen die Rede ist, ihre Oberflächlichkeit... Ich gestehe mir ein daß ich an einem Volk, das politische Faseleien mit der ernstesten Miene der Welt betreibt zu dieser Zeit wo es wirklich Anlaß hätte sich im Tiefsten zu wandeln, keinen innerlich sehr mitleidenden Anteil zu nehmen vermag."

Letztlich endete R. G. B. seine Kriegstagebuch-Aufzeichnungen mit einer ganz kurzen Heimkehrernotiz vom 14. November 1918 und folgendem lakonischen Satz: „Wohl mit den letzten erträglichen Möglichkeiten erreichte ich nach Mitternacht mein Haus."

Den Menschen Binding, der er auch im Kriege geblieben ist, kennzeichnet eine längere Tagebuchaufzeichnung unter dem 24. März 1915 (hier gekürzt angeführt), worin er drastisch-plastisch schildert, wie es ihm nach schweren

Mühen gelang, einen jüdischen Portepeeträger zur Offiziersbeförderung durchzudrücken. Was nämlich für Juden in der königlich-preußischen (und somit auch kaiserlich-deutschen) Armee schon in Friedenszeiten außerordentlich schwer und im allgemeinen nur in Ausnahmefällen möglich gewesen ist. Nur jüdische Militärärzte und Veterinäre konnten seinerzeit in den Reserveoffiziersstand aufsteigen. R. G. B. also: „An dieser Stelle möchte ich erzählen, wie ich einen Juden zum Offizier vorschlug und was sich dabei ereignete. Im Anfang des Krieges wurden zu den Infanteriebrigaden vielfach Offiziersaspiranten der Kavallerie in die Stelle von Ordonnanzoffizieren kommandiert. Auch ich erhielt den Befehl, zum Stabe eines Generals, der eine unserer Infanteriebrigaden befehligte, einen Ordonnanzoffizier zu kommandieren. Ich kommandierte den Vizewachtmeister der Landwehr Koch in die Stelle. Der General war glücklich mit seinem Ordonnanzoffizier. Dieser war ein gebildeter, anstelliger junger Mann, sah gut aus, ritt gut und trug sein Herz auf dem rechten Fleck. Es waren noch mancherlei Tugenden, die der General an ihm entdeckte... Es vergingen kaum ein paar Wochen, so erhielt der Vizewachtmeister, der sich bei einigen Aufträgen und Unternehmungen hervorgetan hatte, auf Vorschlag des Generals das Eiserne Kreuz. Als der General die Zeit für gekommen erachtete, schrieb er an mich einen Brief... Ich solle für den Vizewachtmeister, den er für die planmäßige Stelle eines Ordonnanzoffiziers in seinem Stabe vorsehe einen Beförderungsvorschlag einreichen. Er würde die Eingabe befürworten. Da K. meiner Schwadron unterstand, hatte ich allerdings die Eingabe an den Kaiser zu machen. Die Befürwortung durch den General mochte helfen. Ich tat, wie er verlangte... Der General überlas wohlgefällig die gemachten Angaben. Da standen Name und Vornamen, Geburtsdatum, Beruf. Der Mann lebte in geordneten Verhältnissen, der General hatte sich nicht getäuscht. Aber plötzlich erstarrte er. Denn da stand, gerade unter dem Wort Religion, es war nicht zu verkennen: gerade unter dem Wort Religion stand mosaisch. Der General geriet in eine Aufregung ohnegleichen. Alles was preußisch in ihm war sträubte sich in ihm, und alles was christlich war, nicht minder. Und der General war sehr preußisch und sehr christlich. Was tun? Er ritt sofort zu mir. Haben Sie denn gewußt daß K. Jude ist? rief er. – Gewiß habe ich das gewußt, sagte ich. – Dann können Sie ihn aber doch nicht zum Offizier vorschlagen! sagte der General sehr überzeugend. – Ich kann nicht finden, sagte ich, daß sein Glaube in irgendwelcher Weise seine Tapferkeit, seine Brauchbarkeit, seinen Anstand und alle jene Vorzüge beeinträchtigt, die Sie, Herr General, wie Sie mir oft genug sagten, an ihm entdeckt haben und schätzen. Na ja, sagte der General, das soll ja auch nicht bestritten werden: Aber Sie müssen doch zugeben, daß er Eigenschaften hat: ich meine, jüdische Eigenschaften, die – Ich er-

widerte vorsichtig, daß der General aber jedenfalls bisher diese Eigenschaften nicht bemerkt habe. Übrigens wisse ich auch nicht, welche er meinte. Der General ging darauf nicht näher ein. Na, das geht doch nicht, sagte er. Sie müssen eben die Eingabe zurückziehen! Aber Herr General, sagte ich, Sie selber haben den Vorschlag doch einverlangt... Der General ging. Aber er gab seine Sache nicht auf. Er zog die Weitergabe des Beförderungsvorschlages eine Zeitlang hin... Eines Tages hatte mich der General wieder bei seinem Gegenstand. Sie mögen mir sagen, was Sie wollen, sagte er zu mir, K. hat unerträgliche jüdische Eigenschaften, eigentlich nur jüdische Eigenschaften! Ich dachte, so geht das nicht weiter; Tja, Herr General, sagte ich fast verwundert, wenn er doch ein Jude ist, was soll er eigentlich andere Eigenschaften haben, als jüdische? Der General stutzte. Irgendwas war ihm passiert, was er nicht begriff. Meinen Sie wirklich? sagte er. Ja, sagte ich. – Er ritt nach seiner Unterkunft und schrieb sein „befürwortet" unter das Gesuch zur Beförderung des Juden."
Diese äußerst interessante wie auch informative Tagebuchstelle, wo der intelligente, wenngleich hier schlitzohrig handelnde, Rittmeister Binding seinem dümmlicharroganten General recht geschickt einen tüchtigen Juden als Offizier förmlich „unterjubeln" mußte – und jener wurde nur wenig später zum Offizier des Beurlaubtenstandes, wie das damals hieß, ernannt – diese Stelle fehlte allerdings später in der Potsdamer Sammelausgabe von des Autors Kriegsdichtungen und Tagebüchern aus dem Jahre 1940. Ist nach Bindings Tod und mit der Neuauflage dann als wohl nicht zeitgemäß vom Verlag herausredigiert. Denn ein solcher Lobgesang auf, und sei es auch nur einen einzigen, Juden war seitens der zensierenden Reichsschrifttumskammer im Dritten Reich – und nun gar noch im Kriege konträrer Weltanschauungen wie dubioser Rassentheorien – nicht nur äußerst unerwünscht, sondern auch strafbar geworden.
Aus Bindings literarischer Aufarbeitung seiner und anderer Weltkriegserlebnisse sei hier als typisches Beispiel vorgestellt eine der wohl bekanntesten Novellen des Autors, die (wie er sie im Untertitel nannte) Anekdote aus dem Großen Krieg „Wir fordern Reims zur Übergabe auf". Im Herbst 1934 niedergeschrieben, beginnt die heute fast unglaubliche Geschichte so: „Am 2. September neunzehnhundertvierzehn forderten ein junger Hauptmann und ein kriegsfreiwilliger Unteroffizier, wie es deren damals viele in der deutschen Armee gab, die französische Stadt Reims zur Übergabe auf."

Diese größere Industriestadt lag auf einer Nahtstelle zwischen den rasch heranrückenden und Richtung Paris stürmenden deutschen Truppen der 2. (preußischen) Armee unter dem Generalobersten v. Bülow sowie der

3. (sächsischen) Armee unter Generaloberst v. Hausen. In der Nacht des ersten Septembertages befiehlt der General v. Plettenberg, Kommandierender des preußischen Gardekorps und der 2. Armee zugeordnet, einem perfekt französisch sprechenden Hauptmann im Generalstab, in die unweit vor ihnen liegende Festungsstadt als Parlamentär zu fahren, um deren alsbaldige Übergabe zu fordern. Als sich der zwar geehrt, aber doch einigermaßen überrascht, fühlende Stäbler vorsichtig diverse schriftliche Legitimation betreffs eben jener kampflosen Übergabe erbat, reagierte dieser vermutlich nicht eben schreibfreudige Kommandierende ziemlich kurzangebunden barsch: „Ein preußischer Hauptmann ist vor dem Feinde Legitimation genug. Und eine bessere, auf die Sie sich berufen können, haben Sie hinter sich: die deutschen Geschütze!" Ansonsten solle der Parlamentär all den Kram mitnehmen, der lt. Kriegsrecht dieser Mission anhänge, wie weiße Fahne, Trompeter und so (ganz genau wußte das der General halt auch nicht). Trotz gewisser Bedenken machte sich also der Hauptmann gegen Mittag des 2. September 1914 dann auf den – wie sie alle zusammen meinten – kurzweiligen Frontausflug nach vorne. In einem der zu jener Zeit noch recht klobig ungefügen Automobile; begleitet von 2 weiteren Offizieren, 1 Unteroffizier mit Infanteriehorn am Rücken (denn eine Trompete war kurzzeitig nicht aufzutreiben gewesen) und schmutzig-weißem Bettlaken an langer Reiterlanze in der Hand. Ein Mannschaftsdienstgrad steuerte den mehrsitzigen Wagen. So rollten sie, herzlichst verabschiedet und vielfach beneidet, ab zur Front, durch den menschenleeren und von französischen Truppen schon geräumten Festungsgürtel auf Reims zu. Was sie allerdings nicht wußten: dies war zu diesem Zeitpunkt schon quasi eine offene Stadt, weil von Militär fast total entleert. Die letzten französischen Soldaten hatten in Marschformation gerade eben Reims verlassen und es trieben sich nur noch einzelne Nachzügler in der Stadt herum. Auch befand sich hier noch ein in Abwicklung befindlicher Regimentsstab; der Militärgouverneur war auch schon, natürlich dienstlich, ins Hinterland gefahren, unter Mitnahme wichtiger Aktenstücke u.dgl. Kurz vor Reims stießen die Parlamentäre auf eine im Gelände streifende feindliche Reiterpatroille und der Hornist blies sie flott an, indem er Jagdsignale intonierte. Dann wurden die Deutschen in die Stadt hinein begleitet und jenem letzten Stabe zugebracht. Unterwegs von der aufgeregt umherwimmelnden Stadtbevölkerung zunächst für befreundete Alliierte gehalten und lebhaft lärmend begrüßt; nach Erkenntnis der wahren Sachlage aber wüst beschimpft und auch tätlich angegriffen. Dem gegnerischen Oberst vorgestellt, brachte der Hauptmann seine Kapitulationsaufforderung an den Mann. Leider eben nicht an den richtigen, denn jener hatte hier nichts zu entscheiden, konnte oder wollte den Preußen aber auch die wahre Situation

nicht erklären. So hielt er sie eine längere Zeit hin. Und kam (völlig zu Recht) immer wieder auf deren fehlende schriftliche Legitimation zurück. Weil er ohne ein solches Schriftstück seinen militärischen Vorgesetzten – die ohnehin nicht mehr verfügbar waren – ja in dieser Sache nicht kommen durfte. In den Abendstunden dieses 2. September verabschiedete jener korrekte, fast kameradschaftlich loyale, Oberst Margot, Kdr. vom 94. französischen Infanterie-Regiment, die zunehmend verunsicherten Unterhändler mit unverbindlich ablehnendem Bescheid. Was hätte er wohl auch sonst tun sollen? Begleitete jene sicherheitshalber mit kleiner Reitereskorte noch bis nahe der Frontlinie und verabschiedete sich dann, als schon ganz nahe lebhaftes Kleingewehrfeuer sowie lauter Geschützdonner zu vernehmen war. Ein wirklich ritterlicher Soldat und Ehrenmann, hatte er aber die Deutschen leider um ein Weniges zu früh freigegeben – kurz danach fuhren sie nämlich in der anbrechenden Dunkelheit von hinten in eine noch intakte französische Vorpostenstellung, wurden von den mißtrauischen Poilus mit äußerstem Befremden festgehalten und als vermeintlich freche deutsche Spione arretiert. Waren sie doch ohne die vorgeschriebene Augenbinde und Militärbegleitung, frei im Gelände herumfahrend und hinter der Frontlinie aufgegriffen worden. Also wurden diese angeblichen Parlamentäre jetzt umgehend ins französische Hinterland zurückgebracht, streng bewacht und in der Etappe dann schließlich vor ein Kriegsgericht gestellt. Von diesem der Spionage im Kriegsfalle angeklagt und die Offiziere zum Tode durch Erschießen verurteilt. Kurz vor dem angesetzten Exekutionstermin – das Hinrichtungspeloten war schon aufmarschiert – entdeckte der neugierig in den deutschen Soldbüchern herumblätternde, eigentlich sehr konziliante französische Militärrichter in dem des jungen kriegsfreiwilligen Unteroffiziers etwas ihn augenblicklich elektrisierendes: der Mann war ja ein Offizier des französischen Ordens „des palmes de´Academie“. Welch wahrlich unerhörte Begebenheit!

Sofort entwickelte er eilfertige Geschäftigkeit und ließ den Gefangenen nochmals zu sich kommen, den Hinrichtungstermin für alle verschieben. Nach eingehender Befragung durch den Militärjuristen stellte sich dann folgendes heraus: Der Unteroffizier war im Zivilberuf Kammersänger an der Berliner Königlichen Oper und er hatte für qualifizierte Ausbildung jungen französischen Sängernachwuchs in Friedenszeiten die hohe Auszeichnung bekommen; und zwar vom französischen Botschafter Jules Cambron persönlich. Solches änderte die leidige Angelegenheit grundlegend; nach mehrtägiger Überprüfung der geschilderten Tatsachen und ihrer endlichen Bestätigung aus Paris, wendete sich das Blatt dann zum Guten für alle Verurteilten. Des Sängers akademische Palmen retteten jetzt mehrere Leben und gaben ihnen allen schließlich auch die ersehnte Freiheit zurück.

Nach einigem Hin- und Her sind sie dann am 1. Oktober 1914 (und also genau einen Monat nach ihrem Unglücksauftrag von Reims) wieder über die allmählich erstarrende Frontlinie abgeschoben und den vordersten deutschen Truppen als freie Männer überstellt worden. Die kaiserliche Armee aber hatte inzwischen die späterhin als kriegsentscheidend qualifizierte Marneschlacht verloren, der zügige Vormarsch stockte allerorten – wer sprach da jetzt noch von dieser Reimser Episode? Und Binding schließt seine Kriegsnovelle wie folgt ab:

„Der Parlamentär für Reims und sein Trompeter waren der Hauptmann im Generalstab der Armee Achim von Arnim, jetzt Professor für Wehrverfassung an der Technischen Hochschule in Charlottenburg; und der kriegsfreiwillige Unteroffizier der Gardetrainabteilung Carl Clewing, jetzt Professor der Stimmphysiologie an der Staatlichen Hochschule für Musik in Berlin. Sämtliche Namen der Erzählung sind verbürgt."

Was allerdings den wackeren, und nur rein zufällig schimpflichem Tode entronnenen, Preußenparlamentären nicht bekannt wurde, ist eine wahrlich erstaunliche Duplizität der Ereignisse! Denn fast zur gleichen Zeit drangen aus den Reihen der benachbarten Sachsensoldaten ebenfalls Parlamentäre nach Reims vor und hinein. Diese Sachsen aber hatten wesentlich mehr Glück als ihre gefangengenommenen und soeben ins Fronthinterland abgeführten Preußenvorgänger. Sie eroberten nämlich per Handstreich Stadt und Festung Reims! Der lt. Mobilmachungsbefehl zum Führer der 1. Schwadron im Königlich Sächsischen Reservehusaren-Regiment bestimmte Rittmeister Nikolaus von Humbracht (ein vormaliger aktiver Gardereiter-Offizier) berichtete darüber viel später ausführlich. Diese Reservehusaren (in ihren Reihen dienten neben nicht mehr aktiven Husaren auch Kavalleristen aus anderen sächsischen Reiterregimentern) fungierten als Divisionskavallerie der 23. Reserve-Division im XII. Reserve-Korps der 3. Armee. Ihre Truppen sollten im Tagesverlauf des 3. September 1914 die schwer armierten Ostforts von Reims erstürmen. Jedoch vermuteten die hellen Sachsen ganz richtig, daß sich die „Schangels" aus diesen bereits nach hinten abgesetzt hätten. So meldete sich der tatenfrohe Husarenrittmeister freiwillig zu einer nicht ungefährlichen Aufklärungspatrouille feindwärts, nahm noch 3 Offiziere mit (darunter 2 Preußen, die sich während vorheriger Gefechte in unübersichtlichem Gelände zu ihnen verirrt hatten), 3 Unteroffiziere einschließlich Trompeters, der früher auch mal Gardereiter war, sowie 6 Husaren; alles Freiwillige auf frischen Pferden. Diese fanden dann auch in den Abendstunden, wie erwartet, den östlichen Festungsgürtel geräumt vor und ritten – nunmehr übermütig geworden sowie ohne ent-

sprechenden Auftrag, geradewegs nach Reims hinein. Durch die inzwischen fast menschenleer wirkende Stadt und direkt vor das Rathaus am Marktplatz. Hier harrten Bürgermeister und Magistrat zitternd der unausweichlich auf sie zukommenden Dinge. Wußten sie doch, was den Sachsen zunächst verborgen bleibt, daß ihre Stadt inzwischen von allen französischen Truppen verlassen war. Jedenfalls flunkerte der fixe Rittmeister den Stadtvätern rasch und frech allerhand vor. Damals sprachen die meisten höheren Offiziere ein verständliches französisch, denn dieses gehörte (vorzüglich auch in Sachsen) zum allgemeinen Bildungsgut der Menschen adeliger wie auch gutbürgerlicher Herkunft. Der Freiherr von Humbracht äußerte sich etwa dergestalt, daß er nur die Spitze einer in Bälde massiert hier einrückenden deutschen Armee sei, jeglicher Widerstand unnütze und schärfstens zu ahnden, alle Waffen seien sofort abzugeben und allen Weisungen deutscher Militärbehörden unbedingte Folge zu leisten. Auch müsse sofort damit begonnen werden, in großen Mengen Brot zu backen für die hungrig ankommenden deutschen Soldaten. Dann beschlagnahmte er noch (wie weiland der preußische Hauptmann von Köpenick – der freilich ein Falscher war, der Sachsenrittmeister hingegen war echt) die Stadtkasse und den beim eiligen Franzosenrückzug dagelassenen Flugzeugpark mitsamt allen Autos und Benzinvorräten der Stadt, den Lebensmittel- und Rauhfuttervorräten usw. Die total verängstigten Kommunalbeamten stimmten gehorsam alledem zu, erbaten im Gegenzug für ihre Stadt Zerstörungsfreiheit und ließen auf schnell gedruckten Plakaten den verunsicherten Bürgern die neue Lage klarmachen.
Inzwischen war es Nacht geworden und der vom Patrouillenführer sofort nach Einritt in kurzerhand beschlagnahmten Automobil zum Divisionsstab nach hinten beorderte Leutnant Martini wieder zurück. Im Frieden war der Asessor bei der Plauener Amtshauptmannschaft und zeigte sich jetzt als tüchtiger Soldat. Hatte auch von Humbrachts Kurzbericht von der erfolgreichen Inbesitznahme der Stadt, samt Bitte um weitere Verhaltensmaßregeln, sicher überbracht, stand nunmehr so gegen 1 Uhr nachts am 4. September wieder vor dem Rittmeister. Mit bündigem Befehl, daß sich dessen Patrouille umgehend wieder aus Reims zurückziehen solle! Weil selbige Stadt nun einmal nicht im Gefechtsstreifen der Division läge. Reims hätten die nachbarlich stürmenden Preußen im Visier, leider, und ein Sachseneinmarsch käme somit nicht in Betracht...
Man führe sich das einmal vor Augen: selbst unter obwaltenden Umständen und mitten im blutigen Kriege, wieherte hier der allgegenwärtige, offenbar unausrottbare militärbürokratische Amtsschimmel lautstark vor sich hin! Reims befand sich also auf eingeplantem Vormarschgebiet der 2. und Preußenarmee. Dort hatten die quirligen Sachsen, bitte schön, überhaupt

nix zu vermelden; und schon gar nicht wichtige Erfolge, die man selber gerne verbuchen möchte. Wo kämen wir denn da hin, Krieg oder nicht Krieg, wenn jeder machen wolle, was er lustig sei. Für alles und jeden gäbe es schließlich in Deutschland Vorschriften, welche einzuhalten seien. Basta! Kurz und schlecht: der unmutig aufstutzende, vermutlich auch grobschlächtig fluchende Rittmeister jagte den armen Martini postwendend wieder zur Division retour, die mit dem Reimser Magistrat inzwischen schriftlich abgestimmten Kapitulationsvereinbarungen in der Kuriertasche. Um 4 Uhr morgens kehrte jener völlig übermüdet und vergnatzt nach Reims zurück. Mußte vermelden, der Rückzugsbefehl bleibe bestehen, das verstimmte Generalkommando wolle es halt so, und man habe sich schleunigst der Division wieder anzuschließen. Zähneknirschend, wenngleich aus taktischen Gründen äußerlich gelassen, mußte von Humbracht schließlich Bürgermeister und Stadtverordnete aus ihrer Geiselhaft im Rathaus wieder entlassen. Nicht ohne ihnen vorsorglich einzuschärfen, daß alle Abmachungen ihre volle Gültigkeit behalten, weil die Deutschen ja doch baldigst hier einziehen würden. Deren nahender Kanonendonner war schließlich nicht zu überhören. Daraufhin ritten die Sachsen, nicht mehr ganz so forsch wie sie hereinkamen, aus der Stadt und waren um 6 Uhr in der Morgenfrühe wieder bei den Ihren. Männer wie Pferde natürlich völlig erschöpft. Ein verbitterter von Humbracht meldete sich bei seinem Regimentskommandeur zurück. Jener ließ ihn aber schon mittags 1 Uhr wieder antraben und befahl dem Überraschten, mit einer Halbschwadron schleunigt zum Detachement des sächsischen Generals v. Suckow zu stoßen. Weil nach neuestem Armeebefehl die Sachsentruppen jetzt doch noch in die Stadt Reims hineinrücken würden. Die Preußen schafften es wohl nicht alleine. Als gehorsamer Soldat stand der Husarenrittmeister stramm und dürfte höchstens ein verbissenes „Rin in die Kartoffeln, raus aus den Kartoffeln“ vor sich hin gemault haben. So zogen am späten Nachmittag dieses 4. September denn der tapfere Rittmeister und seine Reiter wiederum in die bereits einmal eroberte, dann wieder aufgegebene und jetzt zum zweiten Male unterworfene Feindesstadt ein. Hatte sich sein Husarenstreich schlußendlich doch noch gelohnt! Für diese Einnahme von Reims wurde Nikolaus von Humbracht dann auch mit dem (damals noch nicht zur Massenware gewordenen und kochgeschirrweise ausgeschütteten) EK II sowie dem für Militärs viel wertvolleren Ritterkreuz des Militär-St. Heinrichs-Ordens vom Königreich Sachsen geehrt (17.11.1914).
Der 1878 in Rudolstadt geborene von Humbracht, seit 1913 Rittmeister, diente im Kriegsverlaufe später als Stabsoffizier in der 24. Reserve-Division 1916 ff. Und in der späteren Reichswehr ist er nach dem Kriege noch Major geworden im Breslauer Reiterregiment 7. Er verstarb aber schon 1925.

Der unermüdliche Martini erhielt das Ritterkreuz 2. Klasse mit Kriegsdekoration des sächsischen Albrechtsordens (eine für junge Offiziere durchaus angemessene Ordensauszeichnung). Alle übrigen Patrouillenteilnehmer bekamen für ihren Einsatz die sächsische Friedrich-August-Medaille angeheftet. Glück gehabt! Denn nichts ist erfolgreicher als der Erfolg, wie auch immer erreicht. Wenn das ihre ohne solch Soldatenglück tragisch gescheiterten Vorgänger, die von Binding verewigten Preußen-Parlamentäre gewußt hätten! Vorzüglich auch um die hier in Reims unversehrt in deutsche Hände gelangten riesigen Sektkellereien, mit ihren Millionen gut eingelagerter Schampusflaschen...

Wie erlebte R. G. B. die Revolution samt Nachkrieg mit allen ihren politischen Irrungen und Wirrungen? In seiner Autobiografie steht leider nur wenig – dafür aber kompromißlos markiges – geschrieben:

„Als ich aus dem Kriege zurückkam war ich einer der das wahre Angesicht der Menschheit gesehen hatte. Es war grausam als es sich nackt und unverhüllt zeigte. Alle Schleier waren heruntergerissen. Wir schauderten vor dem was Menschen Menschen anzutun vermochten. Wir die wir draußen waren und den Krieg wahrhaft erlebten, haben seit ihm ein anderes Maß der Dinge. Wir haben eine andere Berechtigung, einen anderen Urgrund und eine andere Zukunft als andere die ihn nicht erlebt haben. Es war unmöglich noch zu tun als ob die Welt von Liebe regiert würde. Wir fühlten es als wir heimkamen. Wir waren ehrlich geworden. Das Tun-als-ob war sinnloser denn je. Diesen Fluch einer anderen Generation und ihrer Nachzügler waren wir los. Wer jetzt noch tat-als-ob war ein trauriger Leichnam den man vergessen hatte zu begraben. – Wenn diese Welt eine christliche war und von dem Gott erschaffen den Christen christlich nennen, so glich sie ihrem Schöpfer nicht. War der Mensch die Kreatur Gottes, so mußte er seinem Schöpfer gleichen dessen Bild er war. Aber er glich ihm nicht. Wir die da draußen waren hatten es gesehen.

Mit diesem Maß der Dinge kam ich heim. Es war mir recht es zu besitzen. Aber die Menschen fürchteten dieses Maß das sie gleichwohl fühlten...

Unterdessen hatte man in Deutschland eine Revolution gemacht. Ich habe nichts davon erlebt. Ich lag in einem Kriegslazarett in Baden in Genesung von den Folgen einer schweren Ruhr die ich aus dem Felde heim gebracht hatte, als sie einsetzte. Ihre Forderungen erschien mir klein und kläglich. Ihre Führer gehörten nicht dem Volk und ihre Namen sind verschollen. Man stürzte morsche Throne. Wie sollten sie nicht fallen, da niemand sie stützte. Die früher auf ihnen saßen, glaubten selbst kaum an sich. Als ich wenige Wochen später in mein Haus und unter die Menschen zurückkehrte mußte ich gewahren daß niemand eigentlich erschüttert war. Aber man interpretierte in die Begebenheit alle Empörung und alle Sehnsucht der

Zeit und wertete sie so aus, als sei sie aufgesprungen, um dieser Empörung und dieser Sehnsucht zu ihrem Recht zu verhelfen. Ich beschloß mit meinem Vater über diese Dinge zu reden, sobald ich ihm wieder begegnen würde. Daß es nicht die Revolution war die ich ersehnte, die mich meine mehrfachen Vaterländer vergessen machte, die dem Prinzen verboten hätte zu fragen wo Kassel liege, erlebte ich in mir nur zu deutlich. Die Grenzen Deutschlands waren so weit geworden als der Krieg uns erfaßte. Sie lagen so weit da draußen. Nun waren sie auf einmal wieder eng. Man sah wieder diese Länder wie ein Flickwerk von größeren und kleineren Stücken, und jedes der Stücke hatte seine größere oder kleinere eigene Revolution gehabt und um sie alle schlang sich ein Begriff, der hieß das Reich. Das war der Anblick Deutschlands nach den Revolutionen. Ich will die Männer die, obgleich sie die Erhebung nicht gemacht hatten, doch von der Bewegung nach oben getragen worden waren und den Begriff des Reichs zusammenhielten nicht schmälern noch ihre Mühen schmälern. Deutschland erhielt nach neun Monaten Trächtigkeit und Wehen eine Verfassung die es zu einer Republik machte. Es stand keine Begeisterung hinter der Tat, obgleich gar manches in dieser Verfassung steht was ein Volk begeistern sollte. Ich hatte die Revolution nicht gemacht, ich stand politischem Getriebe fern, ich übernahm den kleinen äußeren Wirkungskreis wieder, den ich mir in dem kleinen Ort meiner Niederlassung vor dem Kriege geschaffen hatte. (Anm. D. W.: Binding war Bürgermeister im hessischen Buchschlag bei Frankfurt/Main). Die Welt war sehr leer. Alles verbot sich. ... Der Friede selbst – ich weiß nicht wie ihn andere erlebten – erschütterte mich kaum noch. Ich hatte mir schon hundert Male vorgestellt, daß er hart sein müsse, vielleicht untragbar. Ich stellte mir den Frieden vor, den Deutschland als Sieger Frankreich diktiert hätte, und konnte nicht zugeben daß dieser milder ausgefallen wäre (so dachte man damals, weil man das französische Volk als ehrlichen Gegner im Kriege achtete und die Advokatenkniffe und verborgenen Hinterhältigkeiten des Versailler Vertrages, die sich nachher auswirkten, noch nicht erkannte). Aber ein seltsamer Ehrgeiz der Sieger, der den der ihn aufbrachte mehr verdächtigte als den den er bezichtigte, hieß die feindlichen Unterhändler das Bekenntnis der alleinigen Schuld am Krieg zum Inhalt eines ihrer Paragraphen machen. Man sprach von einer Schuld am Kriege? von einer Alleinschuld sogar? ... Man hätte den Frieden von denen machen lassen sollen die in den Gräben aufeinander schossen. Er wäre ehrlicher geworden. Ich war von meinem Feinde den ich vier Jahre lang als ebenbürtigen Gegner achtete sehr enttäuscht. – Die deutschen Bevollmächtigten hatten unterschrieben. Die Bedingungen des Friedens würde man einhalten nach seinen Kräften. Das verstand sich. Auch die Zuschiebung der Alleinschuld am Kriege war unterschrieben. Es machte mir nicht den geringsten Eindruck. Man hätte ebensowohl unterschreiben mögen daß zweimal zwei fünf sei. Ich weiß daß ich niedergeschlagener über die Welt war als über das was uns zu tragen aufgegeben wurde. Wo war nun noch reine Luft? Das größte, bitterste, abgründigste Erlebnis der Völker sollte geschändet werden, geschändet weiterleben. Man wäre empfänglich gewesen für die leiseste frohe Botschaft."

Rudolf. G. Bindings gesamte Schriftstellerei war, zugegebenerweise, eine betont elitäre Dichtung und bewußt sich abhebend vom proletarisch-vulgären wie revoluzzernden Zeitgeist anarchischer sowie linker Literaturmacher und professioneller Zersetzer überkommener bürgerlicher Werte. Als er mit über vierzig Jahren seinen dichterischen Werdegang forcierte, machte er sich als Erzähler und Novellist bald schon einen bleibenden Namen durch seine höchst ausgeprägte, künstlerisch ausgereifte Schreibform. Als kultiviertem Bildungsbürger, Herrenreiter, Husarenrittmeister und deutschem Patrioten schwebte ihm immer das (nicht unbedingt allein exzentrisch oder skurril sein sollende) Lebensideal des englischen Gentlemans vor. Welches er dann für sich stetig zu vervollkommnen suchte. Und dem er auch in seiner Meisternovelle von „Sankt Georgs Stellvertreter" ebenso besinnlich-humorig wie männlich-standfest beeindruckende Ausprägung verlieh. Das ist auch heute noch lesenswert, wie er seinen so sehr diesseitsgebundenen, erdverwurzelten, lebensfrohen Rittmeister eine Nacht lang Abschied von Freunden und vom Leben nehmen läßt. Weil jener von einem zwar maulenden, aber als dienstgetreuen Jenseitsbeamten widerwillig parierendem, Gevatter Tod vorzeitig abberufen wurde. Denn eigentlich war der fröhliche Rittmeister noch lange nicht dran. Wurde aber oben im Himmel dringend gebraucht, um als kriegserprobter, schneidiger Schwadronschef die zu offenkundig vor sich hinlotternden himmlischen Heerscharen, speziell jedoch die vergammelte Himmelsreiterei, schnellstens wieder auf christlichmilitanten Vordermann zu bringen! Und so hatte sich dieser eben, zwar recht unlustig doch mannhaft, auf seinen allerletzten Weg zu machen – natürlich hoch zu Roß und in angemessener himmlischer Begleitung. Mochten sich mit seiner drunten zurückbleibenden Körperlichkeit ruhig die eifernd salbadernden Gebetsmönche abmühen. Ihn scherte dieses alles nicht mehr, gottseidank, denn: „Zu der Zeit aber war der Rittmeister längst aufrechten Hauptes durch das Himmelstor eingegangen, und der heilige Georg hatte ihm die Hand gereicht; eine Ehre, von der die ältesten Heiligen sich nicht entsinnen konnten, daß er sie einem Neuankömmling erwiesen; und dann hatte ihn der heilige Georg, indem er ihn zu seiner Rechten schreiten ließ, vor Gottes Thron geleitet, und nichts drang zu ihm herauf von alle dem, was sie seinem Leichnam auf Erden auch antaten". So schließt

Binding bündig ab. (Schreiber dieser Zeilen sekundiert ihm mit neidlos anerkennendem „Bravo!"). Ein Gustav Sichelschmidt schrieb in „Verschwiegen und Vergessen. Nationale deutsche Autoren im 20. Jahrhundert" (auf S. 81 ff.) zur Wirkung des Bindingschen Werkes auch dieses: „Zwischen den Kriegen rechnete Rudolf G. Binding mit Sicherheit zu den meistverkäuflichen deutschen Autoren. Seine schlanken Novellenbände gehörten damals zum unerläßlichen literarischen Inventar eines Bildungsbürgertums, das inzwischen längst die Segel gestrichen und kampflos anderen das ausgelaugte Terrain unserer Literatur überlassen hat." Binding sei als Vertreter kunstgewerblicher Dichtung, als Exponent eines überlebten aristokratischen Anachronismus sowie letztlich als vielbegabter Schreiber von Edelkitsch regelrecht verteufelt worden. Sichelschmidt wörtlich weiter: „Die geistigen Pygmäen, die das heutige deutsche Geistesleben reglementieren, haben sich an ihm gerächt, indem sie ihn mit dem Verdikt der Zweitrangigkeit bestraften." Kein erläuternder Kommentar hierzu mehr nötig – nur soviel – daß dem Sichelschmidt durchaus zugestimmt werden kann, für diesen noblen Charakter und bekennenden, echten Deutschen eine derbe (Reiter) Lanze zu brechen!
Bindings innere Ruhe fundierte wohl zunächst auf klassischer Bildung und seelischer Harmonie, welche auch die körperlichen Kräfte und Leidenschaften zügelte. Aus seinem Gesamtwerk spricht eine insgesamt grazile künstlerische Leichtigkeit – aber auch ein gewisses Schweben über Abgründen, in die man sich nicht hinabziehen lassen möchte. Seine dichterische Selbstzucht bremst ebenso desöfteren aufbrechende Leidenschaftlichkeit des Leibes wie der Liebe. R. G. B. war während seines Lebens immerhin an zumindest drei Frauen sehr nahe verbandelt und länger verbunden gewesen; mit bzw. ohne Trauschein. Also war ihm auch nichts menschliches fremd; freudvolle und gefühlsbetonte Lebensbejahung paarte sich bei ihm mit männlichherber Würde, Schaffenskraft, Ritterlichkeit und (mühsam genug anerzogener) Selbstbeherrschung. Mut ohne Hochmut – Gleichgewicht ohne Überwichtung – konservatives Wertedenken ohne bürgerliche Scheuklappen: so wollte Binding sein und gesehen werden. Als deutsche Variante des britischen Gentleman! Leben wird da zur Gegenwart, durchlebte Zeiten werden zum Sein im späten Schaffen des Künstlers. Denn erst in seinem fünften Lebensjahrzehnt ergriff dieser die bewußte Feder, die seither sein Leben ausmachte; mit Gedichten 1909 beginnend und mit ersten, sogleich recht erfolgreichen, Novellen vor dem Kriege. In „Erlebtes Leben" meinte er, durchaus selbstkritisch, er habe wenig anzubieten, denn „ich griff sehr spät zur Feder, und so manche Wochen, manche Monate ruhte sie. Ich habe nie das erste Wort einer Erzählung, die erste Zeile eines Gedichts niederzuschreiben gewagt, ehe ich nicht das letzte Wort, die letzte Zeile

sah. Wenn ich rot schrieb, war es rot in mir, und wenn ich grau schrieb, war es grau. Denn eines Dichters Wort ist keine Zufälligkeit oder eine Zutat, sondern ein Inbegriff und ein unabänderliches." Jawohl, genauso ist es wohl auch bei jedem wirklichen Dichter – oder sollte es wenigstens sein – was hier einmal doppelt dick unterstrichen wird...

Noch eine wichtige Anmerkung an dieser Stelle: Rudolf G. Binding und das Schreiben; im Wortsinne das geschriebene Wort und der gezimmerte Satz. In seiner kleinen aber geschliffenen Replik „Über Zeichensetzung" meinte er, einiges Bedeutsame zu den Lese- oder Sinnzeichen in Schrift wie Drucksetzung uns mitteilen zu müssen, betreffs Gedankenlosigkeit oder Unsinnigkeit ihrer Anwendung hierzulande. Weil „die gesprochene Sprache bedarf der Zeichen nicht; die geschriebene bedarf ihrer in weit geringerem Umfange als sie jetzt – und zwar ausschließlich im Deutschen – angewendet und gelehrt werden. Die Pedanterie der deutschen Sprache, die viel weiter geht, als man denkt, erstreckt sich auch auf die Lesezeichen. So viele unnütze Lesezeichen wie die deutsche besitzt keine andere Sprache der Welt..." Und dann verreißt Binding in seiner Abhandlung zur Semantik in der deutschen Schriftsprache die gesamte Kommasetzung – aber gründlich! Weswegen in vorliegendem Beitrag auch bei seinen darin aufgeführten und eingebrachten Wortzitaten, kurzen oder längeren Werkauszügen, die uns gewohnten Kommata an den uns so nötig scheinenden Satzstellen oder ihren geistigen Trennwänden oft fehlen – die Bindingschen Sätze sich also wie längere Wortschlangen voranbewegen. Was beim Erstlesen durchaus befremdlich erscheienen mag; aber man gewöhnt sich mit der Zeit daran. Leseinteresse und Gutwilligkeit vorausgesetzt sowie genügend Lesezeit und -lust mitgebracht.

Übrigens hat Binding zum Thema britisches Gentlemantum als eine „verdammt geniale Erfindung" auch in seine Autobiografie die ebenso hübsche wie den Punkt treffende literarische Fiktion eines erdachten kleinen Streitgespräches zwischen ihm, König Eduard VII. von England (gest. 1910) sowie dem altathenischen Feldherren und Politiker Alkibiades (ermordet 404 v Chr.) ganz geschickt mit eingebaut. Es folgen Auszüge (S. 206 f. der 1950er Auflage bei Hans Dulk in Hamburg), welche des Autors Standpunkt zementieren:

„Wir meinen eben doch", sagte ich, „daß wir im Vergleich mit anderen Zeitaltern, etwa dem Barock, der Renaissance, dem Rokoko, dem Mittelalter, vom Altertum ganz zu schweigen, keine eigentliche Form des Daseins haben."

„Das meinen die Lebenden immer", sagte Alkibiades. „Das haben wir zu unserer Zeit auch geglaubt; und nachher war die Form des Daseins die wir lebten dennoch ganz anständig."

Ich mußte ihm recht geben, vermochte ihm wenigstens nicht zu widersprechen, Vielleicht war die Form die wir so hoch einschätzen etwas was erst die Nachwelt sah. Es gehörte eine Perspektive, ein Abstand dazu. – Eduard VII. grunzte „Gegen den echten Gentleman... kann es keine Einwendungen geben. Er denkt von sich, daß er als Form jedermann zugänglich ist: jeder Schuhputzer und jeder Chaffeur, jeder Dichter und jeder Lord, jeder Minister und jeder Arbeiter kann ein Gentleman sein wie ich es bin. Das ist anständiger als alle Zeiten gedacht haben. Das Gentlemantum ist das wunderbare geheime unbeschränkte Rittertum unserer Zeit dem die Besten Gefolgschaft leisten. Es hat sein ungeschriebenes Gesetz, seine Form und seine Tracht. Ich kann nicht finden und habe nie gefunden, daß es weniger stolz sei als irgendeine Gemeinschaft der Welt.

„Und wie sieht dieser Ritter aus?" fragte Alkibiades vorsichtig.

„Er ist ein Mensch der auf sich hält", antwortete Eduard; „ein Mensch der nicht darauf pocht was er ist oder was er hat, sondern der gefaßt ist zu bestehen was ihn trifft; ein Mensch des Gleichgewichts ohne Unterbau in den er eingemauert wäre um nicht zu fallen. Er steht auf Menschenfüßen und gut gemachten Stiefeln. Er ist unsentimental wie ein Spazierstock. Er ist unverdrossen wie ein Foxterrier. Er ist immer bereit wie eine geschliffene Klinge. Er hält mit sich Haus und kommt mit sich aus. Er macht den Mund nicht weiter auf als nötig. Er tut nicht als ob und nennt die Dinge beim rechten Namen. Er steckt den Kopf nicht in den Sand. Er ist ehrlich und wahrt seinen Vorteil. Er ist sachlich und unromantisch. Er ist nie laut und in allen Lebenslagen frisch rasiert und richtig angezogen. Er macht kein Aufhebens von sich, aber er wirft sich nie weg und gibt sich nie auf. Er genügt sich. Wenn er nicht krank ist, braucht er keinen Selbstmord zu begehn."

Alkibiades wartet lange... „und faßte den Gentleman dann so zusammen: Vielleicht ist er die höchste Form des Daseins. Wenn man ihm die Erde unter den Füßen wegzöge, würde er schweben, es ist das Bild der gesicherten Schwebe. Er begehrt nicht den Punkt darauf er stehen könnte, um die Welt aus den Angeln zu heben. Er steht. Aber er braucht nicht zu stehn. Er erträgt einen schwebenden Zustand seines Innern. Er ist der Mensch der Zukunft. Muß man denn immer Boden unter den Füßen haben?"

Nicht so wichtige Anmerkung dazu: Schreiber dieser Zeilen nimmt für sich selbst keinesfalls derlei Gentleman-Qualitäten insgesamt als Personifizierung in Anspruch, einzelne Versatzstücke davon aber durchaus schon. Weil er sich nur zu bewußt ist, daß ihm zu obigem halt so mancherlei noch fehlt. Auch wird er sicherlich niemals ein sogenannter feiner Mann. Was ihn allerdings nicht daran hindern soll, besagten Idealtypus Gentleman als heutzutage fast ausgestorbene (und auch im Geistigen ausgerottete) Leitfigur einer längst vergangenen Kulturepoche neidlos anzuerkennen!

R. G. B. schließt seine Autobiografie – die er 1928 auf den Büchermarkt bringen konnte, und also nach Eintritt in sein siebentes Lebensjahrzehnt dann ab mit einer weiteren, letzten Erinnerung an seinen ihn lebenslang dominierenden Erzeuger. Er schreibt:
„Ich stand in meinem dreiundfünfzigsten Jahr als mein Vater starb. Ein halbes Jahrhundert lang hatten er und ich in gleichem Erdreich der Zeit und des Lebens gewurzelt wie zwei Bäume die, in verschiedenem Alter ausgesät, gleichen Stammes waren, dem gleichen Walde angehörten und einander nahe standen. Wenn die älteren Bäume fielen, wurde der Wald dennoch nicht jünger. Ein anderes Geschlecht stand urplötzlich an Stelle desjenigen das die Zeit unmerklich hinweggeführt hatte.Nun erlebte ich es an mir. Sehr spät ist es mir aufgegangen – nicht daß ich ein anderes Geschlecht war als er; das wußte auch er – sondern daß ich nun das Geschlecht war, in dessen Schatten schon ein nächstes Geschlecht aufwuchs und ich keines mehr über mir hatte. Jedes Geschlecht überschattet das jüngere langehin. Aber wenn der Schatten aufhört, gewahrt in der eigenen Sonne das jüngere daß es nun selber das nächste geworden ist, Platz zu machen, gleichviel ob früh oder spät. Ich war der nächste geworden.“
Es ist dies eine sehr kluge, lebensphilosophisch-nachdenkliche wie auch das Gefühl anrührende, Bemerkung des Dichters und des Menschen Rudolf G. Binding. Und damit soll auch sein Kapitel hier abgeschlossen sein.

Reiterattacke der Grimmaer Husaren zu Beginn des Ersten Weltkriegs 1914 an der Westfront bei Somme-Py

R. Trache

Die GRIMMAER (und ihre) HUSAREN
Königlich Sächsisches 2. Husaren-Regiment Nr. 19

Ein Stück Kulturgeschichte der Region

In der, formal selbständigen, Armee des Königreiches Sachsen (schließlich gab es ja auch ein eigenes Kriegsministerium, und die Truppen waren de facto wie de jure voll in die Gesamtstreitkräfte des kaiserlichen Deutschland integriert; ebenso wie die Armeen der Königreiche Bayern und Württemberg) existierten mit Stand 1913, und also vor Ausbruch des Ersten Weltkrieges immerhin acht (!) Kavallerie-Regimenter. Nämlich die beiden Kürassierregimenter der Gardereiter (1. Schweres Regiment, mit Garnison Dresden) und Karabiniers (2. Schweres Regiment, mit Garnison Borna). Sowie drei Regimenter Ulanen; das 1. Ulanenregiment Nr. 17 (mit Garnison Oschatz), das 2. Ulanenregiment Nr. 18 (mit Garnison Leipzig), das 3. Ulanenregiment Nr. 21 (mit Garnison Chemnitz). Schließlich drei Regimenter Husaren; das 1. Husarenregiment Nr. 18 (mit Garnison Großenhain), das 3. Husarenregiment Nr. 20 (mit Garnison Bautzen – erst 1910 errichtet und sogleich in die neue, feldgraue Uniform eingekleidet). Und eben auch das Königlich Sächsische 2. Husarenregiment Nr. 19, mit Heimatgarnison im beschaulichen kleinen Muldenstädtchen Grimma! Dieses 2. sächs. Hus.-Rgt. 19 war mit dem 2. sächs. Ulanen-Rgt. 18 dann dem XIX. Korps in Leipzig unterstellt. Für dbzgl. wenig informierte Leser sei hier noch angemerkt, daß (am Beispiel der Grimmaer Husaren festgemacht) die vordere Zahl 2 auf die lfd. Nomenklatur und Zählung der Husarenregimenter innerhalb der sächsischen Armee deutet; während die hintere Zahl 19 dann als Nummer in der Zählung dieses Reiterregimentes betr. Nomenklatur aller reichsdeutschen Husarenregimenter zu werten ist. So wurde übrigens auch bei den teil- bzw. scheinselbständigen Streitkräften anderer deutscher Bundesstaaten verfahren, mit Ausnahme Bayerns. Für Militärhistoriker nochmals ganz genau ausgewiesen und formuliert: Bei Weltkriegsausbruch 1914 stand das 2. Kgl. Sächs. Husaren-Regiment Nr. 19 in seiner Friedensgarnison Grimma (Rgts.-Kdr. war der Oberstleutnant Bobsien). Es bildete mit seinem quasi Schwesterregiment der 18er Leipziger Ulanen die 24. Kavalleriebrigade (2. Sächsische in Leipzig) – in der 24. Division (2. Sächsische in Leipzig) – beim XIX. Armeekorps (II. Kgl. Sächs. Armeekorps in Leipzig). Alles klar?

Nun aber zunächst etwas zu Herkunft und Wortinhalt des reiterlich – militärischen Gattungsbegriffes „Husar“ bzw. „Husaren“, sowie zu deren Uniformierung allgemein, wie auch der Grimmaer Husaren im besonderen. Ursprünglicher Begriffsinhalt ist wohl der „Husz-harc“ (der zwanzigste Mann), sprachlich abgeschliffen dann in Huszar, Hussars, Husaren. Aus dem Ungarischen herkommend, steht dies einmal für husz als die Zahl Zwanzig, und zum anderen für ar (Aufwand, Entgelt, Lohn, Preis). Und geht insgesamt auf eine frühe königliche Bestimmung des Mathias Corvinus zurück (1485 vom ungarischen Reichstag zu Szegedin abgesegnet). Nach welcher jeweils 20 grundbesitzende Landeigentümer in den latenten Türkenkriegen und zur Landesverteidigung die Kosten für je einen berittenen Soldaten gemeinsam tragen mußten, diesen wie auch sein Pferd entsprechend auszurüsten hatten. Im balkanischen Sprachgebrauch jedoch, an der dauernd unruhigen Militärgrenze des vielvölkischen Habsburgerreiches (und etwas frei übersetzt) hießen solche „Hussars“ aber wohl soviel wie umtriebig schweifende, berittene und bewaffnete, oftmals räuberisch verwilderte „Herumtreiber“...
Zur Armierung jener Reitertruppen hier nur soviel: Althergebrachte Standardbewaffnung waren der leichtgekrümmte, mittelschwere Husarensäbel sowie die langläufigen, schweren Reiterpistolen und ein immer schon kurzläufiges Gewehr als Reiterkarabiner. Im kaiserlich deutschen Heer wurde für die gesamte Kavallerie, also auch die Husarenregimenter, zu Ende des 19. Jahrhunderts noch zusätzlich die lange Reiterlanze befohlen. Ein altertümliches, schwer zu handhabendes, erst nach längerem Exerzieren zielgerichtet verwendbares Kriegsgerät (per 2.6.1889 als Stahlrohrlanze).
Zu einigen besonders ins Auge stechenden Uniformteilen wie folgt: Die Husarenpelzmütze, der Kolpak (Kalpak) war die typische Kopfbedeckung der Husaren. Ein Rohrgestell, mit Fell oder Pelzbesatz überzogen und mit linksseitig heraushängendem Beutel; aus ursprünglich türkischer Lammfellmütze hervorgegangen.
Uniform- oder Leibrock der Husaren war bis ins 19. Jahthundert hinein der Dolman (vom türkischen doliman), eine mit Knebel und Schlingen verschließbare Kurzjacke; farbenfroh bunt, mit einer Menge von Knöpfen, Litzen, Fangschnüren versehen. Was nicht nur gut aussah, sondern im Reitergefecht auch gegen feindliche Säbelklingen, Hiebe und Lanzenstiche schützen sollte. Ihn ersetzte später dann der oder die Attila. Im Worte ebenfalls auf türkische bzw. madjarische Herkunft verweisend, war das ein Schnürenrock als kurze, taillierte, pelzgefütterte Husarenjacke. Die in früheren Jahrzehnten getragenen schweren Husarenpelze wurden manchmal über die Linksschulter geworfen, sodaß der rechte Ärmel lose am Rücken herunterhing und damit der Säbelarm freiblieb. Denn die linke Hand war, wie bei allen Kavalleristen, die Zügelfaust für das Pferd.

In allen deutschen Kavallerieformationen aller Bundesstaaten ist aber (über viele Jahrhunderte, mit jeweils allerhöchster Befehlsgebung abgesegnet wie auch spielerischem Wohlgefallen betrachtet) ständig an den zahlreichen, zumeist dienstlich unwichtigen, jedoch stets augenfälligen Details ihrer vielfarbigen Adjustierung und Uniformierung herumgebastelt, neuorganisiert, verändert oder retourgeändert worden. Deshalb sei hier nur die letzte Friedensuniform der Grimmaer Husaren vor dem Ersten Weltkrieg beschrieben und exemplarisch vorgestellt.

In selbigen ausgeritten sind sie allerdings schon im schlichten, jedoch kriegsbedingt einsatzpraktischen, Feldgrau. Hochinteressante, fachlich informative Quelle hierzu ist die ebenso sachverständige wie gutgemachte Kurzbeschreibung nebst Bilddokumentation „Die Uniformen der Königlich Sächsischen Armee 1867 – 1918“ von Wolfgang Friedrich und dem Dresdener Arbeitskreis „Sächsische Militärgeschichte e. V.“ (1996). Daraus kurz in Auszügen wörtlich zitiert (von Seiten 14/15):

„Die Uniform nach preußischem Muster, war kornblumenblau mit sächsischen Abzeichen... (Offiziere in Lichtblau; Anm. D. W.) Die weiße Fangschnur der Pelzmütze war für Unteroffiziere mit Grün durchflochten. Der Stern war aus Tombak, der Wappenschild aus Neusilber, der Kolpak... beim Rgt. 19 purpurrot. Offiziere hatten an der Pelzmütze silberne, grün durchwirkte Fangschnur und weißen Reiherstutz mit Manschette aus glatten grünen Federn. Der Deckel der Tuchmütze war kornblumenblau... das Mützenband kornblumenblau mit... weißem Vorstoß an dessen Ober- und Unterkante sowie am Deckel beim Rgt. 19. Die lange Tuchhose war kornblumenblau beim Rgt. 19 und hatte den Vorstoß in Schnurfarbe, also weiß beim Rgt 19. Bei den Mannschaften waren an Mantel und Litewka die Kragenpatten purpurrot beim Rgt. 19. Die Achselklappen waren am Mantel kornblumenblau mit... weißem Vorstoß und Nummer 19 beim Rgt. 19... Beim Rgt. 19 trugen die Offiziere, die dem Regiment schon vor dem Tod der Königin Carola (15.12.1907) angehörten, ein vergoldetes, gekröntes C (auf den silbernen Schulterschnüren; Anm. D. W.). Offiziersattila war beim Rgt. 19 mit silberner Kettenschnur besetzt. Die Dienstsäbeltasche der Mannschaften und Unteroffiziere war aus schwarzem Leder ohne Deckelverzierung, die Paradesäbeltasche beim Rgt. 19 aus dunkelrotem Leder... der Deckel mit kornblumenblauem Tuch bezogen und an den Seiten und unten mit einer Borte und einer Schnur in der Farbe der Verschnürung besetzt, in der Mitte der gekrönte Namenszug AR in Metall, ebenfalls in der Farbe der Verschnürung. Die Paradesäbeltasche der Offiziere bestand aus ponceaurotem Leder. Der Deckel war mit kornblumenblauem Tuch bezogen, mit silberner Tresse besetzt, in der Mitte den gekrönten Namenszug AR. Der Offizierspaletot hatte den Kragen umgelegt, kornblu-

menblau, hochgestellt... purpurrot mit weißem Vorstoß beim Rgt. 19. Das Offiziersbandolier war wie das der Schweren Reiter, auf kornblumenblauer Unterlage, Tressenbesatz in Schnurfarbe, Beschlag entgegengesetzt, also Rgt. 19 Silbertresse mit goldenem Wappen. Die Koppel mit Trageriemen waren wie die Bandoliere, mit stets vergoldeten Löwenknöpfen. Auch die Paradeüberlegedecke war die der Schweren Reiter. Der Stern im Sattelfell der Offiziere war beim Rgt. 19 versilbert mit silberner Krone... Die Pistolenstützchen waren von Abzeichenfarbe, besetzt mit Tresse in Schnurfarbe, die in Abzeichenfarbe durchzogen war." (Soweit im Text o. erw. Publikation; farbige Abb. dazu auf Tafel 11, S. 52 sowie auf Tafel 22, S. 63. Erläuterungen dazu auf Seiten 24/25).
Enganliegende Reithosen, auch kornblumenblau mit weißen Borten, und schmucke, weiche Lederstiefel mit Reitsporen gehörten mit zur Husarenuniform. Wie natürlich auch der eindrucksvoll tiefgeschnallte Säbel zur Seite, den man so herrlich aufreizend am Straßenpflaster schleifen lassen konnte. Auf Ausgang im Garnisonsbereich besonders für die Kinder vielbestauntes und begehrtes Anschauungsobjekt. Und bei den Mädchen war es manchmal recht schwer, zu unterscheiden, wem ihre ungeteilte Aufmerksamkeit nun eigentlich mehr galt: der schicken, vielfarbig glitzernden Uniform – oder dem jungen Manne, welcher darin steckte und stolz mit ihr posierte. Wen also wunderts, daß diese flotten Husaren in ihrem bunten Tuche massenhaft die Mädchenherzen brachen? Getreu dem alten Reiterspruch „Flugs wird geworben und flink wird gefreit, hoch Glück und gute Gelegenheit!" Denn dazumal war eben noch der Soldate der erste Mann im Staate (viel mehr noch der Offizier); wie sich doch die Zeiten verändert haben...

Als Stiftungstag der 19er Husaren gilt der 30.7.1791! Das Regiment wurde errichtet in Bischofswerda, Hoyerswerda, Königsbrück, Radeberg, Ruhla – indem jedes der 7 kursächsischen Kavallerieregimenter zunächst seine kleinwüchsigen Leute ans neue, 8. Regiment überstellte. Dann wurde heftig (auch außer Landes) geworben. Man folgte dem Vorbild der sich in den Kabinettskriegen des 18. Jahrhunderts vorzüglich im Kleinkrieg und in Aufklärungs-Fernspäh-Patroillentätigkeiten bewährt habenden Husarentruppen der k.k. Österreicher, später auch der Preußen. Wer hat nicht schon einmal von derem berühmten General und Husarenvater „Zieten aus dem Busch" gehört? Und auch Feldmarschall Blücher der Befreiungskriege war altgedienter Husar. Immerhin rüstete Sachsen bereits 1734 seine erste Reitertruppe dieser Art in Großenhain auf. Alle Husaren mußten fortan kleine, wendige, gut reitende wie auch fixe Kerlchen sein. Mit einer gehörigen Portion Ausdauer, Mut, zähem Durchhaltevermögen und Tollkühnheit im

Kampfe – keiner größer als 167/68 cm; bei Offizieren galten aber Ausnahmeregelungen. Die ebenfalls kleinen, harten Husarenpferde wurden zumeist aus Polen bezogen. Frühe Garnisonen der Husaren lagen an der Unstrut, in und um Artern herum.

Während der Koalitionskriege ab 1792 in der Reichsarmee und gegen die Truppen des revolutionären Frankreich eingesetzt, dokumentierten Sachsens Reiter ihren geforderten Husarengeist in den Rheinfeldzügen aufs beste. So hieben sie einmal per Attacke vor Mainz das in schwere Bedrängnis geratene preußische Hauptquartier samt Stab und kommandierenden General v. Kalkreuth aus feindlicher Umzingelung heraus. Solcher Sachsenbravour erteilte der Gestrenge dann auch höchstes Lob und sein „innigstes Wohlgefallen an der fast allen Glauben übersteigenden Tapferkeit der sächsischen Husaren!"

Auch im für Preußen so mißlichen 1806er Feldzug in Thüringen fochten die Sachsen wieder an preußischer Seite, stellten sie diesen ein 20 000 Mann starkes Bündniskontingent. Und hauten sich schwadronsweise wie auch regimentsstark mit den siegreichen Franzosen herum; erst vor Saalfeld und dann am Tage der Niederlage (14. Okt. 1806) bei Jena. Der damalige Husarenrittmeister von Thielmann wurde ebenfalls aktenkundig (er ist später als sächsischer Überläufer zur Feindseite noch preußischer Kavalleriegeneral in den Befreiungskriegen geworden). Sein Regimentskamerad von Funck aber brachte es in sächsischen Diensten noch weiter und machte hier eine Bilderbuchkarriere: 1761 in Braunschweig geboren, aus bürgerlicher Familie stammend, diente er 1780 – 1787 als junger Offizier im sächsischen Regiment Garde du Corps und ging dann zeitweilig ins Zivilleben. Wurde 1791 wieder Soldat und diente als Rittmeister in Radeberg und Cölleda bei dortigen Husaren. 1801 aggregierter und 1804 wirklicher Major in Artern, 1805 Generaladjutant des Kavalleriekommandeurs General von Zezschwitz; bei Jena durch Lanzenstich verwundet und gefangen – von Napoleon persönlich dann als Kurier zum Sachsenkönig nach Dresden gesandt, um diesen zur Kampfaufgabe zu bewegen, was Funck auch gelang. Oberstleutnant und 7. Febr. 1807 schon Oberst und königlicher Generaladjutant geworden; 6. April 1809 Generalmajor und Generalinspekteur der sächsischen Kavallerie; 20. Februar 1810 bereits Generalleutnant und Kdr. 1. Kavalleriebrigade. Mit Mobilmachung von 1812 Kavallerie-Kdr. bei der I. Sächs. Division Lecoq (21. Kav.-Div. der napoleonischen Großen Armee), anschließend Übernahme der II. Sächs. (22. französ.) Kavalleriedivision im verlustreichen Rußlandfeldzug des Imperators. Am 2. Januar 1813 „aus gesundheitlichen Rücksichten" vom Kriegsdient dispensiert und fortan als Privatier in Wurzen lebend; Tod am 7. August 1828. Funck schrieb sehr informative, interessante wie auch kritisch-loyale Tagebücher über seine

Zeit und Zeitgenossen im Hof- wie Kriegsdienste und Sachsens Militärwesen überhaupt wie auch die sächsische Staats- und Provinzialverwaltung. Exkamerad Thielmann kommt darin als Verräter gar nicht gut weg. Und auch mit seinem obersten Dienstherren, dem Sachsenkönig (welcher ihn nie wieder in ein Amt berief), ging er recht streng ins Gericht. Ein volles Jahrhundert später erst sollten seine wertvollen Aufzeichnungen dann in Buchform publiziert werden...

Nachdem also Sachsen Königreich von Napoleons Gnaden geworden war, stellte dessen franzosentreuer Rheinbundfürst diesem auch seine Husarentruppe in einem Hilfskorps zur freien Verfügung. Anfang Juli 1809 fochten die bei Wagram in Österreich derart tapfer, daß sich der Kaiser höchstpersönlich zu folgendem, schriftlich belegten, Ausspruch bewogen fühlte: „Ich schätze das sächsische Husarenregiment als eines der tapfersten der Armee!" Und das wollte bei Napoleon (der an sich die Deutschen nicht gerade liebte) schon etwas heißen. Es sollte aber die solcherart Gelobten nicht davor bewahren, in den Untergangsstrudel des 1812er Rußlandfeldzuges mit hineingezogen zu werden. Den Österreichern angegliedert und im stetigen Kleinkrieg mit vorpreschenden Kosakenpulks wie auch hinterhältigen Bauernpartisanen, erlitten sie herbe Blessuren und schwere Verluste. Letztlich kehrten nur 133 Leute ins heimische Sachsenland zurück. Wo die Husaren – durch Neuaushebungen wieder auf ca. 800 Mann Regimentsstärke gebracht – dann in den Frühjahrsfeldzügen wie auch im Herbstfeldzug von 1813 vor Bautzen und Dresden, sowie bei Dennewitz und Großbeeren und in der blutigen Leipziger Völkerschlacht des Oktober wacker auf Seiten der Franzosen kämpften. Nach der hiesigen Niederlage in die Armee der Antinapoleonkoalitionäre eingegliedert, zogen sie relativ lustlos unter Blücher und Wellington noch in verlustreiche Feldzüge gegen die einstigen Waffengefährten und tief nach Frankreich hinein. Letzterer Feldherr schwärmte geradezu von den sächsischen Soldaten, denn „Von den Sachsen habe ich in den letzten drei Jahren nichts gesehen als vortreffliches und gehört als Lob!" Das ging denen zwar runter wie Öl, der alte Kommißkopp und sture Preuße Blücher war da aber gänzlich anderer Meinung. Er mochte nun mal diese Sachsen nicht und ließ auch einige (gegen überhebliche preußische Siegerallüren aufmuckende) Soldaten aus zwangsweise dem Preußenstaat einverleibten, ehedem nordsächsischen Landesteilen, als Meuterer in der Zitatelle Lüttich standrechtlich erschießen. Das Kriegsgericht deckte solches Vergehen zwar, politisch gesehen war es eine horrende Dummheit. Jedenfalls bezogen im Dezember 1819 die glücklich heimgekehrten Husaren endlich ihre neuen Heimatstandorte: Stabsgarnison wurde Grimma; Schwadronen garnisonierten in den nahegelegenen Städtchen Lausick und Rochlitz.

Am 19. Dezember 1822 in „2. Leichtes Reiterregiment" umbenannt, wurden sie späterhin auch zur Niederwerfung aufgeflammter Revolutionsunruhen der Jahre 1848/49 in Westsachsen mit eingesetzt. Eine wahrlich undankbare Aufgabe, aber was sollten die Husaren da schon gegen machen? Dienst ist Dienst und Befehl war Befehl; an eventuelle Diskussionen darüber damals auch überhaupt nicht zu denken.

In den deutschen Einigungskriegen aber standen die Sachsen einmal mehr auf der Verliererseite. So fochten die auch 1866 an der Seite Österreich-Ungarns und diverser süddeutscher Staaten ebenso tapfer wie sieglos gegen Preußen. Am Iserfluß und bei Königsgrätz (Sadowa) in Böhmen sowie vor Wien bewährten sich auch die Grimmaer Leichten Reiter wieder. Der k.u.k. Oberbefehlshaber Erzherzog Albrecht lobte verabschiedend die Sachsensoldaten als treue Verbündete, welche sich „durch ungewöhnliche Tapferkeit, strenge Disziplin und unerschütterliche Standhaftigkeit in allen Wechselfällen des Krieges ausgezeichnet hatten."

(Vgl. auch die mehrfachen, ähnlich lautenden, Bemerkungen zur Sachsenbravour des seinerzeitigen preußischen Kriegskorrespondenten für Berliner Zeitungen, Theodor Fontane, in dessen reichillustrierter, sehr gehaltvoller, detailtreuer Feldzugchronik „Der deutsche Krieg von 1866, 1. Band. Der Feldzug in Böhmen und Mähren. 2. Auflage", erschienen Berlin 1871. Wohl das Beste überhaupt, was es an Literatur dazu gibt.)

Die 1866er Kriegsentscheidung hatte immense politische Folgen auch für Sachsen! Denn mit Preußen im Norddeutschen Bund nunmehr zwangsvereinigt, zog die mobile Feldarmee des Königreiches unter ihrem tüchtigen Befehlshaber, dem Sachsenkronprinzen Albert (staatsmännisch ebenso durchgebildet wie begeisterter Soldat und als hochqualifizierter Schlachtenlenker zum preußischen Generalfeldmarschall befördert worden) in den ihnen vom imponiersüchtigen Franzosenkaiser Napoleon III. in größenwahnsinniger Selbstüberschätzung aufgezwungenen Deutsch-Französischen Krieg von 1870/71. Welcher bekanntlich, nach blutigen Verlusten beider Seiten, mit totaler Niederlage des „Erbfeindes" und einem harten Siegfrieden sowie der deutschen Reichseinigung und dem Zweiten Kaisertum endete. Die mit gen Westen ausgerittenen Grimmaer Reiter fungierten während harter Kriegsmonate als Divisionskavallerie bei der 24. Infanteriedivision; Kampfeinsätze u. a. bei St. Privat (18. August 1870) sowie in der Entscheidungsschlacht bei Sedan (1. September 1870). Im Jahre 1871 dann bildeten sie einen nördlichen Teil des Zernierungskordons um die eingeschlossene Hauptstadt Paris, streiften nach derem Fall als Besatzungstruppe durchs Land, wurde auch im aufflackernden Franktireurskrieg mit einbezogen. Erst am 3. November 1871 kehrten sie siegreich in die Heimatgarnisonen des Muldenlandes zurück. Auf einem massiven Kriegerdenkmal in den Grimmaer Anlagen wurden die Namen ihrer 16 Feldzugstoten eingemeißelt. In jenem 1871er Jahr bestand das Reiterregiment 80 Jahre und hatte bis dato in 11 Feldzügen zusammen 17 Feldschlachten, 59 Gefechte und vier Belagerungen mit ausgekämpft. 1876 wieder in Husaren umbenannt, erhielt das Regiment nunmehr die Bezeichnung als 2. Königlich-Sächsisches Husaren-Regiment Nr. 19.

Eine alte Zeitungsmeldung „Aus ruhmreichen Tagen“ (Erinnerungsblätter aus dem deutsch-französischen Kriege 1870/71) sagte unter dem 24. Oktober 1870 folgendes aus und bewahrte damit eine kulturhistorische Marginalie für alle Zeiten vor dem Vergessen. Es ging um die Erbs-Wurst! „Vor Paris verspeisen die deutschen Soldaten die ersten Erbswürste. Dies Produkt der Kochkunst von 1870, erfunden von dem Berliner Koch Grünberg, hatte das preußische Kriegsministerium für 37 000 Taler gekauft. Das Geheimnis bestand in dem Zusatz von Salzen, die verhinderten, daß das in einem Darm gefüllte Erbsengericht säuerte. Die in Berlin errichtete Wurstfabrik mit 40 Kesseln und 150 Wurstspritzen beschäftigte 1200 Personen. Anfangs wurden täglich 30 000 Würste fertig, die die II. Armee konsumierte. (Anm. D. W.: Deren Armeeoberbefehlshaber war Prinz Friedrich Karl von Preußen). In der 2. Hälfte des Oktobers bestellte aber auch der preußische Kronprinz für die III.Armee und nun gingen täglich 75 000 Würste ab in 600 Kisten, a 100 bis 150 Stück...“

(Weitere Anmerkungen dazu von D. W.: Benamter Koch Grünberg, ein offenbar grübiger Kopf und guter Küchenpraktiker, soll dem Vernehmen nach als junger Mensch von Sachsen her eingewandert sein – wie ja überhaupt ein Großteil der Bewohner von Preußens expandierender Hauptstadt aus solchen zugezogenen „Rucksackberlinern“ sich zusammensetzte. Auch heute noch! Wohl jeder gediente Soldat weiß um den guten Geschmack, den Nährwert und Sättigungsgrad einer unter feldmarschmäßigen Bedingungen heiß aufgekochten Erbsensuppe; welche oftmals noch mit dicken Speckbrocken oder eingeschnittener bzw. beigefügter Wurst verbessert wie verfeinert wurde. So sehr man natürlich das Essen von Muttern daheim schätzte – so gut, Pardon, liebe Hausfrauen, schmeckten die Erbsen zu Hause jedenfalls nicht! Und auch die Sachsensoldaten der von Kronprinz Albert geführten früheren Maasarmee und späteren IV. Armee im Verbund deutscher Einschließungstruppen um Paris, lernten dort eben diese Erbswürste auch kennen und lieben. Es ging in diesem Kriege als nachweislich auch um die Wurst, genauer gesagt, um die Erbswurst. Mit welcher sich Herr Grünberg dann seinen Ehrenplatz unter all den Unsterblichen der Militärgeschichte ganz gewiß ehrlich verdient hat).

Regiments-Chefs (Funktion ehrenhalber und nicht mit tatsächlichen Regimentskommandeuren zu verwechseln) waren ganz zuerst Generalleutnant

Freiherr von Gutschmidt; später dann in loser Folge Kronprinz Johann von Sachsen, 17. Februar 1876 bis 9. März 1888 Kronprinz Friedrich Wilhelm des Deutschen Reiches und von Preußen (der so tragisch endende 100-Tage-Kaiser); 30. Juli 1891 bis 19. Dezember 1907 Königin Carola von Sachsen (Gemahlin und Witwe König Alberts). Mitten im Weltkriege – anläßlich 125Jahrjubiläums der Regimentsgründung – ist dann noch der Deutsche Kronprinz zum Chef gekürt worden. Obwohl dieser im Heer damals schon reichlich unbeliebt war; aber die an allen Fronten hart ringenden Sachsenkrieger sind ja bei solcherart Zeremoniell nicht befragt worden. Bis Kriegsende und Auflösung hießen die Grimmaer jetzt also 2. Kgl. Sächs. Husaren-Rgt. Nr. 19 „Kronprinz Wilhelm des Deutschen Reiches und von Preußen".

Nach 1871er Friedensschluß und Reichsgründung gab es bis zum Ersten Weltkrieg auch für die Husarentruppe eine lange Friedensepoche. In jener Zeit wurden, nach Auswertung gehabter Kriegseinsatzerfahrungen, die Kavallerieausbildung und -taktik und gesamte Kampfesweise, die Waffentechnik und das an sich gute Pferdematerial ständig erweitert wie auch verbessert. Nachdem anläßlich ihrer Hundertjahrfeier den Grimmschen Husaren die Sachsenkönigin als Chef zugeordnet wurde, ist 1893 die an der Lausicker Straße neu hingebaute Reiterkaserne der nunmehrigen Königinhusaren folgerichtig in „Königin Carola Kaserne" benamt worden. Deren einzelne Kasernentrakte sind in späteren Jahren noch erweitert worden. Große Truppenübungen und Manöver (unvergeßlich das letzte glanzvolle Kaisermanöver von 1912 in Sachsen), reitsportliche Ausdauer-Distanz-Gewaltritte sowie Jagdreiten und Rennen sorgten für´s unerläßliche Training der Offiziere und Berufssoldaten. Allerdings war die kavallerietaktische Ausbildung vor 1914 eigentlich technisch unmodern, ja schon veraltet. Denn man gründete auf den 1870/71er Erfahrungen und favorisierte die Reiterattacke als Angriff in geschlossenen Formationen; man spezialisierte sich auch auf eifrig betriebene Nah- und Fernaufklärung sowie Melderitte. Fußgefechte mit den aufkommenden, modernen Schnellfeuerwaffen (MG) wurden hingegen kaum geübt. Auf den granatendurchfurchten, schützengräbendurchzogenen, stacheldrahtverhaubewehrten, von Maschinengewehren und leichten Feldgeschützen dominierten Schlachtfeldern des Ersten Weltkriegs an der Westfront – da zahlten die deutschen Reitertruppen anfänglichen blutigen Zoll für diese früheren, an sich unverständlichen, Unterlassungssünden!

Aber natürlich profitierte auch die Garnisonsstadt Grimma in Dienstleistungen, Handel und Gewerbe, Handwerk und Gastronomie usw. auf vielfältige Weise von ihren Soldaten. So lebten die Kleinstadtbürger mit ihren Husaren sehr verträglich zusammen; es war also ein für (fast) alle

einvernehmliches Nebeneinander. Wie es anno dunnemals, also Ende 19. Jahrhunderts und bis in die Weltkriegszeit hinein im Städtchen und mit seinen Husaren so zuging – das schrieb sich vor fast einem Dreivierteljahrhundert der seinerzeitige Berufsschul-Oberlehrer Curt Hensel einmal von der Seele (und zwar in den Anfangsjahren des vernichtenden zweiten großen Weltkrieges, der von Deutschland ausging). In „Unsere blauen Husaren", dem dritten seiner vier Heimatbriefe an alle Grimmaer in der Fremde. Allerdings altersbedingt in geradezu romantisch-schwärmerischer Verklärung. Denn Hensel hatte die, aus seiner Sicht, gute alte Husarenzeit als aufwachsender Grimmaer Junge noch voll miterleben können. So stellte er nun auch – wie ein quasi schriftstellernd bildermalender Spitzweg – das liebenswerte Kleinstädtchen an der Mulde mit seinem Bürgerleben im Mauerring und seiner engen Verbundenheit mit Husaren und Pferden sehr farbig und echt sächsisch gemütlich dar. Aus diesem seinem „Unser Grimma vor 50 Jahren und wie es sich gewandelt hat" (2. Aufl. 1941) des beim Fr. Bode Verlag Grimma erschienenen Werkchens sei hier im folgenden und in teils gekürzten längeren Auszügen wörtlich zitiert. Weil eben nur so die alte Zeit im alten Grimma, mit inzwischen längst vergangenen Baulichkeiten und oft schon vergessenen Menschen, mit allem Glanz und Pomp der Husaren (aber wohl auch deren oftmaligem Elend, welches Hensel bewußt verschweigt, kaum auch nur einmal andeutet), uns Heutigen wieder ganz nahegerückt werden und quicklebendig kurzzeitig auferstehen kann. Die meisten der zahlreichen Schwarzweiß-Fotos im gut bebilderten Buche stammen vom Grimmaer Meisterfotografen Pippig. Hensel nunmehr auf Seiten 76 ff, (von einigen, wenigen militärhistorisch fachspezifischen Anmerkungen des Beiträgers sinnvoll ergänzt – und als solche gekennzeichnet – um Erklärungsbedarf für den modernen Leser ggf. abzubauen):
„Ich will erzählen von der engen Verbundenheit unserer Husaren mit ihrer alten Garnison und deren Bewohnern. So wollen wir zuerst die Husaren besuchen in ihren alten Bürgerquartieren. So schön wohnten die Husaren damals nicht wie jetzt die Soldaten in den schmucken Kasernen draußen vor der Stadt. Schlicht und einfach waren die alten Quartiere eingerichtet. Sie lagen in den Höfen vieler Bürgerhäuser. Dort finden wir den Pferdestall, darüber den Futterboden, die Husarenstube und den Schlafraum. Drei Schwadronen waren in Grimma verquartiert, die 1., 3. und 5. Schwadron, die 2. und 4. lagen in Bad Lausick. Die zählten aber für uns nur wenig mit. Sie hatten ja kein Trompeterkorps und keinen Stabstrompeter. Als später die Grimmaer Husaren in die neuerrichteten Kasernen übersiedelten, da bezogen die beiden Lausicker Schwadronen die Bürgerquartiere. In den für sie errichteten neuen Kasernen haben sie nicht gewohnt, die waren noch im Bau, als das Regiment 1914 ins Feld zog. Die Quartiere waren über die

ganze Stadt verteilt, jede Schwadron hatte einen Bezirk. Ich kann die Quartiere nicht alle aufführen... Die kleinsten waren belegt mit zwei Mann und zwei Pferden, die größten mit über vierzig Mann und vierzig Pferden. Am beliebtesten und begehrtesten waren die kleinen Quartiere mit einer Belegschaft bis zu sechs Mann. Dort wohnte der Husar wie in einem „Garconlogis" oder einer gemütlichen „Junggesellenbude". Schlicht und einfach war, wie ich schon erwähnte, die Ausstattung der Husarenstuben. Die Wände wurden jedes Jahr frisch gekalkt. Sie waren reich geschmückt. Ungerahmte bunte Bilder aus illustrierten Zeitungen, vor allem Bildnisse hübscher Mädchen, Soldaten- und Königsbilder, waren mit kleinen Nägeln an die Wand gezweckt. Ein einfacher Schrank, oft nur ein Vorhang an der Wand, bargen die Bekleidungsstücke. Aller anderer Kram lag oder stand auf Regalen, die an der Wand befestigt waren. Das weitere Mobiliar waren ein paar Stühle oder Bänke, ein kräftiger Tisch und, nicht zu vergessen, ein Stiefelknecht. Der Tisch hatte viel auszuhalten. An ihm trank der Husar Kaffee, an ihm frühstückte und vesperte er, auf ihm putzte er die Uniform, manchmal auch die Reitstiefel, auf ihm mangelte er die Wäsche, auf ihm wurde der Skat gespielt und der Brief an die Mutter oder die Liebste geschrieben. Eine einfache Petroleumlampe hing von der Zimmerdecke herab. Verbreitete sie auch öfters lieblichen Duft, rußte und schwärzte sie die Decke, so erleuchtete sie doch traulich den Raum. In der einen Zimmerecke glühte der kleine Kanonenofen. Vorhänge vor den Fenstern waren nicht vorhanden, wie leicht hätten sie sich in Putzlappen verwandelt; nur Rollos blendeten die Fenster des Abends ab.

Selige Stunden haben wir Grimmaer Jungen in den Abendstunden in den Husarenstuben mit verlebt. Mit Andacht sangen wir mit unseren Husaren alte Volksweisen... Ein Volkskonzert wurde es, wenn in den etwas rauhen Gesang der Husaren und unsere hellen Jungenstimmen die melodischen Klänge des Zerrwanstes und die lieblichen Töne der Mundharmonika sich einmischten. Die Nichtsänger begleiteten uns durch Pfeiftöne. Es gab draußen auf der Straße oder in den Nachbarhäusern auch kritische Zuhörer, die meinten, schön klängen unsere Darbietungen nicht, aber laut. Geputzt und gebürstet wurde viel in den Husarenstuben. Der Fußboden wurde blank gescheuert und war mit weißem Sand bestreut. Zaumzeug und Sattelzeug mußten blitzen. Das Drillichzeug wurde eingeweicht und auf einer Bank oder einem Brett mit Seife und Bürste bearbeitet, im Hofe oder im Zimmer auf einer Schnur, die vor dem Kanonenofen gezogen war, aufgehängt und auf Tisch oder Bank gemangelt. Für jeden Husaren lagen fünf vollständige Garnituren der Uniform bereit, d. h. drei davon meist auf der Schwadronskammer. Die erste Garnitur war für die Mobilmachung bestimmt, die zweite wurde höchstens bei Paraden getragen, die dritte war der Sonntagsnachmittagsausgehanzug, die vierte war Wochenanzug, und die etwas verschossene und mehrfach geflickte fünfte war das Alltagskleid; sie mußte blitzblank sein.

Die Uniformstücke paßten nach Meinung des Kammerunteroffiziers immer, wenn auch die Attila zu eng und die Stiefel zu weit waren. Platzte kurz vor dem Ausrücken an der Attila ein Knebel zum Zuknöpfen ab, da half ein Streichholz, ihn provisorisch zu befestigen. Aber das Kreuzgewitter, wenn das der Berittführer, der Wachtmeister oder gar der Ritter, d. h. der Rittmeister, entdeckte. In den blank gewichsten Reiterstiefeln konnte man sich spiegeln. Wehe aber, wenn vom Zinkweiß, mit dem die weißen Stiefelränder aufgefrischt waren, ein wenig auf die blanken Stiefelschäfte abgefärbt hatte! Das war eine „große Schweinerei", die mindestens eine Stunde Strafexerzieren kostete.

Verpflegt wurden die Husaren in der „Menage", die eine Schwadron bei Zink in der Weberstraße, die andere bei Kind am Markt, früher wohl auch bei Schlenker in der Hohnstädter Straße, und die dritte bei August Krell auf dem Baderplan. In der Menage erhielten die Husaren Mittags- und Abendbrot, und die Bürger holten sich dort gern frisches „Einfaches Bier", das Liter für 12 Pfennige. Den Morgenkaffee lieferte die Quartierwirtin. Echter Bohnenkaffee soll das nicht immer gewesen sein, die Kanne aber oder der Krug waren riesengroß und gefüllt bis zum Rand. Oft rückten die Husaren zeitig aus. Da mußte auch die Quartierwirtin zeitig aus den Federn. Sie hätte sich geschämt, wenn ihre Reiter ohne Morgentrunk sich aufs Pferd hätten schwingen müssen. Im Sommer um 5 Uhr, im Winter etwas später, blies der Schwadronstrompeter an den Straßenecken das Signal zum „Futterschütten"; mittags und gegen Abend 3/4 7 Uhr ertönte es wieder. Der Morgenweckruf, das Mittags- und Abendsignal regelten nicht nur für die Husaren, sondern auch für viele Bürgerfamilien den Tageslauf. Holte das Morgensignal die Leute aus den Betten, so bedeutete das zweite für die Hausfrauen, daß es Zeit sei, den Mittagstisch zu decken. Und wir Jungen fragten gegen Abend: „Hat der Trompeter schon geblasen?" Wenn noch nicht, da konnten wir auf der Straße noch spielen. War das Signal aber verklungen, so eilten wir heim; denn es bedeutete auch für uns: „Einrücken in die Quartiere und Futterschütten". Der Text des Signales ist alten Grimmaern noch wohlbekannt: „Alle Husaren in den Stall! Füttert die Pferde und macht nicht Krawall!" Wenn abends um 10 Uhr auf dem Marktplatze der Zapfenstreich geblasen wurde, der die Husaren zur Ruhe rief, da hatten wir Jungen schon längst „einmal herumgeschlafen..." Das Morgensignal weckte unsere Husaren aus süßem Schlummer. Nach kurzer Morgentoilette eilten sie in den Stall... Der Pferdestall hatte am Morgen, vor allem im Winter, einen besonderen Reiz. Das versteht nur der ganz, der in einem

Husarenquartier mit aufgewachsen ist. Eine Stallaterne erleuchtete mäßig den sauber gefegten Stallgang. Wohlig schlug warme Luft dem Eintretenden entgegen, es duftete angenehm nach Pferd. Die Gäule bliesen Dampf aus den Nüstern und scharrten ungeduldig mit den Hufen. Sie warteten auf ihr Morgenfutter. Die Pferdestände waren durch Schlagbäume voneinander getrennt; die waren vorn an den Krippen mit einem Ring befestigt und hinten an Holzsäulen, die bis zur Decke reichten. An den Holzsäulen lernten wir Jungen das Klettern, auf den schaukelnden Schlagbäumen ritten wir, wenn die Husaren ausgerückt waren. Über der Krippe jeden Standes hing das Namensschild des Pferdes. Alle Pferde eines Remontejahrganges hatten Namen, die mit demselben Buchstaben anfingen, so gab es die A-Pferde, die B-Pferde usw.

Doch nun zurück zum Futterschütten! Jedes Tier benahm sich anders. Da stand im vordersten Stand das Paradepferd des Regiments, „die Lanze", ein schöner dunkler Fuchs, der die Ehre hatte, bei Regimentsbesichtigungen stets den Kommandierenden General zu tragen, es war damals Prinz Georg, der Bruder König Alberts. Geduldig wartete die Lanze, bis ihr Futter geschüttet wurde; zutraulich leckte die alte „Hexe", ein starker Brauner, ihrem Reiter die Hand. Aber im dritten Stand „der Pascha", ein feuriger Rappe, der konnte nicht warten. Er war ein „Futterneidischer", legte die Ohren zurück und rammelte ungeduldig im Stand herum. Das Holz an der Krippe und am Schlagbaum zerfraß er vor Wut, und sobald sich ein Reiter mit der Futterschwinge unter dem Arm erblicken ließ, wieherte er ungeduldig und bäumte sich auf. Ein „Verbrecher", d. h. ein Schmeißer und Beißer, war der schnittige „Max", an den konnte man nur ganz vorsichtig herangehen, sonst zahlte er einen böse aus. Für uns Jungen war es eine Mutprobe, an einen solchen Schmeißer und Beißer heranzugehen, während es uns gar nichts ausmachte, uns einmal neben eins der anderen Pferde ins Stroh zu legen. Vom letzten Stand aus, hinten an der Wand, überschaute der hochgebaute Apfelschimmel des Stabstrompeters das Treiben und Hasten im Stalle. Er ließ sich nicht aus seiner Ruhe bringen und war sich seiner Würde bewußt, stets der erste zu sein beim Ausmarsch des Regiments.

So könnte ich noch viele Pferde, vor allem solche der fünften Schwadron, charakterisieren. Jedes war anders und wollte individuell behandelt werden... Jeder Junge hatte natürlich schon längst sich das Schwadronspferd ausgesucht, das er als Husar reiten wollte. Denn das war ganz klar: Für uns kam nur das 2. Königlich Sächsische Husarenregiment Nr. 19 in Frage. Nur wenigen ging dieser Jugendtraum in Erfüllung. Das Füttern der Pferde nahm geraume Zeit in Anspruch, wohl über eine Stunde. Zuerst bekamen sie ihren Hafer vorgeschüttet, dann das Heu in die Raufe gesteckt, zuletzt

wurden sie getränkt. Den Eimer voll Wasser holten wir Jungen am Röhrtrog. Während die Tiere ihr Futter einnahmen, misteten die Husaren aus, kehrten die Stallgasse, rollten das Stroh am Ende der Stände auf, vorher streuten sie neu ein, putzten die Pferde. Manches hatte die Nacht über nicht ganz trocken gelegen, vor allem nicht der große Schimmel. Alles ging flink, denn schon war in der Stalltür der Unteroffizier, der Berittführer erschienen und überwachte mit prüfendem Auge die Morgenarbeit im Stalle.
Die Pferde waren versorgt, so ist es bei jedem Reiter – erst das Pferd, dann der Mann – und nun machten sich die Husaren fertig zum Dienst. Rasch wurde das Morgenfrühstück eingenommen – ein paar Tassen Kaffee und ein kräftiges Stück Kommißbrot. Die Drillichsachen herunter, hinein in die Reithosen, die Fußlappen um die Füße gelegt, heraus aus den Holzlatschen, hinein in die blanken Reitstiefel! Im Stall das Pferd gezäumt und gesattelt, in die blaue Attila geschlüpft, Säbel umgeschnallt, die Pferde aus dem Stall gezogen, in den Hof hinaus! Bis zum letzten Augenblick wurde an Pferd und Uniform herumgebürstet und geputzt, „geflimmert“, wie der Husar sagte. Der Berittführer erschien wieder. Er hatte in der Zwischenzeit seine anderen Quartiere inspiziert. Nun wurden die Pferde hinaus auf die Straße geführt. Im letzten Augenblick zog der Reiter ein kleines Tuch aus der Tasche und wischte seinem Tier Augen, Nüstern und Kruppe aus, manchmal wurde sogar das Taschentuch zu dieser Säuberung benutzt. Das edle Roß war blank von vorne bis hinten, von der Nase bis zur Schweifspitze, wenn, ja wenn es nicht gerade beim Aufsitzen noch eine Portion Pferdeäpfel verlor. Aber auch die waren begehrt, die Nachbarn lasen sie auf als kostbare Dünger.
Das Kommando erscholl: „Aufgesessen!“ Es galt aber nur den alten Leuten. Die Rekruten durften ihre Gäule zur Reitbahn hinaus führen. Und das schon erschien manchem Rekruten in den ersten Tagen als ein gefährlicher Dienst. Wieviel mehr erst draußen auf der Reitbahn das Aufsitzen und die ersten Reitversuche auf „Decke“ und ohne Steigbügel! Vom Quartier rückte der Beritt ab nach dem Stellplatz des Zuges oder der Schwadron, die dann hinausritt durch das alte Pappische Tor zur Gasometerreitbahn, zur Gottesackerreitbahn, der Kiesgruben- und der Bahnhofsreitbahn. Der große Exerzierplatz lag weit draußen am Müncher Teich und wurde später nach Großbardau verlegt. Beim Einrücken in die Stadt fand mittags am Röhrtrog in der Schulstraße die Befehlsausgabe statt. Die Berittführer schwenkten aus der Schwadron aus, und der Rittmeister oder der Wachtmeister verkündeten den Dienst für den kommenden Tag. Die Berittführer schrieben eifrig nach und steckten dann ihr kleines Notizbuch zwischen die Knöpfe der Attila. Wie stolz zog der neugebackene Unteroffizier das kleine Büchel wieder heraus, wenn er im Quartier zur Dienstausgabe

erschien! Was verkündete er aus diesem Büchlein alles seinen Husaren! Dienst und wieder Dienst, Freud und Leid: Wache schieben, Stiefelappell, Reiten und zu Fuß Exerzieren, Urlaub in die Heimat, Abkommandierung zu Sonderdiensten, Strafexerzieren, weil der Reiter unangenehm aufgefallen war – oder gar drei Tage Lade bei Focken Karl, weil er sich des Abends erst nach dem Zapfenstreich vom Liebchen verabschiedet hatte und von der „Ronde" oder der „Gasthauskontrolle" geschnappt worden war. Die Schwadron war inzwischen in die Quartiere eingerückt, und wieder wurden zuerst die Pferde versorgt; sie wurden abgerieben, gewaschen, geputzt, gefüttert, getränkt. War auch die Uniform vom größten Schmutz gesäubert – die eigentliche Putzstunde war erst am Nachmittag – da eilten die hungrigen Kameraden in die Menage, um sich an kräftiger Mittagskost zu laben. Langeweile kannten sie auch am Nachmittag nicht: Fußdienst, Pferdeputzen, Stallsäubern, Sachenreinigen, Brotfassen, Sachendurchsicht, Appelle füllten die Zeit reichlich aus. In der Nikolaistraße, auf dem Nikolaiplatz, auf dem Tops standen die drei Beschlagschmieden... Ein besonders Vergnügen war: Pferdeblank! Da wurden die Pferde gewaschen, gestriegelt, gebürstet, abgerieben, bis kein Staubkörnchen, kein Schmutzfleck in dem blanken Fell zu finden war, die Hufe wurden gewaschen, Mähne und Schweif gekämmt. Ich glaube, keine Hausfrau bringt mit Staubsauger und Bürste ihren Teppich so sauber, wie die Husaren die Felle ihrer Pferde. Und doch fand der Berittführer immer noch etwas, was nicht in Ordnung war; und entdeckte er nichts, so doch der Wachtmeister oder Rittmeister gewiß. Ja, vom „Pferdeblank" hing auch viel ab: Nachtzeichen und Urlaub, Strafdienst, Wache, Arrest.
(Anm. D. W.: besonders gefürchtet war des Herrn etatsmäßigen Wachtmeisters dicke „Anschißkommode", sein allgegenwärtiges und in der Attila steckendes Merkbuch. Der „Spieß" benötigte ja andauernd arme Sünder für diverse, meist unschöne, schmutzige, allseits verhaßte Verrichtungen im Befehlsbereich – z. B. Latrinenreinigen, Jauche- bzw. Mistfahren usw. Denn die militärische Beschäftigungstheorie besagt nun einmal zwingend: Der Soldat hat immer etwas zu tun – und ist dem ausnahmsweise nicht so, so gebe man ihm zu tun und zwar ausreichend, damit er gar nicht erst auf dumme Gedanken kommen kann! Aus diesem Prinzip heraus verteilte denn auch der Herr Wachtmeister freiweg Strafwachen oder Sonderreinigungsdienste, selbst wenn's mal wirklich nichts zu beanstanden gab. Eben damit die jungen Leute nicht aus dem Tritt kämen und des Dienstes ewig gleichgestellte Uhr nicht vergäßen).

Zu jeder Schwadron gehörten fünf oder sechs Trompeter. Ihre Militärmärsche geleiteten die Husaren hinaus zur Reitbahn und wieder herein in die Stadt. Besonders groß war die Freude, wenn die ganze Regimentskapelle mit den Schwadronen in die Stadt einzog unter Voranritt der Stabstrompeter Ernst Gefe oder Max Ende. Da öffneten sich alle Fenster, und freundliche Grüße wurden ausgetauscht zwischen Bewohnern und Husaren. Die Trompeter ritten schöne Schimmel; erst als die Schimmel nicht mehr als kriegsverwendungsfähig anerkannt wurden, bekamen sie Rappen. Durch manche Platzmusik, durch Konzerte auf der Gattersburg, der Terrasse, im Schützenhaus erfreute das Trompeterkorps Grimmas Bevölkerung. Den größten Beifall erntete es, wenn es am Schlusse der Konzerte die Fanfarenmärsche auf Feldtrompeten hell schmetterte... Bei der letzten Wiedersehensfeier des Regiments vor Ausbruch des Krieges dirigierten sie beide, Ernst Gefe, der 80jährige, und Max Ende, der letzte Führer des Trompeterkorps der Husaren, unter Beifall ihrer Kameraden und der alten Grimmaer die drei Regimentsparademärsche, im Schritt, in Trab und im Galopp.

Doch nun noch einmal zurück ins Quartier. Nach dem Futterschütten am Abend und der Befehlsausgabe war der Husar frei. Noch einmal putzte er sich schmuck, scheitelte vor dem kleinen Spiegel das Haar, wichste den Schnurrbart und drehte die Spitzen schneidig hoch oder weit nach beiden Seiten hinaus. Der eine huldigte eben dieser, der andere jener Mode. Mit der feuchten Bürste fuhr er noch einmal an der Attila herunter, überwichste die Stiefel, drückte die Eigentumsmütze keck aufs Haupt, schnallte den Säbel um, und dann – dann gings hinaus. Die Braut wartete schon. Wohl jeder Husar hatte eine, der eine immer dieselbe, der andere wechselte gern... An Sonntagen dominierten die blauen Uniformen der Husaren auf den Sälen der Stadt, und das „Zivil" durfte es nicht wagen, Kameraden die Braut abspenstig zu machen, da gab es „schwere Holzerei". Daß das Leben mit unseren Husaren für die jungen Mädel einen besonderen Reiz hatte, daran zweifelt wohl niemand, aber auch wir Jungen waren eng mit ihnen verbunden. Wir lebten ja mit ihnen. Jede freie Minute verbrachten wir im Stall oder in der Husarenstube; und suchte uns der Vater, so wußte er, wo wir zu finden waren. Wenn da aber die Schulaufgaben noch nicht gelöst waren. Oh weh! In Stall und Husarenstube hatten wir Jungen Dienst; wir putzten mit Pferd, Sattel und Zaumzeug. Die Kinnketten rieben wir fleißig mit Pferdedreck ab, da wurden sie am blanksten. Der Säbel wurde gewienert, d. h. mit Wiener Kalk angefeuchtet und dann blitzblank gerieben, das Lederzeug mit Kienölwichse „geflimmert" und die Stiefelränder mit Zinkweiß gestrichen. Bloß an den Karabiner, der beim Ausrücken zum Felddienst an der rechten Seite des Sattels in einer Lederhülle festgeschnallt war, durften wir nicht heran. Wir fütterten mit, waren auch Ordonnanz, denn wir besorgten Großeinkäufe für unsere Husaren: bei Nachbar Schiefer eine saure Gurke für sechs Pfennige, bei Mutter Freygang eine echte Havanna für einen Dreier – das Stäbchenrauchen war damals noch nicht in Mode – bei dem dem Quartier gegenüberwohnenden Fleischermeister Hermann Tänzler dreimal für zehn Pfennige Wurstzipfel. Hatten wir unseren Befehl richtig ausgeführt, dann durften wir mit frühstücken oder vespern, bekamen ein Stück Kommißbrot und einen Wurstzipfel. Das schmeckte alles besser als Mutters Zwieback oder Kuchen... All diese herrlichen Genüsse wurden bestritten von 27 Pfennigen Löhnung für den Tag; und für den Ausgang am Sonntag mußte auch noch etwas bleiben. Der Löhnungsappell wurde immer sehnsüchtig erwartet. Der Husar mußte genau wissen, wieviel Sold er im Brustbeutel bei sich trug, sonst machte er sich strafbar. In den Ferien lagen wir im Sommer wohl jeden Vormittag draußen an der Gottesackerreitbahn und musterten mit Kennerblicken Roß und Reiter. Wir ergötzten uns an der so bilderreichen Sprache der Wachtmeister und Unteroffiziere, die die Rekruten das Reiten lehrten oder junge Remonten einreiten ließen...

Ein besonderes Ereignis war jeden Mittag um ein Uhr die Wachablösung vor der alten, 1782 erbauten Husarenwache am Rathaus. Jetzt dient das kleine Haus, das sich so traulich an unser altes Rathaus anlehnt, als Polizeiwache. Neben dem Eingang stand das grünweiße Schilderhaus. Die Wache stellte zwei Posten, einen vor Gewehr, d. h. vor der Wache, den anderen vor der Wohnung des Regimentskommandeurs. Ein Gefreiter führte diesen Posten durch die Stadt bis vor das Haus, vor dem auch ein Schilderhaus aufgestellt war. Nach zwei Stunden löste er ihn wieder ab. Es gab auch eine „Donnerwache", die war wenig beliebt. Wenn nämlich ein Gewitter drohte, da wurde ein Posten draußen am Pulverturm aufgestellt, in dem Munition lagerte. In der alten Wache am Markt wurde auch die „Kriegskasse" des Regiments aufbewahrt. Mit mehreren festen Schlössern war sie gesichert, und vom Oberzahlmeister Marschner wurde sie verwaltet. Hier zahlte er die Verpflegungsgelder an die Menagewirte aus. Der alte Zahlmeister, Herr Rechnungsrat Marschner, ist auch im Ruhestand in Grimma wohnen geblieben. Gerade und aufrecht wie vor 30, 40 Jahren wandelt der 82jährige alte freundliche Herr noch heute durch die Straßen der Stadt.

(Anm. D. W.: Viele der altgedienten Wachtmeister- und Unteroffizierschargen verblieben nach ihrer oft langen Dienstzeit in den Garnisonsorten oder deren ländlicher Umgebung. Sie hatten dahin eingeheiratet und bekamen später feste Anstellungen als zumeist schlechtbesoldete Beamte in Kommunal- oder Staatsdiensten: beispielsweise als Briefträger, Botengänger, Schulhausmeister, Rathauspförtner, Gerichtsschreiber, Zuchthausaufseher, Magazinverwalter, Gendarm bzw. Landjäger, Bahnschrankenwärter, Chausseegeldeinnehmer u. ä. So manches Mal aber auch, nach Eignung und entsprechender Ausbildung im mittleren Dienst bei Reichsbahn oder

Reichspost, in städtischen/staatlichen Verwaltungen des Steuer-Finanz-Justizdienstes, im Forst- oder Straßenwesen usw. Selten brachten es diese staatstreuen Beamten allerdings bis in den gehobenen Dienst; beim Inspektor oder gar Amtmann war deren Aufstiegsgrenze zumeist dann erreicht. Immerhin war solche Beamtenlaufbahn, mit ihrer sicheren Existenz samt Pension und mit ihrem aufgewerteten Sozialstatus, für die alten Berufssoldaten höchst erstrebenswert: man war wer geworden und stellte schon etwas dar im Staate, diszipliniert, korrekt und unbestechlich, loyal bis in die Knochen).

Jedes Jahr einmal wechselten die Husaren ihre Quartiere. Da waren wir Jungen gar traurig, wenn unsere Freunde aus dem Quartier von uns schieden. Betrübt waren wir auch, wenn das Lied erklang: „Reserve hat Ruh", und unsere Husaren nach treu erfüllter Dienstpflicht in die Heimat zurückkehrten, angetan mit der blumengeschmückten Eigentumsuniform oder wenigstens der Husarenmütze, in der Hand eine Reitgerte oder ein Spazierstöckchen. So zogen sie hinaus, und manches Mägdelein weinte ihnen bittere Tränen nach... Wir Jungen aber begriffen überhaupt nicht, wie jemand die schöne Uniform ausziehen und von seinem Roß scheiden konnte.

Lebhaft ging es in der Stadt zu, wenn nach der Heimkehr aus dem Manöver die ausrangierten Husarenpferde, es waren etwa 50 Stück jährlich, auf dem Marktplatz versteigert wurden. Da bin ich als Junge,ja wenn es der Dienst erlaubte, auch noch als Lehrer immer dabei gewesen, suchte noch einmal meine alten Bekannten von der fünften Schwadron auf und reichte ihnen ein Stück Zucker. Wenn die Mutter zu Hause die Zuckerdose nicht einschloß, da bekamen den Inhalt unsere Pferde. Die ausrangierten Husarenpferde waren außerordentlich begehrt, vor allem von Händlern, Fleischern, Droschkenkutschern... Wenn dann nach Wochen ein solch ausrangiertes treues Dienstpferd seiner alten Schwadron wieder begegnete, da wurde es unruhig, da wieherte es sehnsüchtig. Hörte es aber gar die altgewohnten Trompetensignale, da fühlte es alte Kraft und frischen Mut und raste mit dem Wagen davon, und der Kutscher hatte Mühe, es zu bändigen.

Ein Höhepunkt im Jahre war die Parade an Königs Geburtstag. Paradeplatz war der Marktplatz oder die Bahnhofsreitbahn. Da war ganz Grimma auf den Beinen. In Galauniform trat das Regiment zur Parade an, welch ein schönes Bild! Die schmucken Pferde und die stolzen Reiter! Die Offiziere in ihrer lichtblauen Uniform, die Husaren in feiner kornblumenblauer Montur. Auf dem Haupt saß die braune Pelzmütze mit dem roten Kolpak, den Messingschuppen, der blinkende Sonne, der weißgrünen Nationale und dem weißen Stutz. Die Fangschnüre bildeten einen besonderen Schmuck. Der Haarstutz der Trompeter war rot, und die Offiziere schmückten ihre Pelzmütze mit einem langen, weißen Reiher. Auch die Offizierspferde trugen besonderen Schmuck am Halse, einen an silberner Kette mit

Halbmond hängende weißen Büffelschweif. Unter den Sätteln der Pferde waren braune Bärenfelle an Stelle der gewöhnlichen Satteldecken aufgeschnallt; die Bärenfelle der Offizierspferde waren mit dem Gardestern verziert. Die blauen Säbeltaschen trugen den Namenszug des Königs. Geschlossen rückten die Schwadronen heran und nahmen die Paradeaufstellung ein. Vettermanns Ecke, jetzt Girokasse, war der Platz für das Trompeterkorps. Punkt 12 Uhr ritt der Kommandeur mit seinem Adjutanten aus der Marktgasse heraus auf den Markt. Das Kommando „Stillgesessen!" hallte über den Markt.

Der Major, der Stabsoffizier des Regiments, sprengte in kurzem Galopp dem Kommandeur entgegen und meldete das Regiment. „Guten Morgen, Husaren", grüßte der Kommandeur. Der Defiliermarsch erklang. In eiserner Ruhe stand das Regiment, Reiter und Roß, kerzengerade aufgerichtet ragten die Lanzenschäfte in die Höhe, sie steckten im Lanzenschuh am rechten Steigbügel, und die weißgrünen Lanzenfähnchen wehten im Winde. Mit scharfem Blick musterte das Auge des Obersten jeden Mann, die Offiziere vor der Front salutierten. Die kurze, markige Geburtstagsrede des Kommandeurs klang aus in einem dreifachen Hurra auf den König. Dann formierte sich das Regiment zum Vorbeimarsch in Zugfront. Fand die Parade aber auf dem Exerzierplatze statt, dann war das Bild noch schöner. Da erlebten die Zuschauer den Vorbeimarsch dreimal. Unter den Regimentsparademärschen zog das Regiment dreimal in Zug- oder Schwadronskolonnen an ihnen vorüber; einmal im Schritt, einmal im Trab und einmal im Galopp. War das ein herrlicher Anblick! Ein Wiegen und Wogen, ein Glitzern und Gleißen und Blinken der Uniformen und Waffen! Und beim Erzählen all dieser schönen Erinnerungen, da tauchen wieder viele, viele Gesichter auf: unsere Husaren im Quartier, Wachtmeister, Unteroffiziere, Trompeter und Offiziere.

(Anm. D. W.: Was letztere anbetraf, so wurden sehr viele der aktiven Kavallerieoffiziere turnusmäßig zwischen den einzelnen Regimentern hin- und zurückversetzt oder auch öfters in höheren Stabsdienststellungen verwendet. Hier nur zwei Beispiele dafür: Oberst Louis Ebert – geb. 1867 in Oberhohndorf b. Zwickau als Gutsbesitzersohn; nach Dresdener Kadettenjahren 1. April 1886 Portepéfähnrich und Herbst 1887 junger Offizier bei den Grimmaer 2. Husaren 19. Nach diversen Versetzungen erst wieder 1906 – 10 als Rittmeister und Schwadronschef im Regiment. 12. September 1914 und bis zum 10. November 1918 Kriegskommandeur des feudalen Dresdener Gardereiterregimentes; Oberst am 18. Mai 1918. Nach Kriegsende noch Funktion als Kdr. der 40. Kavalleriebrigade; Ebert diente in der neuen Reichswehr nicht weiter und ist auch nicht mehr General geworden, Verabschiedung im August 1919. Oberstleutnant Karl Wolf v. Arnim=

Kriebstein – geb. 1869 als Sohn eines Kgl. Sächs. Kammerherren auf Burg Kriebstein b. Waldheim; 1. September 1888 Fahnenjunker und 1890 junger Offizier bei den Bornaer Karabiniers. Nach diversen Versetzungen und Stabsdienstleistungen ab 1912 als Major beim Stabe im Grimmaer 2. Husarenregiment 19. 1. März 1916 Kdr. des Sächsischen Reserve-Ulanen-Regimentes und 1. April 1918 dort Oberstleutnant. Vom 11. November 1918 bis zu seinem Abschied 20. Mai 1919 letzter und quasi Abwicklungskommandeur des Dresdener Gardereiter-Regiments).

Weit liegen diese Zeiten zurück... Besonders verwegenes Reiterleben herrschte im Regiment zur Zeit des Obersten Freiherrn von Ende und seines Majors von Boddien, einer der berühmtesten Rennreiter seiner Zeit. Die Kritik des Generals soll damals nach einer Regimentsbesichtigung gelautet haben: „Meine Herren, bedenken Sie, daß diese Hindernisse wohl Rennpferde, aber nicht Königliche Dienstpferde springen können." Und mein alter Bekannter, Leutnant Müglitz, erzählte mir, daß zu dieser Zeit der Spitzname der Grimmaer Husaren des verwegenen Reitens wegen, „Muldenkosaken" gewesen sei... Manches tolle Reiterstück lebt noch in der Erinnerung der alten Husaren fort. Die Begeisterung der jungen Offiziere war so groß, daß sie sich eine eigene Reithalle erbauten. Viel Anziehungskraft hatten auch die Offiziersrennen auf dem Großbardauer Exerzierplatz und die Hubertusjagd, die über ein weites Gelände führte und zu der die Reiter bekleidet waren mit rotem Frack, weißer Hose, Reitstiefeln und einer schwarzen Kappe auf dem Kopf. Im schönen Offizierskasino im Schützenhaus bei Florenz Eckardt, da feierte das Offizierskorps manches frohe Fest. Bei Sommerfesten war die große Muldenbrücke dicht besetzt von Menschen, die den schneidigen Klängen der Regimentskapelle lauschten, die zum Fest aufspielte. Die Bewohner der Stadt ergötzten sich am Feuerwerk, das bei Einbruch der Dunkelheit abgebrannt wurde. Die jungen Offiziere vollführten manchen tollen Streich. Am übermütigsten war wohl der Prinz von Weimar, der eines Morgens mit seinem Fuchs in ein Schaufenster sprang. Und als der erschreckte Besitzer in den Laden eilte, da saß der blutende Prinz auf seinem Fuchs, und der stand mit dem einen Vorderbein in einer großen Senf- und mit dem anderen in einer großen Kaffeebüchse. Die jungen Leutnants liebten die Mädchen und wir Jungen die Leutnants, die uns auf dem Schützenfeste umsonst Reitschule fahren ließen, die alle Ballone des Händlers kauften, die Fäden durchschnitten und die Ballone steigen ließen und sie dann abschossen, wenn sie über der Mulde schwebten. Das war ein Jubel für uns. Viel belacht wurde in meiner Jugendzeit ein Witz eines alten Majors. Am Stammtisch in der „Alten Post" bei Pfeiffer war vom Jagdglück eines jungen Rittmeisters gesprochen worden. Er hatte einen strammen Fuchs erlegt. Im gleichen Augenblick tritt er selbst ein und verkündet die

Geburt eines Stammhalters. Alles springt auf, gratuliert und langsam erhebt sich der schwerhörige Major, dessen Gedanken noch ganz bei Meister Reineke weilten, und er sagt: „ich gratuliere auch, Sie lassen den Kerl doch ausstopfen?“
(Anm. D. W.: Reiten allerdings mußten sie schon können, die jungen wie auch älteren Offiziere – egal, ob aktiv dienend oder Reserveübungen ableistend. Und reiten hieß bei den Husaren halt sehr gut reiten, um ihren Mannschaften wie Unterführern reiterliches Vorbild zu sein. Diese merkten nämlich sehr genau und bald schon, wer echten Pferdeverstand hatte und wer nicht. Der seinerzeitige aktive Leutnant Mayer, ein R. G. Binding nahestehender Regimentskamerad, erinnert sich in seinem Büchlein „Der Göttergleiche“ nicht nur an jenen als reiterliches wie auch menschliches Vorbild. Er erwähnt insbesondere auch den damaligen Regimentsadjutanten, einen (seit 1899) Oberleutnant Lucas Kirsten, welcher als einer der besten Reiter in der Armee galt. Der Chronist gedachte dieses Kirsten (neben Rittmeister Ebert im Regiment erfolgreicher Rennreiter) auch als eines berühmten China- und Afrikakämpfers. (Gemeint ist zweifellos dessen Teilnahme im deutschen Expeditionskorps bei der Niederwerfung des chinesischen Boxeraufstandes sowie bei Bekämpfung der südafrikanischen Herero- und Hottentottenaufständischen im deutschen Kolonialgebiet). Kirsten ist nach Rückkehr dann noch Rittmeister und Stabsoffizier geworden. Im Weltkriege fiel er als Major und Kommandeur eines sächsischen Infanterieregiments an der Front).
Der erinnerungsfreudige Oberlehrer Hensel schließt seine Husaren-Reminiszenzen dann ab mit einem streiflichtartigen Rückblick auf den Tag des Kriegsausbruches von 1914. Vor dem alten 1870/71er Ehrenmal stehend, zitiert er geradezu beschwörend – und in Gedanken an einen auch kriegsgefallenen Schulfreund versinkend – die dort steingehauene Mahnung des Dichters Max von Schenkendorf an die Deutschen:

„Traute deutsche Brüder höret
meine Worte, alt und neu –
nimmer wird das Reich zerstöret,
wenn ihr einig seid und treu!“

Dem ist wohl nichts mehr hinzuzufügen...

Die Grimmaer Husaren im Weltkrieg

Der Mobilmachungs-Befehl traf in Grimma am 1. August 1914 ein, kurz nach 19 Uhr am Abend. Die Ausfahrt des Husaren-Regiments an die Westfront erfolgte am 7. August in drei vollbesetzten Zügen, mit Soldaten-Pferden-schwerem Gerät usw.
In den Grimmaer Kasernen zurückgeblieben war die 3. Eskadron. Wie in den vorherigen Kriegen von 1866 sowie 1870/71 fungierte diese auch jetzt als Ausbildungs- und Ersatzeskadron für die Feldtruppe. Das 2. Kgl.Sächs. Husaren-Regiment Nr. 19 rückte aus mit einer Kriegsstärke von 4 Eskadronen (also 1., 2., 4., 5.) sowie dem Regimentsstab, unter dem Kommando des Oberstleutnants Friedrich Bobsien; Stabsoffizier und Adjutant beim Stabe war der Major v. Arnim. Ausrückestärke einzeln aufgegliedert in 35 Offiziere / 675 Mann / 754 Pferde; Gefechtsstärke waren 27 Offiziere und 585 Männer.
Das mobile deutsche Feldheer ist vom Generalstab, entsprechend der sogenannten Schlieffen-Doktrin (Pläne zur schnellen Durchführung eines Zweifrontenkrieges gegen Frankreich und Rußland: in Eilmärschen und Umfassungsgefechten rasches Vordringen deutscher Truppen im Westen und anfangs nur hinhaltender Widerstand sowie möglichst Grenzsicherung im Osten, bis durch einen Sieg im Westen dann größere Truppenmassen für den Krieg gegen die Zarenheere freiwürden), an der Westgrenze versammelt worden. Mit alleiniger Ausnahme einer neugebildeten 8. Armee – vier Armeekorps und eine Kavalleriedivision – in Ostpreußen. In der West-Armee stellten die sächsischen Truppenteile die 3. Armee, unter Befehl des Generalobersten Max Freiherr v. Hausen, welche das XII. und XIX. Armeekorps und das XII. Reservekorps umfaßte, sowie die 47. Landwehr-Brigade, ein Pionierregiment und ein Mörserbataillon. (Bis zum 25. August war hier auch noch das XI. Armeekorps eingegliedert).

Für die Westfront wurden vom Königreich Sachsen (1914 mit ca. 5 Millionen Einwohnern im Reichsverbund) bei Kriegsbeginn also aufgeboten:
XII. Armeekorps / XIX. Armeekorps (dabei 2. Grimmaer Husaren 19) / XII. Reservekorps;
8. Kavallerie-Division (unter Heranziehung einer preußischen Brigade);
19. Ersatz-Division (dabei später die 4. Eskadron 2. Husaren 19, Grimma);
die beiden Landwehr-Brigaden Infanterie 45 und 47 sowie acht Landsturm-Bataillone.
Dazu kamen für die Festungen und Grenzsicherungsaufgaben an der Ostfront zunächst drei Landwehr-Infanterieregimenter, mehrere Ersatzbataillone und vier Abteilungen schwerer Artillerie (jeweils in etwa Bataillonsstärke).

Anmerkung dazu: Schon im ersten Kriegsmonat wurde für die Westfront noch das XXVII. Reserve-Korps neu aufgestellt. Darüber hinaus sind dann weitere sächsische Landsturmbataillone (aus älteren Reservisten) in rasch wachsender Zahl für Besetzung und Kontrolle der inzwischen eroberten Feindgebiete und einer sich ausbreitenden Etappe aufgeboten worden. Somit ist tatsächlich von Sachsen, und zwar fast von Kriegsbeginn an, eine Heeresmacht von annähernd fünf Armee-Korps gestellt worden. Dazu kamen später noch mehrere neuaufgestellte Divisionen (bei einer solchen Division „mit hoher Hausnummer", der 219. Inf.-Division, werden wir dann auch die 5. Eskadron 2. Husaren 19 aus Grimma wiederfinden).

Kriegsgliederung des XIX. Armee-Korps, mit dessen 40. Inf.-Division die Grimmaer 2. Husaren 19 in den Kampf zogen. Seine offizielle Benennung lautete so: XIX. (2. Kgl. Sächs.) Armeekorps; Kommandierender General war der Gen. d. Kavallerie v. Laffert, Stabschef Oberstleutnant Frotscher.

40. Infanterie-Division	24. Infanterie-Division
Generalleutnant Götz v. Olenhusen	Generalleutnant Krug v. Nidda
88. Infanterie-Brigade Generalmajor Bärensprung	47. Infanterie-Brigade Generalmajor Freiherr von Falkenstein
Infanterie-Regimenter	Infanterie-Regimenter
104 / Oberst Hammer 181 / Oberst Stephani	139 / Oberst Einert 179 / Oberst Pechmann
89. Infanterie-Brigade Generalmajor v. Seydewitz	48. Infanterie-Brigade Generalmajor Kaden
Infanterie-Regimenter	Infanterie-Regimenter
133 / Oberst v. Kotsch 134 / Oberst v. d. Decken	106 / Oberst Kohl 107 / Oberst Löffler
Husaren-Rgt. 19 Oberstleutnant Bobsien	Ulanen-Rgt. 18 Major Freiherr v. Könneritz
40. Feldartillerie-Brigade Generalmajor Devrient	24. Feldartillerie-Brigade Oberst Baeßler
Feldartillerie-Rgt. 32 Oberstleutnant Vollert	Feldartillerie-Rgt. 77 Oberstleutnant Bolze
Feldartillerie-Rgt. 68 Oberstleutnant Nieper	Feldartillerie-Rgt. 78 Oberstleutnant Garke

Korpstruppen waren außerdem noch: Pionier-Bataillon (unter Oberstleutnant Conrad); 2. Bataillon vom Fußartillerie-Rgt. 19 (unter Major Kleinschmidt); Fliegerabteilung 24 (unter Hauptmann v. Minkwitz). Sowie ab 20. August 1914 zugeteilte Kontingente Sächsisches Jägerbataillon 12 (Major v. Carlowitz) und Sächsisches Jägerbataillon 13 (Major Freiherr v. Uslar-Gleichen).

An dieser Stelle noch einige knappe Fakten und Zahlen zur Erinnerung: Mit ca. 750.000 Soldaten, also rund einer Dreiviertelmillion Mann, zogen die Sachsen in den Großen Krieg. Bis Anfang 1919 mußten sie dann etwa 210.000 Tote sowie rund 19.000 Vermißte registrieren (Verwundetenzahlen konnten hier nicht erfaßt werden).

Das kaiserliche Deutschland mobilisierte im Kriegsverlaufe insgesamt etwa 13.200.000 Menschen (Personen beiderlei Geschlechts) für Kriegs-Rüstungs-Sanitäts-Etappen- und Zivildienste aller Art. Grob gerundete Einsatzzahlen des kaiserlichen Heeres (inkl. Fliegerei) und der kaiserlichen Marine insgesamt:

a) Sie belaufen sich mit Mobilmachung August 1914 auf 2.147.000 Personen und später, gegen Kriegsende

b) am 21. März 1918 (also zu Beginn der großen Frühjahrsoffensive im Westen und damit letzten, verzweifelten Kraftanstrengungen des deutschen Heeres) immerhin schon auf stattliche 4.589.105 Personen.

Und Deutschland hatte von 1914 bis 1918 an Kriegstoten insgesamt 1.834.524 sowie an Kriegsverletzten 4.215.773 Personen zu beklagen. Dies waren zusammengerechnet weit über 6 Millionen deutscher Kriegsopfer!

(Im folgenden stehen zuweilen die im militärischen Wortschatz korrekten Abkürzungen „Rgt." und „Div." auch hier für Regiment und Division sowie das Kürzel „Kdr." für den Kommandeur einer solchen größeren Militärformation; Inf. und Kav. = Infanterie bzw. Kavallerie).

Stellenbesetzung im 2. Kgl. Sächs. Husaren-Regiment Nr. 19, Grimma, beim Ausmarsch zu Kriegsbeginn im August 1914 (betr. Rgts.-Stab):

Kommandeur: Oberstleutnant Bobsien

Offizier beim Stabe: Major v. Arnim

Regiments-Adjutant: Oberleutnant Straff (und später, 1915, geht der als Rittmeister und Chef 3. Ersatzeskadron in die Grimmaer Garnison zurück)

Verpflegungsoffizier: Ltn. d. Res. Hildebrandt

Führer der großen Bagage: Ltn. d. Landwehrkavallerie Reclam

Regimentsarzt: Stabsarzt d. Res. Dr. Kindt

Regimentsveterinär: Stabsveterinär Manke

Regimentszahlmeister: Feldzahlmeister Wenig

Stabstrompeter: Obermusikmeister Ende.

Auch im November 1915 war die Stellenbesetzung des obigen Regimentsstabes fast noch die gleiche; bis auf den neuen Kommandeur / jetzt Major Müller /, dessen Adjutanten / jetzt Oberleutnant Sieber, und die Feldzahlmeisterstelle scheint nach Regimentsaufsplitterung jetzt unbesetzt zu sein.

Wie die schnellen Grimmaer Reiter auch unter mörderischen Frontbedingungen ihre anerzogene, harte Husarenbravour zielstrebig austobten – darüber steht, neben vielen anderen Beispielen, auch eine lobende Erwähnung der Spähpatrouille des Reserveleutnants Erich Horn in der Regimentsgeschichte (auf S. 78):
„Ein schönes Husarenstück gelang am 2. September der Patrouille des Leutnants der Reserve Horn der 2. Eskadron. Daran beteiligt waren der Unteroffizier Uhlig, Gefreiter Gebhardt, Kühnert, Walz und Husar Moser. Die Patrouille hatte ohne Verluste trotz heftigen Feuers aus Waldstücken rechts und links die feindliche Abwehrlinie in Richtung auf den Truppenübungsplatz von Mourmelon durchbrochen und pürschte sich eben abgesessen an einem Gebäude entlang. Von dessen Ecke aus sah die Patrouille drei feindliche Eskadrons auf 500 Meter vor sich und auf etwa 100 Meter einen eben gelandeten feindlichen Flieger. Die Husaren waren sofort im Sattel, Leutnant Horn entnahm dem Flugzeug alle Papiere, Walz und Moser warfen den Fliegeroffizier, der sich heftig wehrte, aufs Pferd des Unteroffiziers Uhlig, und Gebhardt und Kühnert zerschlugen mit Beilen den Propeller des Flugzeugs. Die feindlichen Eskadrons starrten zunächst tatenlos auf kaum 400 Meter Abstand zu. Endlich rafften sie sich zur Verfolgung auf. Nun begann eine wilde Jagd auf neun Kilometer über Gräben und Hecken. An einem breiten Graben brach das überlastete Pferd des Unteroffiziers Uhlig nieder, aber mit Beistand des Gefreiten Gebhardt kamen Uhlig und sein Gefangener wieder in den Sattel. Zuletzt nahm die Husaren eine Eskadron der 18. Ulanen auf. Vor ihr rissen die drei feindlichen Eskadrons natürlich aus. Vom kommandierenden General ab, dem alten Husaren, bis zum Trainfahrer, freute sich das ganze Armeekorps über die schneidigen Husaren."
So die Regimentsgeschichte – und ein wirklich schönes Reiterstückchen. Denn wie der Grimmaer Volksmund so trefflich zu sagen wußte „zehn Grimm´sche Husaren, die fangen den Teufel im Flug!"
Daß – und wie – deutsche Kavallerie noch zu Kriegsbeginn wirkliche Reiterattacken mit Lanze und Säbel gegen den Feind ritt, davon gibt dem interessierten Leser und Beschauer Kenntnis eine Extra-Bildseite (neben der Textseite 240, als Sonderzeichnung von einem R. Trache) für „Sachsen in großer Zeit", Bd. I; und sie legt Zeugnis ab vom Reitergeist der sächsischen Husaren. Bildunterschrift lautet: „Ehrentag der Grimmaer Husaren" und dokumentiert die Gefangennahme der 10. Kompanie des französi-

schen Infanterie-Regimentes 100 durch die 19er Husaren bei Somme-Py. Etwa ab Frühjahr 1915 mußten dann allmählich auch die Husaren von ihren treuen Pferden ab- und in die Schützengräben hinein-steigen. Um in diesen immer tiefer in die Erde gegrabenen Stellungen ungeliebten Dienst als Karabinerschützen tun. Solcher Grabenkrieg, zumeist in den Bereichen der 24. und 40. Infanteriedivision sowie später dann zugweise beim Chemnitzer Inf.-Rgt. 181, sagte den fixen Reitern naturgemäß gar nicht zu. Bereits im April war der Regimentskommandeur Bobsien schwer erkrankt und mußte ab 6. Juli 1915 durch den Major Müller als Nachrücker ersetzt werden. Dieser war bislang Kommandant des sächsischen Armeehauptquartiers gewesen (und fungierte, schneidiger Rennreiter aus Friedenszeiten, als letzter Vorkriegskommandeur der Dresdener Reitschule; womit er bestens zu den Grimmaern paßte). Dieser Christian Herbert Müller wurde 30.11.1917 dann Oberstleutnant und schied als char. Oberst am 30. Juli 1920 aus dem Dienst in der neuen Reichswehr, nachdem er bis ins Jahr 1919 Rgts.-Kdr. der 19er Husaren in Grimma blieb. (nach deren Auflösung und Abwicklung fungierte er noch von Mai 1919 bis April 1920 als Kdr. einer provisorischen Neuaufstellung, dem Kav.-Rgt. 19 in Grimma). Friedrich Bobsien übrigens war Oberst geworden und steht als char. Generalmajor am 18. Mai 1918 in der Rangliste. Während des Krieges diente er noch in Etappenfunktionen, bspw. als Bezirks-Inspektor der deutschen Militärverwaltung in Rumänien; und vom 30. 6. 1918 bis 13. 1. 1919 war er Kommandeur des sächsischen Truppenübungsplatzes Zeithain bei Riesa. Am 31. 3. 1920 erhielt er seine Entlassung aus Militärdiensten.
(Wahrscheinlich nötige Anmerkung zu den angeführten char. Dienstgraden: Solche Charaktermajore, Obersten, Generale waren damals üblich; d. h., die mit einem charakterisierten höheren Dienstgrad ausgeschiedenen Offiziere durften diese Chargen nebst Rangabzeichen tragen, wurden auch als solche angeredet und respektiert – bekamen aber nicht deren Gehaltsstufe bzw. Pension).

Um den zweckfremden, aber spezifischen Gegebenheiten des Schützengrabenkrieges Rechnung zu tragen, sind seit Mai 1915 auch die jetzt hinderlichen Säbel der nunmehrigen Kavallerieschützen eingezogen und sie mit dem üblichen Infanterieseitengewehr ausgestattet worden. Ebenso mit Gasmasken; nur die Reitstiefeln waren auch ohne Sporen für den Fußdienst hinderlich. Im November 1915 besuchte König Friedrich August III. seine Husaren an der Front. Und Anfang 1916 bekamen selbige endlich auch eigene Feldküchen (welche, erstaunlicherweise, im deutschen Heere bislang Mangelware sind; und für deren Eroberung vom Feinde seitens einsichtsvoller Kommandeure sogar Geldpreise ausgesetzt wurden, aus

eigener Tasche dann bezahlt). Im gleichen Jahre wurde eine Neuaufteilung der berittenen Truppen im Feldheere neugeregelt dergestalt, daß jede der zahlreichen Infanteriedivisionen nunmehr 1 Eskadron Kavallerie zugeteilt bekam; zur Verwendung als Stabswachen, Meldereiter, Militärpolizei, Kurierdienste u. ä. m.
Für die Sachsenreiter aus Grimma hieß das: Regimentsstab und 2. Eskadron verblieben, wie bisher, bei der 40. Infanterie-Division. Die 1. Eskadron kam zur 24. Inf.-Div.; 4. und 5. Eskadronen gingen vorerst zur 19. Ersatz-Division nach Lothringen ab. Der Regimentsstab wurde eigentlich arbeitslos. So hatte der kurzzeitig neue Regiments-Adjutant Straff als neubeförderter Rittmeister seit 1915 schon die 3. Ausbildungs- und Ersatzeskadron im heimischen Grimma übernommen, welche er jetzt – nomen es omen – straff durchexerzierte. Und selbst Regimentskommandeur Major, später Oberstltn. Müller übernahm einigemale vertretungshalber die Führung von Infanterie-Regimentern (IR 104 und IR 181). Nur noch ganz kurz zu den einzelnen Eskadronen und deren glanzlose Heimkehr im 1918er Herbst / Winter:

1. Eskadron verblieb den ganzen Krieg über an der Westfront, war lange im Verband der 24. Inf.-Division, ging aus Lothringen nach der Heimat zurück, marschierte 20. November über den Rhein, wurde 24. 11. im badischen Dulach einwaggoniert und erreichte am 27. 11. 1918 frühmorgens die Garnisonsstadt Grimma. Wo sie unter Führung ihres Rittmeisters d. Res. Thieme, sowie mit dem altbewährten „Spieß", Wachtmeister Riedel, in die zwischenzeitlich fertiggestellte Königin Carola-Kaserne einrückte.

2. Eskadron nebst Regimentsreststab waren ebenfalls, zusammen mit 40. Inf.-Div. bis Kriegsende an der Westfront verblieben. Sie marschierten aus Belgien dann in die Heimat zurück, überschritten 25. Nov. den Rhein in Köln, wurden am 18. Dez. in Hamm verladen, erreichten am Abend des 19. 12. über Riesa – Döbeln dann Grimma und ihre Kaserne; geführt vom Rittmeister Sieber. Letztnachgewiesener Kriegsstand (vom 19. 6. 1918) waren 6 Offiziere, 78 Mann; bei offiziellem Verpflegungsstand von 6 Offizieren, 102 Unteroffizieren und Mannschaften sowie 90 Pferden. Der Regimentsstab, unter dem Oberstltn. Müller, rückte über Eisenach und Kösen von Thüringen her, dann erst am Mittag des 21. Dez. 1918 in der Kaserne ein.

4. Eskadron ging, zusammen mit der 5. Eskadron, im Juli 1916 zur 19. Ersatz-Inf.-Division nach Lothringen. Kriegsstärke und Verpflegungsstand der 4. Eskadron war damals noch 8 Offiziere, 173 Mann, 170 Pferde. In den Jahren 1917/18 kämpften ihre Reiter als einziger Regimentsverband

der Grimmaer Husaren an der russischen Ostfront, im livländischen Baltikum; anschließend sogar noch auf dem Balkan. Mit am 1. Okt. 1918 einer Gesamtstärke von 5 Offizieren, 95 Mann, 116 Pferden. Nach Kriegsende führte ihr Rittmeister Nieske, von Serbien über Ungarn und Bayern her, am 8./9. Dez. lediglich noch 1 Offizier und 26 Husaren (!) in die Grimmaer Kaserne zurück. Diese Truppe war also ordentlich gerupft und stark in Mitleidenschaft gezogen worden. Der Krieg auf dem Balkan, wo sie im Verbund der 219. Infanteriedivision kämpften, hatte ihnen letztlich die bittersten Verluste zugefügt.

5. Eskadron hatte im Juli 1916 noch relativ viele Offiziere in Kriegsstellenbesetzung: Eskadronschef Rittmeister Stubenrauch und 2 aktive sowie 5 Reserve-Leutnants, 1 Oberarzt und 1 Oberveterinär. Mit der in Lothringen stationiert gewesenen 19. Ersatzdivision kam sie dann auch in die Heimat zurück; von der Grenze heranmarschierend, überschritt sie 25. 11. bei Maxau den Rhein und fuhr per Bahntransport dann über Nürnberg und Hof nach Leipzig. In Grimma trafen die Männer dann in der Nacht zum 6. Dezember 1918 (und also gerade noch rechtzeitig zum Nikolaustag) ein. Die letzte Stärkemeldung zählte immerhin noch 2 Offiziere und 90 Mann mit zusammen 90 Pferden.

Die Regimentsgeschichte (s. d.) der 2. Grimmaer Husaren 19 verzeichnet, abschließend auf schwarzumrahmter Ehrentafel, ihre Gefallenen des 1. Weltkrieges. Und zwar mit 13 aktiven und Reserve-Offizieren (2 Rittmeister, 1 Oberleutnant, 2 Oberveterinäre, 8 Leutnants); mit 8 Unteroffizieren (darunter 2 Vizewachtmeister als Portépe-Unteroffiziere und Säbeldienstgrade); mit 75 Mannschaften als Gefreite und Husaren. Zusammen also 96 Kriegstote! Auf der Namenstafel des ursprünglichen Kriegerdenkmals der Husaren standen aber wohl nur 94 Gefallene verzeichnet (12 Offiziere, 9 Unteroffiziere, 73 Mannschaften).
Dieses künstlerisch sehr ansprechende Denkmal an der Leipziger Straße, neben dem Postamt, wurde von den Bildhauern/Steinmetzen Müller und Völkerling meisterlich geschaffen. Am 8. Oktober 1922 weihten es die Grimmaer feierlich ein, unter offizieller Reichswehrbeteiligung. Dieser mit gezogener Mütze und geneigtem Kopf in Ruhestellung um seine toten Kameraden trauernde Husar, in feldgrauer Weltkriegsuniform neben seinem ebenfalls kopfsenkenden Pferde auf hohem Sockel stehend – er spricht wohl (fast) jeden Beschauer direkt an und provoziert somit ein Nachdenken um Sinn und Unsinn jeglichen Krieges in unserer Zeit.
Die Muldenstadt Grimma ließ übrigens nach Kriegsende in ihren Anlagen auch ein schlichtes Gefallenen-Ehrenmal mit den Namen aller ihrer toten

Söhne aufstellen (und es waren über 350 verzeichnet!). Dazu lieferte der sogen. Husarenpastor Seidel die damals durchaus zeitgemäße Inschrift: „Wißt, daß das Volk voll Glut war / Weh, daß die Welt voll Blut war / Heil, daß der Held voll Mut war / Gott weiß, wozu es gut war..“

In der Reichswehr, dem durch den Versailler Vertrag auf 100.000 Mann reduzierten Heer der Weimarer Republik, wurde deren neuaufgestelltes Reiter-Regiment 12 mit der Traditionspflege und -wahrung aller früheren sächsischen Kavallerieregimenter beauflagt. Aus 2 sogen. Grenzjäger-Schwadronen bei sächsischen Freiwilligenverbänden (Freicorps) während der Grenzsicherungskriege im Osten (1918 – 20), formierte sich dieses Regiment später in 6 Schwadronen; 2 nebst Regimentsstab waren in Dresden, jeweils 2 in Grimma und Großenhain stationiert. Die nach der NS-Machtergreifung im Jahre 1933 nunmehr offen wie rasant verlaufende Aufrüstung und Remilitarisierung Deutschlands machte natürlich auch vor den Sachsenreitern nicht halt. Denn ab dem Frühjahr 1935 waren sie urplötzlich keine mehr, mußten sich von den altgewohnten, liebgewonnenen Vierbeinern trennen. Man tat sich recht schwer damit, denn der endgültige Abschied vom getreuen „Kamerad Pferd“ tat weh! In Gemeinschaft mit den ebenfalls zwangsabgesessenen Soldaten der Potsdamer und Breslauer Reiterregimenter 4 und 7 wurden sie jetzt motorisiert. Und aus ihnen allen ein neues Panzer-Regiment 3 gebildet. Immerhin wenigstens wieder eine schnelle Truppe; Hafer und Stroh benötigten ihre stählernen Untersätze zwar nicht mehr, dafür aber hochexplosiven Sprit in Größenordnungen. Umgliederungen und Neustrukturierungen am laufenden Band und im Eilverfahren, Ausbildung neuer Rekruten wie alter Reiter an diversen Motorfahrzeugen folgten nach.
Mit dem Stichtag 31. März 1935 also ging auch für Sachsen sowie die Muldenstadt Grimma das vieljahrhundertealte Ruhmesblatt sächsischer Kavallerie zu Ende! Im Orte selbst aber hielt ein recht aktiver Husarenverein als Kriegskameradschaft die Regimentstradition und Pflege des Husarengeistes hoch. So u. a. mit alljährlichen Husarenappellen, Aufmärschen und den alle paar Jahre abgehaltenen Husarentagen. Und (fast) alle Grimmaer waren mit dem Herzen dabei. Selbst im 1941er Kriegsjahre bereitete man (lt. Hensel, a. a. O.) noch eine größere Veranstaltung zur fälligen 150-Jahrfeier des Husarenregimentes vor... „Wenn das dor Geenich wißte“, da droben auf Wolke 17 im Wettinerhimmel. Aber vielleicht hat er´s ja auch gesehen; und wie man ihn kannte, wird er sich breit schmunzelnd darüber gefreut haben. Über den leidigen und wiederum von Deutschland ausgehenden 2. Weltkrieg (mit seinen auch fürs geliebte Sachsenland so schweren Folgeschäden und Verlusten) aber ganz gewiß nicht!

Die Garnison Grimma nach 1918/19 und bis Anfang der 90er Jahre des 20. Jahrhunderts

Nach Heimkehr in die Kasernen, Abwicklung und Auflösung sowie laufenden Entlassungen von Restteilen des Husarenregimentes – und auch Logierung von zeitfreiwilligen, provisorischen Militäreinheiten – beherbergte die alte Garnisonsstadt von 1921 bis in den Mai 1935 dann die 1. und 3. Eskadron des Reiter-Regiments 12 (der 2. Kavallerie-Division Breslau unterstellt). Wobei 1. Eskadron als Traditionstruppe der ehem. Bornaer Karabiniers fungierte, und 3. Eskadron die Traditionspflege der hier angestammten 19er Husaren übernahm. Nach dem 15. Mai 1935 wurden sie (neben anderen) zum Panzer-Regiment 3 umgebildet und aus Grimma herausverlegt.

Vom 15. Oktober 1935 bis in den Oktober 1938 garnisonierten dann hier das Infanterie-Regiment 32 mit Regimentsstab, I. Bataillon sowie 13. und 14. Kompanie (als schwere Einheiten); das II. Bataillon lag in Eilenburg, also auch an der Mulde.

Kurzfristig war von 1934 bis Ende Januar 1936 auch mal die III. Abteilung vom Artillerie-Regiment 14 in die Kaserne eingerückt.

Mit dem 10. November 1938 (und bis in den August 1939) logierte hier auch das II. Ergänzungsbataillon des Infanterieregimentes 101.

Seit dem 25. Januar 1936 war in unmittelbarer Nachbarschaft noch die I. Abteilung des Schweren Artillerie-Regiments 50 mit seinen 1. – 3. Batterien (bespannt) untergezogen; sie blieben hier bis Ende August 1939.

Desweiteren gab es noch die folgenden militärischen Dienststellen in der Stadt bzw. im Kasernentrakt: Wehrbezirkskommando Grimma, Wehrmeldeamt Grimma, Heeresfachschule Grimma, Sanitätsstaffel Grimma, Heeresstandortverwaltung sowie Heeresverpflegungsamt Grimma sowie Wehrmachtsfürsorgeoffizier.

Und für die blutigschweren Jahre des 2. Weltkrieges konnten von 1939 bis 1945 folgende Einheiten ermittelt werden: Ab 26. August 1939 ist die Fahr-Ersatzabteilung 4 am Garnisonsort aufgestellt worden – 15. September 1942 in eine Ausbildungs- und eine Ersatzabteilung aufgeteilt – 6. April 1943 dann wieder zusammengefaßt und als Fahr-Ersatz- und Ausbildungsabteilung nach Bautzen verlegt. Später ist diese offenbar viel herumkommandierte Kraftfahrer-Ausbildungsabteilung 4 dann am 13. März 1944 von Kamenz nach Grimma rückverlegt worden und mit Resten bis Kriegsende 1945 auch hiergeblieben.

Als Sieger rückten danach sowjetische Truppenteile in die Grimmaer Kasernen und deren zugehöriges Areal ein. Welche sie in „bewährter Manier“, so wie die meisten der von ihnen genutzten Militär- und Zivilobjekte (und

zwar nicht nur in Grimma, dem Muldenland und Sachsen, sondern überall in der von ihnen besetzten SBZ, mit harter Faust über ihre SMAD verwaltet) über viele Jahrzehnte auf wirklich unnachahmliche Weise schlimmstens heruntergewirtschaftet haben sowie baulich total verlottern und verkommen ließen. Von den meist irreparablen Umweltschäden auf den Grundstücken wie in Böden gar nicht zu sprechen.
Um der Wahrheit willen sei aber an dieser Stelle unvoreingenommen angemerkt, daß die schließliche Erhaltung des von (fast) allen Grimmaern liebgewonnenen Husarendenkmals in den 1945er Umbruchwirren allein einem vernünftigen sowjetischen Stadtkommandanten zu verdanken war! Offenbar einem Manne mit Reitergeist und Pferdeverstand. Vielleicht sogar einem Kosaken-Offizier? Wie auch immer, jener stoppte die jetzt im Städtchen tonangebenden Edelproletarier, Radaukommunisten und selbsternannten Weltverbesserer in ihrem blindwütigen Bestreben, besagtes und ihnen natürlich zutiefst verhaßtes „Symbol des deutschen Militarismus" vom Sockel zu holen, es zu vernichten. In einem Friedhofswinkel durften Husar nebst Pferd dann ungestört weitertrauern; lediglich die Namenstafel der Gefallenen wurde entfernt und war nicht mehr auffindbar.
(In Borna hingegen ist das imposante und dezidiert kriegerischen Geist ausstrahlende Reiterdenkmal der Karabiniers spurlos verschollen. Jedoch haben die Namenstafeln der Gefallenen glücklicherweise überdauert und werden im Heimatmuseum aufbewahrt. Andere Reiterdenkmale aber sind restlos zerstört und verschwunden; so die der Großenhainer 18er Husaren, der Oschatzer 17er Ulanen, der Chemnitzer 21er Ulanen – soweit es Sachsenreiter betrifft).
Wie gesagt, still und stumm, aber ungemein beständig hat der trauernde Husar dann die Jahrzehnte des sowjetgeprägten DDR-Sozialismus überlebt. Und seine Hoffnung auf bessere Zeiten gingen letztendlich in Erfüllung. So trägt der nunmehr wieder am angestammten Platze an der Leipziger Straße, neben dem Postamt, mitsamt Pferd Trauernde ein schlichtes Hinweisschild auf neuem Sockel. Worauf in Großbuchstaben verzeichnet steht:
„Den Grimmaer Husaren des Regiments Nr. 19
1922 errichtet 1945 demontiert 1990 durch Bürgerinitiative wiedererrichtet".

Und bereits im Sommer 1990 machte auch das Grimmaer Heimatmuseum mit einer kleinen, aber gehaltvollen Sonderausstellung zur Husarenhistorie von sich reden; sogar weit über die alte Garnisonsstadt hinaus. Auch Schreiber dieser Zeilen war aus Leipzig extra hierhergeeilt, um die interessanten Exponate zu besichtigen, dieser durchaus bemerkenswerten Husarenschau seine Reverenz zu erweisen.

Wie auch der „Rundblick-Priemer“, der im „Sächsischen Tageblatt“ vom 5. Juni 1990 über „Glanz und Gloria der Husaren“ werbend schrieb. Und seinen Artikel abschloß mit einer nachdenklichen Sentenz, die Ausstellung betreffend: „Sie ist auch als ein Versuch der Geschichtsbewältigung gedacht, da es nicht möglich ist, sich den Teil der Nationalgeschichte auszusuchen, der gerade in eine historische Theorie paßt und andere Episoden dafür auszuklammern“.

Abschließend an dieser Stelle noch wenige, ganz kurze (und gewiß auch unvollständige) Angaben zur Grimmaer Sowjet-Garnison; Stand 1990/91:
In den Kasernen , sowie in weiteren von den Russen genutzten Gebäuden, waren untergebracht:
der Stab der 20. Rotbanner-Garde-Mot. Schützendivision (russisch benamter „Prikarpatsko – Berlinskaja“), einer mit Gardetitel und dem hohen Suworow-Orden ausgezeichneten Truppe; sie war der 1. Garde-Panzerarmee in Dresden unterstellt;
das „Jaroslawski-Regiment“ als 67. Rotbanner-Garde-Mot. Schützenregiment;
sowie ein 68. Panzeraufklärungsbataillon der Sowjetstreitkräfte.
Außerdem noch alles, was zur Logistik einer größeren Garnison gehört; u. a. Dienstleistungs- und Sanitätseinrichtungen, Fuhrpark, Klubs und Sporteinrichtungen, Schule für die Kinder der am Ort mit Familien wohnenden Soldaten usw. Nicht zu vergessen Institutionen des militärpolitischen Dienstes der Sowjetarmee, von Militärabwehr und Geheimdiensten.

Mit dem schlußendlichen Abzug der Westgruppe der Sowjetischen Streitkräfte nur wenige Jahre nach der politischen Wende und deutschen Wiedervereinigung (welcher Abzug aber die Bundesrepublik Deutschland erhebliche Milliarden DM an Ablösungs- und Entschädigungszahlungen gekostet hat), sind dann die letzten „russischen Besatzer“ auf hoffentlich Nimmerwiedersehen verschwunden. So wie auch der klobige Russenpanzer T 34/85 im kleinen Park neben dem Bahnhofsvorplatz gottlob vom Siegespodest herabgeholt wurde; es war ja wohl an der Zeit. Denn nicht unbedingt als Freunde – wenngleich meist ironisch oder auch staatsoffiziell bierernst so gemeint – sind die Russensoldaten von der überwiegenden Masse der Bevölkerung in der ehemaligen sowjetischen Besatzungszone, späteren DDR als Arbeiter- und Bauernstaat von Moskauer Gnaden, empfunden worden. Allen parteipolitischen wie auch staatlich aufgezwungenen sozialistischen Treueschwüren zum Trotz. Da halfen denn auch die zu Staatsfeiertagen u. ä. angeordneten organisierten Freundschaftsbekundungen zu den sowjetischen Garnisonen bzw. den darin stationierten Russensoldaten (welche an ihrer äußerst harten Dienstdurchführung und, im Verhältnis zur DDR-Bevölkerung, sehr eingeschränkten, ärmlichen Lebensweise ersichtlich keinen Gefallen fanden) herzlich wenig. Ja, sie waren sogar kontraproduktiv, weil die in ihren schwer bewachten, kaum zugänglichen Kasernen streng abgeschotteten Militärs ihr traditionelles Eigenleben führten. Und solches war von der obersten sowjetischen Militärführung durchaus gewollt; trotz aller angeblichen Drushba hin- und wieder zurück zwischen Deutschen und Russen. Man stelle sich einmal den totalen Kulturschock vor, den die einfachen russischen Soldaten empfunden hätten (und späterhin multipliziert in ihre ferne Heimat mitgenommen), falls sie sehr freizügig mit den doch wesentlich besseren Lebensbedingungen und -gewohnheiten der DDR-Bevölkerung vertraut geworden wären! Nach Ansicht ihrer Staats-Partei- und Militäroberen hieße das geballte Konterrevolution – weil nämlich dadurch ihre Soldaten einer stetigen Gefahr kapitalistisch-westlicher Verbürgerung ausgesetzt werden mußten. Was man ihnen ersparen wollte... Klingt zugegeben sehr überheblich, läßt sich aber mit einem einzigen und klitzekleinen Beispiel aus dem Alltagsleben drastisch-humorvoll belegen: Stichwort Gardinen! Im Gegensatz zu eigentlich allen Fenstern in Wohnungen ihrer deutschen Nachbarn, klebten selbst in vielen Offiziers- und Unteroffizierswohnungen der Russenkasernen lediglich großformatige Zeitungen (wie die „Iswestija" oder „Prawda") an den Fensterscheiben. Zwar hatten die Wohnungsinhaber solcherart stets die gerade gängigen Politlosungen und Sozialismusartikel durchscheinend vor Augen. Jedoch, was selbst dem allerdümmsten oder auch besonders linientreuen DDRler einging, mit europäischer Wohnkultur im allgemeinen wie auch mit der deutschen Wohnungspflege sichtbar wenig am Hut. Und so konnte man die „Freunde" immer ganz herrlich ärgern, wenn man mehr oder weniger diskret auf deren Zeitungsfenster hinwies, mit einem mokanten „Nu wot, Russkij nix kultura, Boschemoi". Worauf die Einsichtigeren unter denen schamvoll leise antworteten (hier frei ins Deutsche übersetzt): „Nu, budjet – ihr Germanskis habt zwar den Affen erfunden, wir Russen aber dafür den Krieg gewonnen." Was ja auch nicht zu bestreiten war. Letzteren Umstand anbelangend, so schrillte die gängige, staatsparteilich propagierte und regierungsoffizielle Losung „Von der Sowjetunion lernen, heißt siegen lernen" seinerzeit (und sogar auf Mauern und Ruinen noch bis weit in die 90er Jahre hinein) auf Unmengen von Plakaten und Spruchbändern, war in den Schullehrbüchern wie auch gängigen Historiendarstellungen eingeschrieben und somit festgeklopft. Bibliotheken, Kulturhäuser, Museen und sonstige Institutionen empfingen einen mit dieser standardisierten Feststellung – welche man zwar so nebenher mit einem Auge oder Ohr zur Kenntnis nehmen mußte; so richtig ernst genommen hatte dies aber wohl fast keiner mehr. Waren doch zu viele Deutsche schon mal in der Sojus gewesen und hatten sich das Leben und Treiben der Russen dort selbst mal, mehr oder minder gründlich, auf jeden Fall recht interessiert wie aufmerksam angeschaut. Und waren oftmals total ernüchtert zurückgekehrt; erschrocken und gar nicht mehr euphorisch, was deren tägliche Lebensumstände, ihren wirklich sehr niederen Lebensstandard usw. betraf. Von wegen siegen lernen, vom großen Bruder... Ein böses Bonmot dazu: „So, wie die den Krieg gewonnen haben – so möchte man aber keinen verlieren!" Denn nur ein knappes halbes Jahrhundert nach ihrem Kriegssieg über die Deutsche Wehrmacht und den Nazistaat, haben sich diese Russen dann höchst eigenhändig fast zu Tode gesiegt. Weil eben ihr einstmals von vielen hochgelobtes kommunistisches Gesellschaftssystem mit seinem von ebenso sturen wie unfähigen Apparatschiks aller Coleur dominierten Staatsapparat jämmerlich und total versagten. Den russischen Menschen jedenfalls wäre besseres zu wünschen gewesen. Obzwar dies Volk eine schier unglaubliche Leidensfähigkeit besitzt. Jedoch die Zeit wird's richten: „Pantha rhei" (alles fließt und verändert sich, nichts steht still oder ist von Dauer, alle Dinge sind vergänglich). Solches sprach um ca. 500 v. Chr. der altgriechische Philosoph Heraklit. „Nu Budjet" – es wird schon werden. Hoffentlich, und vielleicht packen sie es doch noch mal. Das sei den Russen ehrlich wie herzlich vergönnt. Aber bitte schön, möglichst ohne uns und ohne unser vieles, gutes Geld. Denn wenigstens wir Sachsen sollten von denen niemals wieder lernen wollen, egal was und wieviel. Wer uns selbiges aber heute noch, oder schon wieder empfehlen, gar aufzwingen möchte – dem hauen wir kräftig auf die Finger und/oder aufs Maul! Damit Ende der Fahnenstange.

Nunmehr wieder zurück nach Grimma und aus der reizenden Muldenstadt via Leipzig hinausfahrend, kann man gleich rechterhand an der Leipziger Straße das sehr gut gehaltene, ehemals Kaiserliche Post- und Telegraphen-Amt bewundern. Als wahres Prachtgebäude des Grimmaer Baumeisters und Großunternehmers R. Barthel; es wurde in einem dem Historismus verpflichteten Neostil errichtet und ist eine Augenweide. Gleich noch einen Abschiedsblick auf's danebenstehende Husarendenkmal; zum wiederholten Male über die ersichtlich körperliche Kleinheit von Mann und Pferd staunend – sind beide doch wohl in Lebensgröße aus dem Stein gehauen worden. Und dem Autor kommt hier zwangsläufig ein bekannter Ausspruch des deutschen Historikers Leopold von Ranke (1795–1886, Vertreter einer wissenschaftlich-quellenkritischen Methodik in der Geschichtsforschung) in den Sinn: „Den Charakter einer Nation erkennt man daran, wie sie ihre Soldaten nach einem verlorenen Kriege behandelt!"

Weiter aus der eigentlichen Stadt herauskommend, den Oberen Bahnhof in Blickrichtung links liegenlassend, über die Bahngleise an der Malzmühlstraße dann, quasi abschiedwinkend, noch ein Kurzabstecher links hinüber ins alte Kasernenareal der alten Husaren. Aber hoiho und brrr: Hier hat sich wirklich alles baulich so stark zum besseren verändert, daß jenes ehemals (wie auch immer) dominierende Kasernenviertel überhaupt nicht mehr wiederzuerkennen ist. Kaum noch was übrig von ursprünglicher Altbausubstanz; falls ja, dann aber totalerneuert, rückgebaut, rundumsaniert. Als durchaus gekonnter Mix moderner Neubauten, als ansprechende Wohnungen mit hoher Lebensqualität sowie umtriebigem kleinen Gewerbegebiet am Stadtrand. Und also ein insgesamt gutes Bild in hellen, frischen Farben vermittelnd. Wenn das die blauen Reiter noch hätten erleben dürfen...

Mit derlei besinnlichen Reminiszenzen an die beeindruckende „Perle des Muldentals" und ihre hundertjährige Husaren-Garnison, geht's nach erneutem Rechtsschwenk zur alten Leipziger Chaussee dann flott weiter; über selbige und durch die ebenfalls ansprechenden, liebevoll wie sauber sanierten, gepflegten Dörfer (jedes in seiner Art ein kulturhistorisch wertvolles Kleinod) retour in die alte Reichs-Messestadt an der Pleiße. Wo ja auch der ehedem so berühmte deutsche Dichter – und zeitweilige Grimmaer Husarenoffizier – Rudolf G. Binding einen für ihn entscheidenden Daseinsabschnitt frisch, wenn auch nicht immer fröhlich, heruntergelebt hatte.

rechts: Grimmaer Husarendenkmal

DEN GRIMMAER HUSAREN
DES REGIMENTS NR. 19
1922
ERRICHTET
1945
DEMONTIERT
1990
DURCH
BÜRGERINITIATIVE
WIEDERERRICHTET

Vier Stabsoffiziere aus alter wie neuer Husarenzeit (von links oben nach rechts unten): Karl Wilhelm Ferdinand von Funck und Johann Adolph Freiherr von Thielmann (beider Porträts von Anton Graff), Johannes Louis Ebert und Karl Wolf v. Arnim = Kriebstein

Husar auf Wache am Kasernentor, den blankgezogenen Säbel präsentierend

Sachsens letzter und sehr volkstümlicher König Friedrich August III. regierte von 1904 bis 1918 (Abdankung)

„Reserve hat Ruh!" Soldatenquartier Hornig in der Malzhausgasse, nachmaliger Hof Leupold. Aufnahme, dem Zeitgeschmack entsprechend und frischgebackene Reservisten bei lustigem Abgang aus dem Regiment zeigend.
Von links oben nach rechts unten sind folgende Namen verzeichnet: R. Geißler, H. Kowilsky, A. Schmidt, H. Köhler, B. Hinkelmann, Peppi (das Pferd), H. Lochen, H. Tilgner, P. Henke, R. Schulz, R. Kramer, A. Hempel, Uffz. Heuer (Pferd Solon, Hund Lump), K. Müller, M. Scholz, F. Köthe, F. Bergmann, liegend F. Rudert

Soldatenquartier der Familie Kind (Gastwirtschaft E. Kind, Markt 22)
von links: Vizewachtmeister Müller, Otto Quitzsch, R. Geißler, R. Offenhauer, A. Oelsner; links oben: G. Pfenniger, G. Großmann, F. Köthe; rechts vom Pferd:E. Brause, F. Ebert, A. Kabitzsch, E. Kind, W. Kind (Junge)

Der strammstolz wie würdevoll posierende Vizewachtmeister (Feldwebelcharge bei der Kavallerie) erscheint selbst hier, in aufgelockerter Runde, als wohl eher gefürchteter Ausbilder und Drillmeister. Es dürfte sich um den stadtbekannten schwarzen Müller (Gustav) handeln. Nach Dienstende in Grimma verblieben, wurde er dort Ratsförster und langjähriger Führer der 19er Husarenkameradschaft. Im höheren Alter weißhaarig und menschenfreundlich geworden, war er beim Erscheinen der Henselschen Heimatbriefe aber schon verstorben.

Die Grimmaer Husaren als 2tes Kgl. Sächs. Leichtes Reiter Regiment (Uniformierung aus der Zeit vor 1876)

Diese Postkarte schrieb der Soldat Max Schulz, II. Ers. Batl. Inf. Regiment 106 (Leipzig), III. Komp. (Poststempel Grimma vom 8. 9. 15). Empfänger war ein Pionier Kurt Schulz (Bruder?) in der II. Ers. Komp. Pion. Batl. 22, Riesa

Ein säbelpräsentierender Wach-Husar
in Uniformierung der Jahrhundertwende

Grimma.
Wache des K. S. 2. Husaren-Regiments
No. 19 „Königin Carola".
4747 Brück & Sohn. Meissen.

Kaserne des II. Königin-Husaren-Regt. No. 19.
17940 Verlag von Franz Koch, Grimma.

Das Grimmaer Museum von der Flußseite her gesehen (Aufnahme vor der großen Flut im August 2002)

Früher stand hier an der Landstraße Nähe Thallwitz einer der typischen Grenzsteine zwischen Sachsen und Preußen.

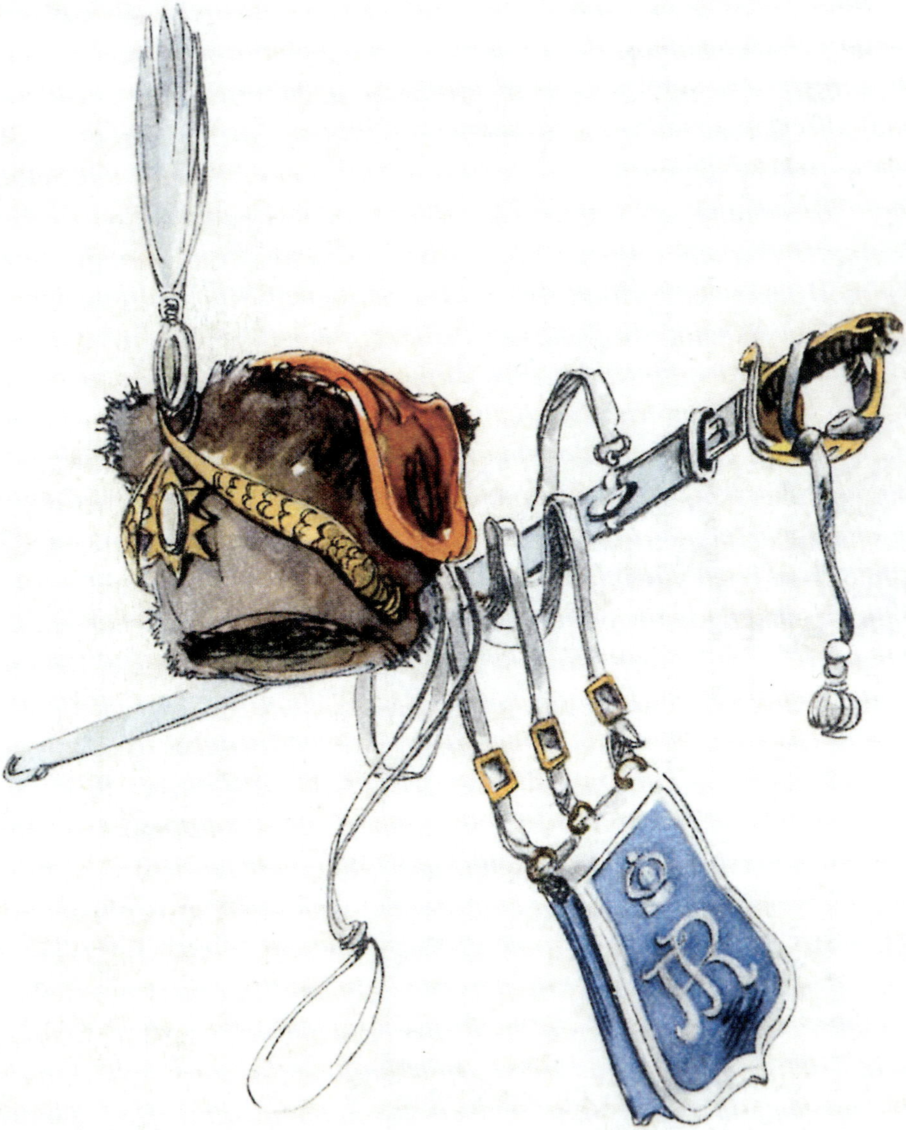

„Leutnant warst Du einst bei den Husaren,
als wir jung und glücklich waren -
denkst Du noch daran zurück ...
Und es liebte Dich im Städtchen
heiß und heimlich jedes Mädchen -
sag, denkst Du noch daran zurück?“

Totenmaske Rudolf G. Bindings

Am sogenannten Roten Ufer hinter Bad Düben, wo die Mulde aus dem Sachsenland hinüber ins Preußische fließt

Mulde bei Wurzen. Wahrscheinlich markiert jene Flachstelle eine Furt, wo in früheren Jahrhunderten Menschen, Tiere und Wagen bei Niedrigwasser einigermaßen unbeschadet durch den Fluß gelangen konnten.

Literaturverzeichnis (Auswahl)

Zu den Kapiteln **Teile und herrsche. Die Wettiner Landesteilungen vom 12. bis ins 17. Jahrhundert** und **Schloß Colditz**

Albert, Prinz von Sachsen, Herzog zu Sachsen: Die Albertinischen Wettiner. Geschichte des Sächsischen Königshauses 1763 – 1932. Bamberg 1989

ders.: Die Fürstenhäuser. In: H. Heckmann (Hrsg.): Historische Landeskunde Mitteldeutschlands – Thüringen. 3. Aufl. Würzburg 1991

Bewegte sächsische Region. Vom Leipziger Kreis zum Regierungsbezirk Leipzig 1547 – 2000. Herausgegeben vom Sächsischen Staatsarchiv. Leipzig 2001

Blaschke, Karlheinz: Der Fürstenzug zu Dresden. Denkmal und Geschichte des Hauses Wettin. Leipzig 1991

ders.: Geschichte Sachsens im Mittelalter. 2. Aufl. Berlin 1991

ders.: Die Leipziger Teilung 1485 und die Wittenberger Kapitulation 1547 als grundlegende Ereignisse mitteldeutscher Territorialgeschichte. In: Kleinstaaten und Kultur in Thüringen vom 16. bis 20. Jahrhundert. Weimar / Köln / Wien 1994

Bräuer, Peter / Weber, Gerhard: Muldenland. 2. Aufl. Leipzig 1988

Deutsche Könige und Kaiser des Mittelalters. Hrsg. E. Engel und E. Holtz vom ZI f. Geschichte d. Akademie der Wiss. der DDR. 1. Aufl. Leipzig-Jena-Berlin 1989

Ebert, Wolfgang: Das Wurzener Land. Ein Beitrag zur Landeskunde und Siedlungsforschung. Leipzig 1930. In: Leipziger Land. Jahrbuch 1998, s.d.

Heinich, Walter: Wiprecht von Groitzsch und seine Siedlungen (1932). In: Leipziger Land. Jahrbuch 1998. s.d.

Held, Wieland: Die Schlacht bei Mühlberg/Elbe. Entscheidung auf dem Wege zum albertinischen Kurfürstentum Sachsen. Beucha 1997

Hennig, Alfred: Boden und Siedlungen im Königreich Sachsen. Bibliothek der Sächsischen Geschichte und Landeskunde. Hrsg. G. Buchholz und R. Kötzschke. III. Band. 3. Heft. Leipzig 1912

Heydick, Lutz: Leipzig. Historischer Führer zu Stadt und Land. Leipzig-Jena-Berlin 1990

Im Leipziger Land. Kulturgeschichtliche Streifzüge. Leipzig 1996

Jahrbuch zur Sächsischen Geschichte für 1992. 1. Aufl. Leipzig 1991; dito für 1993. 1. Aufl. Leipzig 1993

Köth, Arno / Pellender, Heinz: Die Ernestiner in Thüringen. Köln 1989

Kötzschke, Rudolf / Kretzschmar, Hellmut: Sächsische Geschichte. Augsburg 1995 (Reprint der 1935er Erstauflage in Dresden)

Kriegsgefangenenlager Colditz: Oflag IV c, 1939 – 1945 (Hrsg. Städt. Museum – Carmen Lutz). Colditz 1990

Leipziger Land. Jahrbuch für Historische Landeskunde und Kulturraumforschung. 1/1998. Zur Siedlungsgeschichte des Leipziger Raumes. Hrsg. von Lutz Heydick und Uwe Schirmer. Beucha1998

Lück, Heiner: Wettiner Grafen, Grenzen und Gerichte. Beiträge zur Geschichte des Saalkreises. Halle/Sa. 1990

Mellmann, Siegfried: Der Fürstenzug zu Dresden. Seine Entstehung und die Geschichte der Wettiner. 2. Aufl. Lübeck (und Dresden) 1995

Müller, Max: Landschaftsbild und Siedlungsgeschichte des Ostteils der Leipziger Tieflandsbucht (1937). In: Leipziger Land. Jahrbuch 1998. s.d.

Naumann, Günter: Sächsische Geschichte in Daten. 2. überarb. Aufl. München / Berlin 1994

Platen, Paul: Die Herrschaft Eilenburg von der Kolonisationszeit bis zum Ausgang des Mittelalters (1913). In: Leipziger Land. Jahrbuch 1998. s.d.

Preil, Michael: Militärgeschichtlicher Reiseführer Sachsen. Hamburg 1996

Richter, Franz Helmut: Gesetzgebung, Rechtssprechung und Verwaltung. Staatsrechtliche Entwicklung der Wettinischen Lande. In. Historische Landeskunde Mitteldeutschlands – Sachsen (Hrsg. H. Heckmann); S. 101 ff. 3. Aufl. Würzburg 1991

ders.: Rechtspflege und Verwaltung. In: Historische Landeskunde Mitteldeutschlands – Sachsen/Anhalt (Hrsg. H. Heckmann); S. 151 ff. 3. Aufl. Würzburg 1991

Schirmer, Uwe: Das Amt Grimma 1485 – 1548. Demographische, wirtschaftliche und soziale Verhältnisse in einem kursächsischen Amt. Band 2. Schriften der Rudolf Kötzschke-Gesellschaft. Beucha 1996

ders.: Das Leipziger Land. Anmerkungen zu Naturraum, Geschichte und Geschichtspflege (1998). In: Leipziger Land, Jahrbuch 1998, s.d.

Schkeuditz. Die kleine Stadt mit großer Zukunft. Hrsg. Adolf Fischer. Heimatmuseum Schkeuditz o.J.

Schmidt, Otto Eduard: Kursächsische Streifzüge. In 7 Bänden. Vierter Band: Aus Westsachsen (Vogtland, Osterland, Pleißnerland). Dritte verb. Aufl. als Reprint. Frankfurt/Main 1969. Speziell folgende Kapitel: Pleißenländisches, S. 220 ff.; Muldenländisches, S. 258 ff.; Auf der Leipzig-Dresdner Poststraße, S. 338 – 368

Schwarz, Hilmar: Die Wettiner des Mittelalters und ihre Bedeutung für Thüringen. Kleine Schriftenreihe der Wartburg-Stiftung. 7. Leipzig 1994

Sturmhöfel, Konrad: Illustrierte Geschichte der sächsischen Lande und ihrer Herrscher. Zwei Abteilungen zu je zwei Bänden. Leipzig 1898 – 1909

Tullner, Mathias: Geschichte des Landes Sachsen-Anhalt. 2. Aufl. Magdeburg 1996

Walz, Dieter: Alte Soldaten sterben nicht. Krieg und Kriegsgeschrei im Leipziger Land. Leipzig 1998

ders.: Burgen Tour. Sächsische Burgen an Mulde und Zschopau. Leipzig 1992

ders.: Leipzig und seine Dörfer. Von der Herrschaft über Dörfer zur Eingemeindung. In: Im Leipziger Land, S. 118 ff.

ders.: Der Tod kam als Sachsengänger. Historische Schlachtfelder des Dreißigjährigen Krieges im Leipziger Land. Leipzig 1994

Wilde, Manfred (Hrsg.): Schloß Delitzsch. Beucha 2001

Wiprecht. Beiträge zur Geschichte des Osterlandes im Hochmittelalter. Beucha 1998

Zemmrich, Johannes: Landeskunde von Sachsen (als Reprint von 1923 hrsg. u. überarb. von Karlheinz Blaschke). Berlin 1991

Zimmermann, Ingo: Sachsens Markgrafen, Kurfürsten und Könige. Die Wettiner in der meißnisch-sächsischen Geschichte. 1. Aufl. Berlin 1990

Zum Kapitel **Kohlhase in Düben**

Architekturführer DDR. Bezirk Leipzig. Berlin 1975

Ausflugsatlas Bezirke Leipzig, Halle. Berlin/Leipzig 1978

Bad Düben. Ein Stadtführer. Halle 1991

Fontane, Theodor: Wanderungen durch die Mark Brandenburg. 4. Band.: Spreeland (der vierbänd. Ausg. vom Hendel Verl.) Leipzig/Naunhof o. J.

Heinrich von Kleist – Michael Kohlhaas. Erläuterungen und Dokumente. (Hrsg. Günter Hagedorn). Stuttgart 1988

Kleist, Heinrich von: Michael Kohlhaas. In: Werke. Erster Band: Erzählungen. Berlin/Weimar 1976

Lexikon deutschsprachiger Schriftsteller. Band 1. (A-K, Art. „Kleist“, S. 469 f.). Leipzig 1972

Lexikon Städte und Wappen der DDR. Leipzig 1984

Literatur. Tourist-Führer: Dichter, Stätten, Episoden. Berlin/Leipzig 1985

Ludwig, Günter / Wermusch, Günter: Silber. Aus der Geschichte eines Edelmetalls. Berlin 1986

Metscher, Klaus / Fellmann, Walter: Lipsia und Merkur. Leipzig und seine Messen. Leipzig 1990

Schlösser um Leipzig. 2. Aufl. Leipzig 1994 (Herausgegeben vom Förderverein für Handwerk und Denkmalspflege Schloß Trebsen e. V. durch Alberto Schwarz), Art. „Bad Düben“, S. 23 f. sowie Art. „Schnaditz“, S. 174 – 76

Schmidt, Otto Eduard: Kursächsische Streifzüge. Sechster Band „Dresden und die Sächsische Schweiz“ (S. 78 – 80 „Menschen und Werke“). Reprint von 1928. Frankfurt/Main 1969

Walz, Dieter: Alte Soldaten sterben nicht. Krieg und Kriegsgeschrei im Leipziger Land. Leipzig 1998

Zum Kapitel **Napoleon an der Mulde, im Oktober 1813**

Caulaincourt, Marquis de Armand A. L.: Unter vier Augen mit Napoleon. Stuttgart 1958

Droysen, Johann Gustav: York von Wartenburg. Berlin o. J.

Fain, Baron de Agathon J. F.: Neun Jahre Napoleons Sekretär 1806 – 1815. Berlin 1926

Freytag-Loringhoven, Frhr. von: Die Heerführung Napoleons in ihrer Bedeutung für unsere Zeit (mit div. Kartenbeilage). Berlin 1910

Friederich, Rudolf (Bearb.): Die Befreiungskriege 1813 – 1815. Zweiter Band: Der Herbstfeldzug 1813. 1. – 5. Aufl. Berlin 1912

Kircheisen, Friedrich M.: Napoleon I. Ein Lebensbild. Stuttgart u. Berlin 1927/29

Krause, Bruno (Bearb. u. Hrsg.): Sachsen – Atlas. 30 kartographische Darstellungen des Freistaates Sachsen. Dritte verb. u. verm. Aufl. des Sächsischen Vaterlands-Atlas. Dresden o. J.

Napoleon. Die Memoiren seines Lebens. Band 13. Wien / Hamburg / Zürich o. J.

Odeleben, Otto von: Napoleons Feldzug in Sachsen im Jahr 1813. 2. verb. Aufl. Dresden 1816 (als Reprint Krefeld 1970)

F. W. Putzgers Historischer Schul-Atlas zur alten, mittleren und neuen Geschichte (bearb. u. hrsg. von Alfred Baldamus und Ernst Schwabe). 24. Aufl. Bielefeld und Leipzig 1900

Rummler, Georg: Von Marengo bis Waterloo. Memoiren des Captaine Coignet. Stuttgart 1910

Schmidt, Otto Eduard: Kursächsische Streifzüge. Erster Band „Von Meißen ins Land Sachsen-Wittenberg", S. 117 ff.: In der Dübener Heide. (Reprint der 4. Aufl. von 1928). Frankfurt/Main 1969

Varnhagen von Ense, Karl August: Blücher. Berlin 1933

Wayri, Louis-Constant: Denkwürdigkeiten über Napoleons Privatleben, seine Frau und seinen Hof. In 6 Bänden. Leipzig 1830 ff.

Walz, Dieter: Burgen Tour. Sächsische Burgen an Mulde und Zschopau. Leipzig 1992

ders.: Sachsenland war abgebrannt. Leipziger Völkerschlacht 1813. 2. Aufl. Leipzig 1996

Winkler, Willy: Die Dübener Heide im Kriegsgeschehen 1813. In: Aus Geschichte und Kultur der Heide. Heimatkundliche Schriften. Heft 2. Hrsg. von Albert Schröder. Düben 1938

ders.: Die Tage vor der Völkerschlacht – die Dübener Heide im Befreiungskrieg 1813. Hrsg. Deutscher Kulturbund, Kreisorganisation Eilenburg 1963 (neu bearb. von Rolf Vettermann)

Zum Kapitel **Des Sachsenkönigs blaue Reiter**

Dem Andenken Rudolf G. Bindings (13. 8. 1867 – 4. 8. 1938). Potsdam 1938

Barthel, Ludwig Friedrich (Hrsg.): Das war Binding. Wien 1957

Baumgarten-Crusius, Artur: Das 2. Kgl. Sächs. Husaren-Regiment Nr. 19 „Kronprinz Wilhelm des Deutschen Reiches und von Preußen". Verf. vom Kgl. Sächs. General a. D. Baumgarten-Crusius und hrsg. vom Verein der Offiziere des ehem. 2. Kgl. Sächs. Husaren-Regiments Nr. 19; als Heft 59 der Schriftenfolge „Erinnerungsblätter deutscher Regimenter". Dresden, Leipzig 1930

Benary, Albert: Das Deutsche Heer. Ein Buch des Stolzes / Ein Buch der Hoffnung. Berlin 1932

Binding, Rudolf G(eorg): Antwort eines Deutschen an die Welt. Frankfurt/Main 1933

ders.: Aus dem Kriege. Frankfurt/Main 1929

ders.: Dies war das Maß. Die gesammelten Kriegsdichtungen und Tagebücher. Potsdam 1940

ders.:Erlebtes Leben. Frankfurt/Main 1928 u. Hamburg 1950

ders.: Die Gedichte. Gesamtausgabe. Potsdam 1937

ders.:Gesammeltes Werk. 5 Bände. Potsdam 1937

ders.:Das große Rudolf G. Binding – Buch. Eine Auswahl aus dem Werk. München 1979

ders.: Natur und Kunst. Führungen und Betrachtungen. Potsdam 1939 ders.: Reitvorschriften für eine Geliebte. Eine Lockung zum Leben. Frankfurt/Main 1927

ders.: Rufe und Reden. Neue Ausgabe (aus dem Nachlaß). Potsdam 1938

ders.: Sankt Georgs Stellvertreter. Legende. (Enthalten in Rudolf G. Binding: Legenden der Zeit, S. 71 ff.) Frankfurt/Main 1922

ders.: Wir fordern Reims zur Übergabe auf. Anekdote aus dem Großen Krieg. Frankfurt/Main 1935

Eberhardt, Fritz: Militärisches Wörterbuch. Stuttgart 1940 (Kröners Taschenausgabe, Band 141)

Friedrich, Wolfgang: Die Uniformen der Königlich Sächsischen Armee 1867 – 1918. Hrsg. im Selbstverlag „Arbeitskreis Sächsische Militärgeschichte e. V.", Redaktion Manfred Beyer. Dresden 1996

Hensel, Curt: Unser Grimma vor 50 Jahren, und wie es sich gewandelt hat. Vier Heimatbriefe an alte Grimmaer in der Fremde. 2. Aufl. Grimma 1941

Lexikon deutschsprachiger Schriftsteller von den Anfängen bis zur Gegenwart. Band 1 / A-K, Art. Binding, Rudolf G(eorg) auf S. 75/76. 2. überarb. Aufl. Leipzig 1972

Martin, Bernhard: Dichtung und Ideologie. Völkisch-nationales Denken im Werk Rudolf Georg Bindings. Frankfurt/Main, Bern, New York 1986

Mayer, Anton: Der Göttergleiche. Erinnerungen an Rudolf G. Binding. Potsdam 1941

Mittenzwei, Werner: Der Untergang einer Akademie oder Die Mentalität des ewigen Deutschen. Berlin/Weimar 1992

Münchhausen, Börries Freiherr von: Das Königlich Sächsische Gardereiter-Regiment von 1880 bis 1918. (Hrsg. Reichsarchiv, Zweigstelle Dresden, als Nr. 32 der Schriftenfolge „Erinnerungsblätter deutscher Regimenter – Sächsische Armee). Dresden 1926

Sachsen in großer Zeit – in Wort und Bild. Nach amtlichen Quellen hrsg. von Johann Edmund Hottenroth, Oberst a. D. und ehemal. Vorstand des Sächsischen Kriegsarchivs. In 3 Bänden. Leipzig 1920 ff.

Sachße, Erich: Ein Denkmal in der Muldenstadt. Vom Schicksal sächsischer Gefallenenehrenmale. In: Sächsische Heimat. Zeitschrift der Bundeslandsmannschaft Sachsen und der Stiftung Land Sachsen, S. 190 f., 36. Jahrg. Heft 6/Juni 1990 (Redakteur: Werner Martin Dienel, Kirchberg an der Jagst)

Sächsische Gardereiter und Künstler. Begleitheft zur Ausstellung im Militärhistorischen Museum der Bundeswehr. Dresden 2000

Sarkowicz, Hans / Mentzer, Alf: Literatur in Nazi-Deutschland. Ein biografisches Lexikon. Hamburg, Wien 2000

Schröter, A.: Grimma und Umgebung in Wort und Bild. Chemnitz und Grimma o. J.

Schultz-Trinius, Arnold: Die Sächsische Armee in Krieg und Frieden. Zeulenroda/Thür. o. J.

Schulz, Hugo F. W.: Die Bayerischen, Sächsischen und Württembergischen Kavallerie-Regimenter 1913/1914. Augsburg 1992

Sichelschmidt, Gustav: Verschwiegen und vergessen. Nationale deutsche Autoren im 20. Jahrhundert (Beitrag zu Rudolf G. Binding S. 81 ff.) Berg am Starnberger See 1997

Stenner, Traude: Rudolf G. Binding. Leben und Werk. Potsdam 1938

Süßmilch, M., gen. Hörnig: Geschichte des 2. Königl. Sächs. HusarenRegimentes „Kronprinz Friedrich Wilhelm des Deutschen Reiches und von Preußen" No. 19. Leipzig 1882

Velmede, August Friedrich (Hrsg.): Kriegsdichter erzählen (Beitrag Rudolf G. Binding „Verschwinden im Nebel", S. 21 f.) München 1937

Wistrich, Robert: Wer war wer im Dritten Reich? Überarb., erw. und illustr. deutsche Ausgabe (s. Artikel Rudolf G. Binding, S. 22). München 1983

Wörterbuch zur deutschen Militärgeschichte. In 2 Bänden. Berlin 1985

Im Leipziger Land
Broschur, 208 Seiten
83 Farb- und 47 Schwarzweiß-Abb.
14 x 22 cm
ISBN 3-9803465-9-5
EURO 12,70

Naturerlebnis und Kulturgeschichte – von dieser Verbindung haben sich die Autoren bei ihren Streifzügen durch das Leipziger Land leiten lassen. Imponierende Naturbilder und erstaunliche Einsichten in den Gang der Geschichte kamen zutage. Sie bieten Einheimischen wie Besuchern Anregungen für eigene Ausflüge, für die selbständige Erkundung unserer reizvollen Region abseits der Messestadt – welche über die Jahrhunderte zu einem Kultur- und Geschichtsraum gewachsen ist. In stetig wechselnden Grenzen immer flexibel, fließend, unruhig, veränderbar. Der Berichtsfluß durch das Gestern und Heute wird ebenso interessant wie sinnvoll ergänzt durch personenbezogene Zeiterinnerungen einzelner Autoren. Mit zahlreichen farbigen und Schwarzweißfotos ist das Buch großzügig illustriert.

Die Völkerschlacht
Herausgegeben vom
Stadtgeschichtlichen
Museum Leipzig
Broschur, 200 Seiten
13 x 23 cm, 130 Abb.
Passage-Verlag Leipzig
ISBN 3-932900-16-2
EURO 10,20

In einer gewaltigen Schlacht wurde den Truppen Napoleons 1813 in Leipzig eine vernichtende Niederlage beigefügt. Über 100.000 Tote innerhalb von drei Tagen – eine verheerende Bilanz.
Die Texte in diesem Buch geben sachkundig Zeugnis von diesem Ereignis. Die abgebildeten Objekte sind authentisch: Ausstellungsstücke aus dem Museum zur Völkerschlacht, dem FORUM 1813.

Alte Soldaten sterben nicht
Krieg und Kriegsgeschrei im
Leipziger Land
Festeinband, 200 Seiten
16 x 24,5 cm, zahlreiche Farb-
und Schwarzweiß-Abb.
Sachsenbuch
ISBN 3-89664-011-9
EURO 17,40

Seit jeher führen Menschen Kriege mit- bzw. gegeneinander, worin es immer nur um Gold, Geld, Landerwerb, um handfesten irdischen wie materiellen Gewinn geht. Entstehung und Verlauf sowie die Auswirkungen von Kriegen im Leipziger Umland werden in diesem Buch ausführlich beschrieben: von den Hussitenkriegen über den Bauernkrieg, den Dreißigjährigen Krieg, die Befreiungskriege von 1813 bis hin zum Kriegsende 1945.

Sachsenland war abgebrannt
Leipzig Völkerschlacht 1813
Festeinband, 184 Seiten
16 x 24 cm, zahlreiche Farb-
und Schwarzweiß-Abb. sowie
Karten
Sachsenbuch
ISBN 3-89664-002-X
EURO 16,40

Aus dem Inhalt:

- Das Königreich Sachsen, seit 1806 Rheinbundstaat von Napoleons Gnaden und die Reorganisation der Sächsischen Armee
- Der Frühjahrsfeldzug und die Schlacht bei Großgörschen am 2. Mai 1813
- Der Herbstfeldzug und die Tage der Schlacht um Leipzig (14. bis 19. Oktober 1813)
- Kriegsfolgen und Schäden in der Stadt und den Dörfern des Umlandes

Des Teufels zweitbester Freund
Fliegender Holländer auf letzter Fahrt
Festeinband, 232 Seiten
zahlreiche Schwarzweiß-Illustrationen
14,5 x 22,5 cm
Sachsenbuch
ISBN 3-89664-047-X
EURO 15,00

Früher einmal galten die Holländer etwas, waren sie die Fuhrleute Europas. Ihre zahlreichen, hochseetüchtigen Schiffe sind zwar aus Holz gewesen, die Männer auf ihnen jedoch aus Eisen. In der stattlichen Reihe jener Hartsegler und Gewaltkerle ragte eine Handvoll Schiffsführer hervor, auf ihre Art und Weise allesamt „Fliegende Holländer", die Barent Focke, Holofernes, Van Damiens Van der Decken. Ebenso die deutschen Schiffskapitäne im Dienst der Ostindienkompanie, Felkenberg und Karpfanger. Obwohl man ihnen nachsagte, sie wären mit dem Teufel im Bunde,sind sie einmal doch auf See oder hinterm Deich dann gestorben und ihre Spuren allmählich verweht. Einer aber überlebte alle und jedes, der geheimnisumwitterte Holländerkapitän VAN STRAATEN.
Hartköpfig und skrupellos befuhr er die Handelsrouten von Amsterdam bis Batavia in wesentlich kürzerer Zeit als die anderen. Freilich hatte er seine Seele dem Bösen verschrieben. Und als er sich in grenzenlosem Hochmut und Menschenhaß in einer grausig wilden Sturmnacht am Hoffnungskap gegen Gott und alle Welt verschwor, da war sein irdisches Maß voll. Seither muß er rastlos segeln, als Nichtlebender wie Nichttoter in die Unzeit gebannt. Dreimal wehe für Mann und Schiff, so sie dem unheilbringenden Phantom begegnen! Dies ist VAN STRAATENS Fluch und Strafe, aus der es keine Erlösung gibt. So jagt er noch heute, ruhelos und angstverbreitend, über alle sieben Weltmeere. Begleitet nur vom Schiffskobold Klabautermann und dem weißen Bordpudel. Ewig währt seine Höllenfahrt, die roten Segel sämtlich aufgeheißt, in Blitz und Sturm. Bis zum Jüngsten Gericht.

Der Tod kam als Sachsengänger
Historische Schlachtfelder des Dreißigjährigen Krieges im Leipziger Land
Festeinband, 196 Seiten
zahlreiche Farb- und Schwarzweiß-Abb.
15,5 x 24,5 cm
Passage-Verlag
ISBN 3-9803465-2-8
EURO 16,40

Aus dem Inhalt:
- Vom Prager Fenstersturz 1618 bis zum Leipziger Manifest 1631 – Kursachsens Heeresorganisation und Militärwesen in jener Zeit
- Die Schlacht von Breitenfeld-Podelwitz, 17. September 1631
- Die Schlacht bei Lützen, 16. November 1632
- Zur Lage Leipzigs zwischen den Fronten; Holk 1633 und Banér 1637 vor der Stadt
- Die Schlacht bei Podelwitz-Wiederitzsch (2. Schlacht bei Breitenfeld), 2. November 1642

Mühle bei Tiefensee / Bad Düben

Nitzsche 2001